OEUVRES COMPLETES

DE

A. F. OZANAM

AVEC

UNE PRÉFACE PAR M. AMPÈRE
de l'Académie française

TROISIÈME ÉDITION

TOME DIXIÈME

LETTRES

I.

PARIS. — IMP. SIMON RAÇON ET COMP., RUE D'ERFURTH, 1.

LETTRES

DE

FRÉDÉRIC OZANAM

1831-1853

TOME PREMIER

PARIS
LIBRAIRIE JACQUES LECOFFRE
ANCIENNE MAISON PERISSE FRÈRES DE PARIS
LECOFFRE FILS ET Cie, SUCCESSEURS
RUE BONAPARTE, 90

1873

Dilectæ in Christo Filiæ Amaliæ Ozanam,
Lutetiam Parisiorum.

PIUS P. P. IX.

Dilecta in Christo Filia, salutem et Apostolicam Benedictionem,

Sicuti acceptissima fuere Nobis cetera defuncti viri tui opera, sic etiam amantissime excepimus epistolas eius nuper editas, quæ religiosos ipsius sensus, solidam pietatem, suavem indolem ac misericordiam in pauperes graphice referunt. Exempla certe eius non parum profutura confidimus filiæ tuæ natis; quibus idcirco, sicuti et ipsorum parentibus et tibi ac genitrici tuæ omnia divinæ gratiæ auxilia adprecamus. Superni vero favoris auspicem et grati animi, Nostri ac paternæ benevolentiæ pignus Apostolicam Benedictionem tibi et iis peramanter impertimus.

Datum Romæ apud S. Petrum die 18 Augusti 1869, Pontificatus Nostri anno XXIV.

PIUS P. P. IX.

*A Notre chère fille en Jésus-Christ, Amélie Ozanam,
à Paris.*

PIE IX, PAPE.

Chère fille en Jésus-Christ, salut et bénédiction apostolique.

De même qu'autrefois l'hommage des œuvres de votre défunt époux Nous a été très-agréable, ainsi Nous recevons affectueusement aujourd'hui les Lettres, récemment publiées, où se peignent, retracés de sa propre main, ses sentiments religieux, sa piété solide, la douceur de son caractère, et sa charité pour les pauvres. Nous avons la confiance que les exemples d'un tel père ne sauraient être perdus pour les enfants de votre fille, et Nous appelons sur eux, sur leurs parents, sur vous-même et sur votre mère, les secours abondants de la grâce divine.

Comme gage de la faveur d'en haut, et en témoignage de Notre gratitude et de Notre bienveillance paternelle, Nous accordons, avec une entière affection, à vous et aux vôtres, la bénédiction apostolique.

Donné à Rome, près Saint-Pierre, le 18 avril 1869, dans la XXIVe année de Notre pontificat.

Le Pape, PIE IX.

Notre temps a le goût des *Correspondances*, il aime à surprendre l'homme dans la simple intimité de sa vie. Les mémoires nous montrent celui qui les écrit tel qu'il veut bien s'y laisser voir ; mais les *Lettres*, au contraire, prennent l'homme à l'improviste et nous répètent à l'heure même jusqu'aux battements de son cœur.

Quels que soient les événements, ils mesurent sans se tromper une âme à sa juste taille : s'ils sont grands, et qu'elle soit petite, elle ne s'élèvera pas au-dessus de sa médiocrité ou de son égoïsme. Si elle est belle et généreuse, il n'est pas de vie si obscure et si monotone où l'occasion ne la montre un jour dans toute sa beauté.

C'est le fond de l'âme que l'on cherche dans les Lettres et l'on a raison, car on l'y trouve.

Mais s'il y a un attrait incomparable à pénétrer l'âme de celui qui nous fut inconnu, que sera-ce si nos souvenirs peuvent évoquer son image, si en le lisant, nous entendons encore le son de sa voix, et enfin, si nous l'avons aimé?

Après de longues années d'attente, d'essais et d'hésitations, cette pensée a décidé la publication des Lettres d'Ozanam. C'est à la prière de ses amis et de ceux qui l'ont connu qu'elles ont été recueillies ; c'est à eux qu'elles sont adressées. Ne pouvons-nous pas avoir la légitime espérance que ce livre sera accueilli et conservé comme l'on accueille et conserve le portrait d'un ami?

Nous avons encore un autre désir. Ozanam a toujours vécu entouré de jeunes gens. Écolier, étudiant, ses camarades lui faisaient un cortége d'affection et presque de respect. Plus tard, il se donnait généreusement à la jeunesse qui, de tous les pays, lui était chaque année recommandée, ou qui venait d'elle-même l'entendre et lui demander des conseils. C'est à ces nouvelles générations, qui ne connaîtront jamais Ozanam, qui respectent son nom, qui lisent ses livres, mais qui ne peuvent comprendre le charme fécond et tout-puissant qui attachait à sa personne, c'est à ces jeunes inconnus que nous offrons aussi ses Lettres, ou pour mieux dire sa vie.

En effet, la vie d'Ozanam se retrace elle-même par ses Lettres, et elles la disent si bien jusqu'au bout que nous n'avons besoin de faire connaître au lecteur que ses dix-sept premières années qui précèdent le commencement de ce recueil, et de lui rappeler en peu de mots un si court espace de temps.

Antoine-Frédéric Ozanam est né le 23 avril 1813 à Milan pendant l'occupation française. « Dieu me fit la grâce, dit-il, de naître dans « la foi, il me mit sur les genoux d'un père « chrétien et d'une sainte mère, il me donna « pour première institutrice une sœur pieuse « comme les anges qu'elle est allée rejoindre. »

En 1816, ses parents, ne voulant pas élever leur jeune famille sous la domination autrichienne, revinrent à Lyon leur patrie. Le jeune Frédéric avait quatre ans, il y passa son enfance et sa jeunesse et y devint complétement Lyonnais de cœur.

Son père le prépara lui-même à entrer au collége : « Mon père, disait Ozanam, aimait « les sciences, les arts, le travail ; il nous « inspirait le goût du grand et du beau. « En quittant les hussards, il avait lu d'un « bout à l'autre la Bible de Dom Calmet, et « il savait le latin comme nous autres pro- « fesseurs nous ne le savons plus. » Ainsi bien préparé le jeune enfant fit ses classes avec les plus grands succès. D'une nature affectueuse et sympathique, il étudiait avec ardeur, aimait beaucoup ses maîtres et quoiqu'il s'accuse d'avoir échangé bon nombre de coups de poings avec ses camarades, c'est là que se forma ce groupe d'amis choisis dont il était presque toujours entouré et qui lui sont demeurés fidèles au delà de la vie.

C'est pendant le cours de sa rhétorique et jusqu'à sa philosophie, c'est-à-dire de quinze à seize ans, que commença pour sa jeune âme la lutte la plus douloureuse qu'elle eut à subir. La crise fut cruelle mais courte, et la victoire décida sa vocation. Il le rappelait souvent mais jamais avec une émotion plus vive que dans l'avant-propos de son dernier ouvrage.

« ... Les bruits d'un monde qui ne croyait
« point vinrent jusqu'à moi. Je connus toute
« l'horreur de ces doutes qui rongent le cœur
« pendant le jour, et qu'on retrouve la nuit sur
« un chevet mouillé de larmes. L'incertitude
« de ma destinée éternelle ne me laissait pas
« de repos. Je m'attachais avec désespoir aux
« dogmes sacrés, et je croyais les sentir se
« briser sous ma main. C'est alors que l'en-
« seignement d'un prêtre philosophe me
« sauva. Il mit dans mes pensées l'ordre et la
« lumière ; je crus désormais d'une foi rassu-
« rée, et, touché d'un bienfait si rare, je promis
« à Dieu de vouer mes jours au service de la
« vérité qui me donnait la paix... »

Promesse généreuse que Dieu accepta, et qu'il bénit de cette bénédiction toute-puissante qui centuple le grain de blé. Faut-il rappeler ici qu'Ozanam est mort jeune, — il avait quarante ans, — et qu'après une vie si brève il a laissé des œuvres qui suffiraient à l'honneur d'une longue carrière. On le voit, cette fécondité de cœur et d'intelligence vient d'une source cachée, du vœu d'un enfant, de la promesse d'un jeune homme. Promesse qu'il n'oublia jamais, pas même un seul jour. « Nul chrétien « en France et de notre temps n'aima davan- « tage l'Église (1). » Il l'aima avec amour, et il l'aima avec soumission, qui est la plus sûre manière de lui demeurer fidèle. Dans les derniers mois de sa vie, se sentant mourir, il écrivait à Pise :

« ... J'ai connu les doutes du siècle présent,
« mais toute ma vie m'a convaincu qu'il n'y a
« de repos pour l'esprit et pour le cœur que
« dans la foi de l'Église et sous son autorité.
« Si j'attache quelque prix à mes longues étu-
« des, c'est qu'elles me donnent le droit de
« supplier tous ceux que j'aime de rester fi-
« dèles à une religion où j'ai trouvé la lumière
« et la paix. » Puis, jetant un regard affligé sur les temps néfastes qu'il ne devait pas voir, mais qu'il sentait proches, l'âme remplie des plus

(1) Père Lacordaire.

sombres présages, il ajoutait : «... Ma prière
« suprême à ma famille, à ma femme, à mon
« enfant, à mes frères, à mon beau-frère, à
« tous ceux qui naîtront d'eux, c'est de persé-
« vérer dans la foi, malgré les *humiliations*,
« les *scandales*, les *désertions* dont ils seront
« témoins. »

Il fallait que le lecteur connût ceci pour comprendre la suite de ces lettres et la première particulièrement, écrite par Ozanam à dix-sept ans, et qui explique sa vocation.

Dans cette correspondance de vingt-deux années, vous, ses amis, vous retrouverez, au milieu de chers et aimables souvenirs, toutes les promesses et les luttes de votre jeunesse mêlées aux promesses et aux luttes de la sienne. Il avait, vous vous en souvenez, le don très-rare de savoir se donner, privilége des âmes généreuses, et, ce qui est rare aussi, en aimant beaucoup ses amis, il savait le leur dire.

Il aimait les grandes idées et savait en inspirer la passion. Il aima encore plus les pauvres et, vous ne l'avez pas oublié, il sut un jour associer les dévouements pour les servir. « Il
« faut, disait-il, enlacer la France dans un ré-

« seau de charité. » Et il communiquait par un ascendant irrésistible ses nobles aspirations : personne ne sut mieux que lui soutenir l'effort difficile, réchauffer les bons désirs, et pousser les courageuses résolutions à leur accomplissement, tant était grande la confiance qu'il inspirait par ce charme indéfinissable qui attire vers la bonté.

Vous, jeunes gens, vous verrez un homme jeune comme vous, qui vécut dans des temps aussi périlleux que le vôtre. Qu'il soit un instant votre guide; pourquoi pas votre ami, comme il l'a été de tant d'autres? vous ne verrez pas l'âge refroidir son cœur ni glacer ses conseils, il a été enlevé tout jeune encore et bouillant d'ardeur. Suivez les traces de ses affections, pour régler et embellir les vôtres. Suivez les traces de ses joies et de ses douleurs, pour rester modestes dans l'éclat des succès, fermes et soumis aux approches de la mort.

Comme vous, il aimait la vie; il l'embellissait de poésie, et son imagination ardente et pure lui faisait admirer avec une sorte de joie enthousiaste les belles œuvres du génie et décrire avec la passion d'un artiste les merveilles que Dieu a répandues sur la terre, comme une vision du ciel pour nous charmer.

« Je suis passionné, disait-il, pour les con-
« quêtes légitimes de l'esprit moderne; j'aime
« la liberté et je l'ai servie. » En des temps si troublés et qui virent tant de défaillances, il demeura jusqu'au bout fidèle à lui-même, et ses doctrines, par sa constance à les servir, firent l'honneur de sa carrière.

Enfin, vous retrouverez ce qu'il mit au-dessus de toutes choses en ce monde, ce qui lui fit entreprendre d'immenses études, écrire de grands et savants ouvrages, parler d'une voix éloquente, accomplir un nombre infini de bonnes œuvres, ce qui a marqué d'un sceau ineffaçable toutes ses actions et toutes ses paroles, sa grande foi catholique, la souveraine maîtresse de toute sa vie.

1865 et 1873.

LETTRES
DE
FRÉDÉRIC OZANAM

I

A M. HIPPOLYTE FORTOUL ET A M. H...,
ÉTUDIANTS EN DROIT (1)

Lyon, 15 janvier 1831.

Mes bons amis,

Je dois à Fortoul une lettre, à H... une réponse, et ce que je voulais dire à l'un, j'avais besoin de le dire aussi à l'autre. D'ailleurs, vous êtes assez liés pour ne point avoir de secret entre vous deux. Vous ne recevrez donc qu'une lettre, mais aussi vous la

(1) Ozanam écrivit cette lettre à l'âge de dix-sept ans. Elle explique toute sa vocation. Des deux amis auxquels elle est adressée, aucun n'a survécu, et, par un singulier partage des destinées, l'un est mort ministre, l'autre à l'hôpital.

recevrez grande, ample, pleine de paroles ; sinon de pensées ; vous aurez bonne mesure.

Or donc la lettre d'H... m'a appris que vous jouissiez tous deux d'une fort bonne santé ; je vous en félicite : l'âme est bien plus à son aise quand le corps est dispos, et l'on étudie avec bien plus de facilité, de persévérance et de fruit, quand la douleur ne vous assiége pas matin et soir de ses importunités. J'en parle avec quelque connaissance.

Mais, si vos organes sont bien portants, si le cerveau est libre, il paraît, d'après la lettre de l'ami H..., que c'est votre âme qui souffre, c'est votre pensée qui est malade, c'est votre cœur qui est inquiet dans l'attente des choses qui vont arriver : suspendus entre un passé qui s'écroule et un avenir qui n'est pas encore, vous vous tournez tantôt vers l'un, pour lui adresser un dernier adieu ; tantôt vers l'autre, pour lui demander : Qui es-tu? Et comme il ne répond point, vous vous efforcez de pénétrer ses mystères, votre esprit s'agite en mille sens, se ronge, se dévore, et de là résulte un malaise invincible, inexprimable. Au milieu de ces travaux intellectuels, au milieu de cette agitation profonde qu'éprouve comme vous toute la capitale, vous songez à ce petit Ozanam, anciennement votre camarade de collége, aujourd'hui pauvre clerc de la bazoche, maigre disciple de la philosophie, et vous voulez savoir ce qu'il pense, ce qu'on pense autour de lui ?

Ce qu'on pense autour de moi? je vous avoue que j'aurais bien de la peine à vous en rendre compte. Je crois cependant qu'à parler d'une manière philosophique, en province on ne pense pas, ou du moins on pense fort peu. On vit une vie industrielle et matérielle; chacun avise à sa commodité personnelle, à son bien-être particulier; et puis, quand messire Γαστήρ est satisfait, quand le coffre-fort est plein, on fait de la politique à l'entour des cheminées ou des tables de billard, on parle beaucoup de liberté sans y rien comprendre, on vante la conduite de la garde nationale et des écoles aux journées de décembre, mais on ne se soucie guère des protestations, des proclamations de messieurs de l'École de droit; on les blâme fort de vouloir gouverner le gouvernement et d'essayer d'implanter leur petite république au milieu de notre monarchie. L'ordre matériel, une liberté modérée, du pain et de l'argent, voilà tout ce qu'on veut; on est fatigué des révolutions, c'est du repos qu'on désire; en un mot, nos hommes de la province ne sont ni des hommes du passé ni des hommes de l'avenir : ce sont des hommes du présent, *les hommes de la bascule*, comme dit la *Gazette*.

Tels sont mes entourages; et puis vous voulez que je vous dise ce que je pense, moi, pauvre petit nain, qui ne vois les choses que de loin et à travers les récits souvent trompeurs des journaux et les raisonnements plus absurdes encore de nos politiques, comme à travers une mauvaise lunette? Entouré que je suis de mille opinions directement contradictoires qui assiégent sans cesse mes oreilles de leurs arguments réciproques, j'ai déjà bâti vingt systèmes dont aucun n'a pu subsister; j'ai fait cent conjectures que les événements sont venus démentir : et voilà que maintenant, las de politiquer, de deviner, je regarde jouer la charade en action, et j'attends qu'on dise tout haut le mot de l'énigme.

En attendant, prendre patience, lire les nouvelles simplement pour savoir ce qu'on devient, me tenir autant que possible renfermé dans ma sphère individuelle, me développer à l'écart, étudier beaucoup maintenant en dehors de la société, pour pouvoir y entrer ensuite d'une manière plus avantageuse pour elle et pour moi : voilà le plan que j'ai eu besoin de former, que M. Noirot m'a encouragé à exécuter, et que je vous conseille d'adopter aussi, mes bons camarades : car, en conscience, nous sommes encore trop verts, nous ne sommes point encore assez nourris de la séve vivifiante de la science pour pouvoir offrir des fruits mûrs à la société. Hâtons-nous, et, pendant que la tempête renversera bien des sommités, grandissons dans l'ombre et le silence pour nous trouver hommes faits, pleins de vigueur, quand les jours de transition seront passés et qu'on aura besoin de nous.

Quant à moi, mon parti est pris, ma tâche est

tracée pour la vie, et, en qualité d'ami, je dois vous en faire part.

Comme vous, je sens que le passé tombe, que les bases du vieil édifice sont ébranlées et qu'une secousse terrible a changé la face de la terre. Mais que doit-il sortir de ces ruines? La société doit-elle rester ensevelie sous les décombres des trônes renversés, ou bien doit-elle reparaître plus brillante, plus jeune et plus belle? Verrons-nous « *novos cœlos et novam terram?* » Voilà la grande question. Moi qui crois à la Providence et qui ne désespère pas de mon pays comme Charles Nodier, je crois à une sorte de palingénésie. Mais quelle en sera la forme, quelle sera la loi de la société nouvelle? Je n'entreprends pas de le décider.

Néanmoins, ce que je crois pouvoir assurer, c'est qu'il y a une Providence et que cette Providence n'a point pu abandonner pendant six mille ans des créatures raisonnables, naturellement désireuses du vrai, du bien et du beau, au mauvais génie du mal et de l'erreur; que, par conséquent, toutes les créances du genre humain ne peuvent pas être des extravagances et qu'il y a eu des vérités de par le monde. Ces vérités, il s'agit de les retrouver, de les dégager de l'erreur qui les enveloppe; il faut chercher dans les ruines de l'ancien monde la pierre angulaire sur laquelle on reconstruira le nouveau. Ce serait à peu près comme ces colonnes qui, selon les historiens, furent élevées avant le déluge pour transmettre le dépôt des traditions à ceux qui survivraient, comme l'arche surnageait à travers les eaux emportant avec elle les pères du genre humain.

Mais cette pierre d'attente, cette colonne de traditions, cette barque de salut, où la chercher? Parmi toutes les idées de l'antiquité, où déterrer les seules vraies, les seules légitimes? Par où commencer, par où finir?

Ici je m'arrête et je réfléchis : le premier besoin de l'homme, le premier besoin de la société, ce sont les idées religieuses : le cœur a soif de l'infini. — D'ailleurs, s'il est un Dieu, et s'il est des hommes, il faut entre eux des rapports. — Donc une religion; — par conséquent, une révélation primitive ; — par conséquent encore, il est une religion primitive, antique d'origine, essentiellement divine, et par là même essentiellement vraie.

C'est cet héritage, transmis d'en haut au premier homme et du premier homme à ses descendants, que je suis pressé de rechercher. Je m'en vais donc à travers les régions et les siècles, remuant la poussière de tous les tombeaux, fouillant les débris de tous les temples, exhumant tous les mythes, depuis les sauvages de Koock, jusqu'à l'Égypte de Sésostris; depuis les Indiens de Vishnou, jusqu'aux Scandinaves d'Odin. J'examine les traditions de chaque peuple, je m'en demande la raison, l'origine, et, aidé des lumières de la géographie et de l'histoire, je reconnais dans toute religion deux éléments bien distincts : un élément variable, particulier, secondaire, qui a son origine dans les circonstances de temps et de lieu dans lesquelles chaque peuple s'est trouvé, et un élément immuable, universel, primitif, inexplicable à l'histoire et à la géographie. Et comme cet élément se retrouve dans toutes les croyances religieuses et apparaît d'autant plus entier, d'autant plus pur, qu'on remonte à des temps plus antiques, j'en conclus que c'est lui seul qui régna dans les premiers jours, et qui constitue la religion primitive. J'en conclus, par conséquent, que la vérité religieuse est celle qui, répandue sur toute la terre, s'est retrouvée chez toutes les nations, transmise par le premier homme à sa postérité, puis corrompue, mêlée à toutes les fables et à toutes les erreurs.

Voilà le besoin que je sentais dans la société; en moi-même, j'en sentais un tout à fait analogue; il me fallait quelque chose de solide où je pusse m'attacher et prendre racine pour résister au torrent du doute. Et alors, ô mes amis! mon âme est remplie de joie et de consolation : car voilà que, par les forces de sa raison, elle a retrouvé précisément ce catholicisme qui me fut jadis enseigné par la bouche d'une excellente mère, qui fut si chère à mon enfance, et qui nourrit si souvent mon esprit et mon cœur de ses beaux souvenirs et de ses espérances plus belles encore : le catholicisme avec toutes ses grandeurs, avec toutes ses délices ! Ébranlé quelque temps par le doute, je sentais un besoin invincible de m'attacher de toutes mes forces à la colonne du temple, dût-elle m'écraser dans sa chute; et voilà qu'aujourd'hui je la retrouve, cette colonne, appuyée sur la science, lumineuse des rayons de la sagesse, de la gloire et de la beauté; je la retrouve, je l'embrasse avec enthousiasme, avec amour. Je demeurerai auprès d'elle, et de là j'étendrai mon bras, je la montrerai comme un phare de délivrance à ceux qui flottent sur la mer de la vie. Heureux si quelques amis viennent se grouper autour de moi ! Alors nous joindrions nos efforts, nous créerions une œuvre ensemble, d'autres se réuniraient à nous, et peut-être un jour la société se rassemblerait-elle tout entière sous cette ombre protectrice ; le catholicisme, plein de jeunesse et de force, s'élèverait tout à coup sur le monde, il se mettrait à la tête du siècle renaissant pour le conduire à la civilisation, au bonheur ! Oh ! mes amis, je me sens ému en vous parlant, je suis tout plein de plaisir intellectuel : car l'œuvre est magnifique, et je suis jeune : j'ai beaucoup d'espoir, et je crois que le temps viendra où j'aurai nourri, fortifié ma pensée, où je pourrai l'exprimer dignement.

Oui, les travaux préliminaires m'ont déjà découvert la vaste perspective que je viens de vous découvrir et sur laquelle mon imagination plane avec transport. Mais c'est peu de contempler la carrière que j'ai à parcourir, il faut se mettre en chemin, car l'heure est venue; et si je veux faire un livre à trente-cinq ans, je dois commencer à dix-huit les travaux préliminaires, qui sont en grand nombre.

En effet, connaître une douzaine de langues pour consulter les sources et les documents, savoir assez passablement la géologie et l'astronomie pour pouvoir discuter les systèmes chronologiques et cosmogoniques des peuples et des savants, étudier enfin l'histoire universelle dans toute son étendue et l'histoire des croyances religieuses dans toute sa profondeur : voilà ce que j'ai à faire pour parvenir à l'expression de mon idée.

Vous vous récriez sans doute, vous vous moquez de la témérité de ce pauvre Ozanam, vous songez à la grenouille de la Fontaine et au *ridiculus mus* d'Horace. Comme vous voudrez ! Moi aussi j'ai été étonné de ma hardiesse; mais qu'y faire? Quand une idée s'est emparée de vous depuis deux ans et surabonde dans l'intelligence, impatiente qu'elle est de se répandre au dehors, est-on maître de la retenir? Quand une voix vous crie sans cesse : *Fais ceci, je le veux!* peut-on lui dire de se taire?

Au reste, j'ai communiqué ma pensée à M. Noirot, qui m'a fort encouragé à accomplir mon plan. Et comme je lui témoignais que je craignais de trouver la charge trop lourde pour moi, il m'a assuré que je trouverais bien des jeunes gens studieux prêts à m'aider de leurs conseils et de leurs travaux : alors j'ai pensé à vous, mes bons amis.

Je voudrais vous dire encore bien des choses, mais le départ du porteur de la lettre ne m'en laisse pas le temps. Une autre fois je vous parlerai de ma manière de penser sur le Saint-Simonisme ; il ne prend point ici, et l'on n'en pense généralement pas d'une manière favorable.

Mon petit frère Charlot a écrit à H., mais je n'ai pas là sa lettre pour l'envoyer.

Adieu, bien des choses aux camarades de Paris ; à vous, chers amis, l'amitié sincère de votre compagnon de collége.

A l'époque où Ozanam écrivait cette lettre, il venait de sortir du collége depuis peu de mois ; trop jeune encore pour commencer son droit à Paris, son père, qui le destinait à être notaire, le mit dans une étude d'avoué. Le pauvre clerc, qui rêvait toute autre chose, fut très-malheureux et de la besogne qu'il avait à faire et de la mauvaise compagnie qui l'entourait ; mais il était fils obéissant et il se consolait en apprenant l'allemand ; il commença aussi l'hébreu et lisait énormément. Dans le courant de l'hiver, les saint-simoniens étant venus prêcher avec éclat à Lyon, Ozanam, fidèle à sa promesse de défendre la vérité, les combattit dans le *Précurseur*, journal de Lyon, et écrivit *les Réflexions sur la doctrine de Saint-Simon*, petit volume qui parut au mois d'avril 1831 (1).

« Ozanam opposait à cette doctrine antichrétienne et nou-

(1) *Œuvres complètes*, t. VII, p. 171.

velle à la fois, [dit M. Ampère, l'Évangile et l'antiquité, cherchant dès lors, d'une main novice encore, mais d'une main déjà résolue, à saisir l'enchaînement des traditions du genre humain. C'était comme une préface du livre auquel il devait travailler jusqu'à son dernier jour (1). »

« Cet écrit est encore remarquable en ce qu'on y trouve déjà en germe la plupart des qualités qui se sont depuis développées chez Ozanam : un goût vif, bien que novice encore, pour l'érudition puisée aux sources les plus variées, de la chaleur, de l'élan, et, avec une conviction très-arrêtée sur les choses, une grande modération envers les personnes. J'aime à signaler cette libéralité de vues qui lui faisait reconnaître des sympathies même hors du camp dans lequel il combattait, et trouver généreuses, par exemple, dans ce livre catholique, s'il en fut, les luttes que la philosophie spiritualiste soutenait contre le matérialisme (2). »

(1) Préface aux Œuvres complètes d'Ozanam, t. I, p. 30.
(2) J.-J. Ampère, Notice biographique. Journal des Débats, 9 octobre 1853.

II

A M. HIPPOLYTE FORTOUL ET A M. H...

Lyon, 21 février 1831.

Mes bons amis,

A mon tour la gronderie. Vous aviez promis à ma prochaine lettre une prompte réponse; j'ai écrit, plus d'un mois s'est écoulé et je n'ai pas encore reçu de vos nouvelles. Pourtant les mois sont aujourd'hui des siècles, les semaines sont des époques ; tous ces vastes spectacles doivent remuer les jeunes âmes, tout cela doit faire bouillonner les jeunes cœurs et leur donner besoin de s'épancher au dehors par de douces et familières causeries. Pourquoi donc laisser ainsi vos pauvres amis de province dans un complet dénûment d'idées et de documents?

Quant à moi, bien des choses se passent dans mon âme, et certes, si j'avais le loisir de réfléchir, j'aurais en moi-même de quoi faire un bon cours de psychologie. Lorsque mes yeux se tournent sur la société, la variété prodigieuse des événements

fait naître en moi les sentiments les plus divers :
tour à tour mon cœur est inondé de joie ou abreuvé
d'amertume ; mon intelligence rêve un avenir de
gloire et de bonheur ou croit apercevoir dans le
lointain la barbarie et la désolation approchant à
grands pas. Les derniers faits surtout m'ont frappé
de la consternation la plus profonde et m'ont rempli de l'indignation la plus vive. Néanmoins, ces
considérations mêmes m'animent et me pénètrent
d'une sorte d'enthousiasme. Je me dis qu'il est
grand, le spectacle auquel nous sommes appelés ;
qu'il est beau d'assister à une époque aussi solennelle ; que la mission d'un jeune homme dans la
société est aujourd'hui bien grave et bien importante. Loin de moi les pensées de découragement !
Les dangers sont un aliment pour une âme qui sent
en elle-même un besoin immense et indéfini que
rien ne saurait satisfaire. Je me réjouis d'être né à
une époque où peut-être j'aurai à faire beaucoup
de bien, et alors je ressens une nouvelle ardeur
pour le travail.

Je poursuis autant que possible mes recherches,
je me prépare à mon œuvre ; car, dénué comme je
le suis de ressources scientifiques, tout ce que je
puis faire, c'est de me livrer à des études préliminaires. Je m'efforce d'embrasser d'un coup d'œil
général le sujet où doivent un jour s'exercer toutes
mes facultés ; je mesure la carrière, et plus je l'envisage, plus j'éprouve de satisfaction, parce que

mes pressentiments sur l'issue de mes recherches prennent plus de force et de consistance, et que j'entrevois plus clairement pour dernier résultat le grand principe qui m'avait d'abord apparu à travers tant de nuages : la perpétuité, le *catholicisme* des idées religieuses, la vérité, l'excellence, la beauté du christianisme.

J'avais besoin, mes bons amis, de m'épancher un peu, séparé que je suis presque continuellement de mon cher M... et de mes autres anciens camarades. J'ai vu M. Noirot. Il est mieux; son mal a diminué; mais sa bonté est toujours la même. Il nous accueille très-bien, il nous a expliqué tes deux lettres, mon cher Fortoul; il n'approuve guère que tu te livres exclusivement aux spéculations métaphysiques. Il t'aime toujours beaucoup et te prie bien de lui écrire, de lui ouvrir tous tes desseins philosophiques. Quel ami que ce bon M. Noirot ! A lui reconnaissance éternelle, à vous l'attachement inviolable et le souvenir constant de votre ami et compagnon d'armes.

Il est un nom que le lecteur retrouvera jusqu'à la fin dans ces lettres, toujours accompagné de la plus tendre reconnaissance : c'est celui de M. l'abbé Noirot. Dans son dernier ouvrage Ozanam le désignait ainsi : « *Un prêtre philosophe me sauva et mit dans mes pensées l'ordre et la lumière.* »

Nous ne pouvons faire connaître ici ce que fut M. l'abbé

Noirot pour Ozanam et la nombreuse jeunesse qui reçut son enseignement, et ce qu'il est pour celle qui le reçoit encore aujourd'hui; qu'il nous suffise de citer ce qu'en ont écrit les deux plus illustres biographes d'Ozanam.

M. Ampère s'exprime ainsi : « Tous ceux qui ont étudié sous M. l'abbé Noirot s'accordent à reconnaître dans ce maître chéri un don particulier pour diriger et développer chacun dans sa vocation. M. Noirot procédait avec les jeunes gens par la méthode socratique. Lorsqu'il voyait arriver dans sa classe de philosophie un rhétoricien bouffi de ses succès, et aussi plein de son importance que pouvait l'être Eutydème ou Gorgias, le Socrate chrétien commençait par amener, lui aussi, son jeune rhéteur à convenir qu'il ne savait rien ; puis, quand il l'avait, pour son bien, écrasé sous sa faiblesse, il le relevait en cherchant avec lui et en lui montrant ce qu'il pouvait faire. L'influence que ce maître habile exerça sur le jeune Ozanam décida de toute la direction de ses pensées (1). »

« Son professeur de philosophie, dit le R. P. Lacordaire, aimait à le prendre pour compagnon de ses promenades dans les sentiers solitaires et escarpés qui entourent Lyon de toutes parts, et rendent cette ville si chère aux esprits touchés d'un peu de mélancolie méditative. Pourquoi ne nommerais-je pas le maître qui conviait ainsi à sa familiarité un obscur adolescent? Pourquoi ne rappellerais-je pas ces amitiés et ces conversations fameuses qui, au temps de Socrate, rassemblaient à une école volontaire l'élite de la société athénienne? Il est vrai, tant de gloire n'a pas consacré le souvenir qui me préoccupe ; mais, si la gloire n'y était pas, la vérité s'y trouvait, telle que Socrate et Platon ne la connurent jamais. Pendant vingt ans, à une époque où la philosophie chrétienne avait si peu d'organes, un homme modeste et qui n'a rien écrit, M. l'abbé Noirot, conduisait dans les chemins sérieux de la raison une foule de jeunes esprits dont Ozanam a été

---

(1) J.-J. Ampère, *Notice biographique*, Journal des Débats, 9 et 12 octobre 1853.

le plus grand, mais dont plusieurs ont atteint comme lui la célébrité, et qui tous, à des points divers de la vie, rapportent à leur maître commun l'inébranlable lucidité de leur foi (1). »

(1) *Œuvres* du R. P. Lacordaire, *Frédéric Ozanam*, t. V, p. 381.

III

A M. ERNEST FALCONNET.

Lyon, 4 septembre 1831.

Mon cher Ernest,

Aujourd'hui dimanche, au sortir de la messe paroissiale, me voici seul dans mon gîte. Et que faire en un gîte à moins que l'on ne songe? Or, je songe, par aventure, que toute lettre mérite une réponse, et que j'ai dans ma besace certain verbiage d'un mien cousin, confrère en philosophie, bachelier ès lettres comme moi, et qui, à tous ces titres, attend sans doute une réponse en bonne forme. Je prends la plume et je m'en viens deviser de choses et d'autres avec lui.

Tu t'es donc bâti moult châteaux en Espagne, voire même châteaux de cartes qui se sont évanouis au premier *souffle de bise?* — C'est bien, jeune homme, il faudrait être *stumpf* et *plump*, comme disent les Allemands, pour ne pas bâtir ainsi à notre âge. Mais courage, nous ne construirons pas toujours en l'air; au milieu de cette atmosphère vaporeuse qui enveloppe notre avenir, je vois s'élever, et de jour en jour je le vois de plus près, un monument grandiose, non plus *fondé sur le sable*, comme dit le bon Descartes, *mais sur le roc et l'argile*. — Tu me comprends à demi-mot, et tu vois que j'en viens à notre sujet favori, à notre ouvrage.

Oh! pour celui-là, ce n'est point un rêve de jeune homme! non, c'est un penser fécond déposé dans notre esprit pour s'y développer sans cesse et se produire ensuite au dehors sous une forme magnifique. Là dedans est notre avenir, notre vie entière. Là viennent converger toutes mes pensées, tous mes projets, toutes mes rêveries, et puisque tu veux que j'en retrace le plan, le voici (1) :

Depuis que j'ai réfléchi sur le sort de l'humanité, une idée principale m'a toujours frappé ; de même qu'une fleur contient dans son sein les germes innombrables des fleurs qui doivent lui succéder, de

---

(1) Dès 1829, âgé de seize ans à peine, Ozanam avait conçu la pensée d'un ouvrage qui devait s'appeler : *Démonstration de la vérité de la religion catholique par l'antiquité des croyances historiques, religieuses et morales.* On n'a pas cru devoir publier les nombreux cahiers qui sont restés de ce travail, mais il a paru intéressant d'en laisser connaître le plan. « Cette œuvre, dit M. Ampère, fut l'occupation et le but de sa vie tout entière. A dix-huit ans, l'étudiant ignoré poursuivait déjà ce but vers lequel le professeur applaudi devait, vingt ans plus tard, faire le dernier pas. Déjà il méditait et commençait les études qui devaient aboutir à l'*Histoire de la civilisation aux temps barbares*. La forme de son dessein a changé, le dessein a toujours été le même : c'était de montrer la religion glorifiée par l'histoire. » (J.-J. Ampère, *Préface aux Œuvres complètes d'Ozanam*, t. I, p. 29.)

même le présent, qui vient du passé, contient l'avenir. Si donc il est vrai que l'humanité va subir une recomposition nouvelle à la suite des révolutions qu'elle éprouve, il faut reconnaître que les éléments de cette synthèse définitive doivent se retrouver dans le passé : car on ne saurait admettre que la Providence ait laissé le genre humain assis durant six mille ans à l'ombre de l'erreur et de la mort, sans lumière et sans appui.

En appliquant cette formule à la religion, nous dirons que, l'homme étant un être essentiellement religieux et la religion étant absolument nécessaire à son développement intellectuel et moral, il est impossible qu'il soit resté un siècle seulement dans l'ignorance ou dans l'erreur sur un sujet aussi grave. D'un autre côté, pouvait-il, par ses propres forces, arriver bientôt à la vérité religieuse? Non, puisque au bout de quatre mille ans, Aristote et Platon, les deux plus grands génies qui aient jamais existé, étaient encore bien loin de posséder des idées pures, et ce qu'il y a de mieux dans Platon, ce sont les traditions qu'il a copiées. D'ailleurs, les besoins physiques, absorbant l'attention, ne laissaient point de part aux réflexions philosophiques. Enfin il est prouvé que sans éducation l'homme reste confiné dans le monde matériel, qu'à l'éducation seule il appartient de l'élever aux idées morales. Cette éducation transmise de père en fils, de qui le premier père la tenait-il? De là, la preuve d'une révélation primitive.

Donc cette question de droit : *Quel est l'avenir religieux de l'humanité?* se développe, s'éclaircit, et fait place à cette question de fait : *Quelle fut la religion primitive?*

Nunc animis opus, Ænea, nunc pectore firmo. Ici, il faut s'armer de courage et de résolution pour d'immenses recherches : car voici que nous allons faire le tour du monde. Il s'agit de décrire toutes les religions des peuples de l'antiquité et des peuples sauvages (lesquels sont aussi à notre égard *antiques, primitifs*); il s'agit de réunir dans un vaste tableau toutes les croyances et leurs phases ; j'appelle ce premier travail *Hiérographie*.

Nous avons acquis la connaissance des faits, il faut en déterminer les rapports, il faut reconnaître la généalogie, la parenté des religions diverses, comment les *croyances mères* se sont divisées en sectes, en branches multipliées ; cette œuvre, je la nomme *Symbolique*.

Enfin il reste à rechercher les causes de cette innombrable variété; il faut exprimer chaque mythe pour en découvrir l'esprit et le sens; découvrir sous le voile de l'allégorie le fait ou le mystère qui s'y cache, et, mettant d'un côté tous les éléments secondaires, variables, relatifs aux temps, aux lieux, aux circonstances, recueillir, comme l'or au fond du creuset, l'élément primitif, universel : le christianisme; ceci est l'*Herméneutique*.

Et ces trois sciences, l'une de faits, la seconde de rapports, la troisième de causes, se confondent en une seule, que je nomme *Mythologie*.

Élaborée ainsi dans un ordre analytique et rationnel, cette science arrivée à son terme peut se présenter sous la forme de synthèse ou d'histoire.

Alors s'offriraient aux regards : sur le premier plan, la création de l'homme et la révélation primitive ; puis le péché et la corruption de la croyance; enfin les développements et les subdivisions de chacune de ces sources altérées et la permanence de la tradition de la loi mosaïque jusqu'au jour du Christ.

Et là, si la mort ou la vieillesse ne nous ont point encore arrêtés, là, s'élève la grande figure du christianisme dans toute sa splendeur. Le Christ, la philosophie de sa doctrine présentée comme la loi définitive de l'humanité, puis sa glorieuse application durant dix-huit siècles et enfin la détermination de l'avenir.

Magnifique trilogie, où viendraient se retracer l'origine du christianisme, sa doctrine, son établissement, ou, si tu veux, le laborieux enfantement de l'humanité, l'exposition de la loi qui doit la régir et ses premiers pas dans cette loi divine.

Tu comprends que ce travail nécessite une connaissance assez approfondie : de la géographie, de l'histoire naturelle de chaque pays, de l'astronomie, de la psychologie, de la philologie, de l'ethnographie.

Car la connaissance des révolutions des langues et des peuples servira de donnée et de contre-épreuve à l'histoire des révolutions religieuses ; et d'ailleurs, comme les phénomènes du monde physique et du monde social ainsi que les passions du cœur viennent tour à tour se réfléchir dans les croyances, il faut savoir les démêler, et il faut les connaître.

Ne te décourage pas cependant ; il y a déjà derrière nous bien du travail terminé : le *Mithridate* d'Adelung, la *Symbolique* de Creuzer, les travaux de Champollion, d'Abel Rémusat, d'Eckstein, de Schlegel et de Gœrres, nous offrent des mines riches à exploiter ; d'ailleurs nous sommes deux, et nous pourrons même nous joindre des collaborateurs : j'ai là-dessus un projet que je te communiquerai de vive voix. Enfin, *à vaincre sans péril on triomphe sans gloire*, et plus l'œuvre est difficile, plus il sera beau de l'accomplir.

Tes idées sur la gloire sont assez naturelles à un jeune homme ; il n'en faut point faire un but, mais l'accepter comme un bienfait. Amoureux de sa propre existence, l'homme désire incessamment la voir se prolonger ; il revit dans ses enfants, il revit dans ses œuvres ; il lui semble revivre dans le cœur de tous ceux qui bénissent son nom. La

vraie gloire est la reconnaissance de la postérité.
De même que l'homme de bien ne répand pas ses
bienfaits pour obtenir de la reconnaissance, et cependant en accepte les tributs avec une douce satisfaction; de même le vrai philosophe, le chrétien
n'agit pas pour la gloire, et cependant il ne peut
s'empêcher d'y être sensible. Or, comme souvent
l'ingratitude et l'oubli suivent les plus grands bienfaits, l'homme juste porte plus haut ses espérances; sa récompense et sa gloire, il les attend
d'un juge incorruptible ; il en appelle des hommes
ingrats au Dieu rémunérateur.

J'ai reçu de M. de Lamartine une lettre très-flatteuse et de l'*Avenir* un rapport très-honorable
sur mon ouvrage (1). Je te le dis parce que je sais
que tu t'intéresses à tout ce qui m'intéresse, et
parce que, dans cette petite brochure, j'ai jeté le
germe de l'idée qui doit occuper notre vie.

J'ai revu Fortoul et H..., ils sont tous deux si
romantiques que je ne les comprends plus, si romantiques qu'ils en deviennent classiques à l'excès. Tu ris! Tu as tort. Je te réponds qu'ils sont tellement ensorcelés de Victor Hugo, qu'ils ne jurent
que par lui, et soutiennent que le siècle entier doit
marcher après lui ; or, marcher à la remorque
d'un homme, je prétends que c'est être classique
par excellence. Ils ne connaissent plus ni Lamar-

(1) *Réflexions sur les doctrines de Saint-Simon.* Ozanam avait
alors dix-huit ans. Voyez cette lettre à la page 25.

tine, ni Chateaubriand; ils vous cornent sans cesse aux oreilles : *Notre-Dame de Paris*, *Plick et Plock*, *Atar-Gull*, *Marion Delorme*, etc., et si vous n'avez point lu ce qu'ils ont lu : Malédiction! est le compliment qu'ils vous adressent. Ils sont si tolérants, ces messieurs! C'est à peu près comme *la Némésis, journal libéral*, qui disait naguère :

Et que la Liberté, déesse au vol agile,
Les armes à la main, prêche son Évangile.

Puis ces gens-là vont déclamer contre l'inquisition et contre les conversions armées de Charlemagne! *Risum teneatis, amici!*

Voici une lettre bien longue! Que veux-tu! on ne se lasse pas de causer avec un bon ami.

IV

M. DE LAMARTINE A FRÉDÉRIC OZANAM.

Mâcon, 18 août 1831.

Je viens de recevoir avec reconnaissance et de lire avec étonnement pour votre âge et admiration pour vos sentiments et votre talent, l'ouvrage que vous m'avez fait l'honneur de m'adresser. Recevez tous mes remercîments. Je suis fier qu'une pensée de moi à peine indiquée vous ait inspiré un si beau commentaire. Croyez que la pensée était en vous, la mienne n'a été que l'étincelle qui a allumé votre âme.

Ce début nous promet un combattant de plus dans la sainte lutte de la philosophie religieuse et morale que ce siècle livre contre une réaction matérialiste. Comme vous j'augure bien du succès. Nous ne le tenons pas; mais la voix de la conscience, cette prophétie infaillible du cœur de l'honnête homme, nous l'assure pour nos enfants. Confions-nous à cet instinct et vivons dans l'avenir.

Agréez, monsieur, les assurances de ma plus haute considération.

LAMARTINE.

A la fin de l'année de 1831, Ozanam partit pour Paris, afin de commencer son droit. A cette époque l'étudiant catholique ne trouvait, en arrivant dans cette grande ville, aucun point de ralliement. Pas de cercle, d'hôtels, de conférences de toutes sortes, comme on les a fondés et tant multipliés de nos jours avec une si sage prévoyance. Les parents d'Ozanam cependant étaient trop vigilants pour ne pas s'inquiéter du séjour de leur fils à Paris ; ils avaient chargé un vieil ami de lui choisir une pension où il ne courût aucun danger. Le choix du vieil ami ne fut pas heureux et le jeune étudiant ne pouvait pas plus mal tomber, ainsi qu'on le peut voir dans la lettre suivante. Mais la Providence veillait sur lui et ne devait pas l'y laisser longtemps.

V

FRÉDÉRIC OZANAM A SA MÈRE.

Paris, 7 novembre 1831.

Vous me permettez bien, ma bonne mère, de vous faire payer une somme de quatorze sous, pour vous faire savoir des nouvelles de ce pauvre Frédéric que vous et moi connaissons si bien et qui ne se croit pas oublié à Lyon, bien qu'une distance de cent lieues l'en sépare.

Ma gaieté passagère a totalement fait naufrage. A présent que me voilà seul, sans distraction, sans consolation extérieure, je commence à sentir toute la tristesse, tout le vide de ma position. Moi, si habitué aux causeries familières, qui trouvais tant de plaisir et de douceur à revoir chaque jour réunis autour de moi tous ceux qui me sont chers, qui avais tant besoin de conseils et d'encouragements, me voilà jeté sans appui, sans point de ralliement dans cette capitale de l'égoïsme, dans ce tourbillon des passions et des erreurs humaines. Qui se met en peine de moi ? Les jeunes gens de ma connaissance sont trop éloignés de mon domicile pour que je les puisse voir souvent. Je n'ai pour épancher mon âme que vous, ma mère, que vous et le bon Dieu..... Mais ces deux-là en valent bien d'autres !

J'ai millé choses à vous dire, mais par où commencer ! Vous dirai-je ce que j'ai vu ? non, vous désirez savoir tout d'abord où et comment je me trouve. Le voici : je suis établi depuis samedi soir dans ma pension, dans une petite chambre au midi, sur les jardins, fort près du Jardin des plantes. — « Tu te trouves donc bien, allez-vous dire. » Pas du tout, je suis fort mécontent, et mes griefs sont nombreux. Je suis éloigné de l'école de droit, des cabinets de lecture, du centre des études et de mes camarades de Lyon ; puis ma maîtresse d'hôtel a l'air d'une rusée commère ; ses paroles et ses manières m'ont fait présumer qu'elle est fort affectionnée pour la bourse des jeunes gens. Enfin, et c'est ma grande raison, la compagnie n'y est point bonne. Il y a des dames et des demoiselles, aussi pensionnaires, qui mangent à table avec nous, tiennent le haut de la conversation et dont les discours et la tournure sont extrêmement communs; de ma chambre je les entends pousser de gros éclats de rire, car il faut que vous sachiez qu'il est d'usage ici de se réunir le soir pour jouer aux cartes, et l'on me presse de prendre part à ces jeux. Vous pensez bien comme j'ai refusé. Ces gens-là ne sont ni chrétiens ni turcs, je suis le seul qui fasse maigre et par là même exposé à mille quolibets. Il est fort désagréable de se trouver en pareille société. Vous me direz ce que vous en pensez et ce qu'en pense mon père, et si vous jugez que je prenne d'autres arrangements.

Je commence à connaître un peu Paris, malgré la pluie qui est continuelle. J'ai vu le Panthéon, singulier monument, temple païen au milieu d'une ville dont tous les habitants sont chrétiens ou athées, coupole magnifique, veuve de la croix qui la couronnait si bien, superbe façade dont la couleur sombre indique une origine bien antérieure à son extravagante destination. Que signifie, en effet, un tombeau sans croix, une sépulture sans pensée religieuse qui y préside ? Si la mort n'est qu'un phénomène matériel qui ne laisse après lui aucune espérance, que veulent dire ces honneurs rendus à des os desséchés et à une chair qui tombe en pourriture ? Le culte du Panthéon est une véritable comédie comme celui de la Raison et de la Liberté. Mais le peuple a besoin d'une religion, et, quand on lui a ôté celle de l'Évangile, force est bien de lui en fabriquer une autre, fût-ce au prix de la folie et de la bêtise.

J'ai été amplement dédommagé de ces tristes réflexions par la beauté de l'église Saint-Étienne du Mont, ma paroisse, la pompe des cérémonies et la magnificence du chant et des orgues. Un frémissement général agitait tous mes nerfs en entendant retentir sous la voûte gothique cet instrument aux mille voix, qui toutes s'unissent pour glorifier le Seigneur et chantent ses louanges, comme disait David : sur la harpe et la cithare, sur la flûte et les trompettes. Que la puissance de la musique est grande et que le catholicisme qui l'inspira est sublime et beau ! je n'ai jamais rien éprouvé de pareil.

VI

A M. ERNEST FALCONNET.

Paris, 20 novembre 1831.

Mon cher Falconnet,

Maman me dit qu'en entendant lire ma lettre, tu te comparais à un frère qui entend lire une lettre de son frère. Voilà une comparaison qui part du cœur et qui m'a bien touché, je t'assure. Oui, mon ami, nous sommes frères, frères de foi et d'études, frères d'âge et de projets, destinés à parcourir la même carrière ; nos deux vies seront sœurs, elles marcheront ensemble se tenant compagnie l'une à l'autre et tendant vers le même but. Fils d'un même sang, une même pensée remue nos jeunes âmes, nos regards se portent vers un même avenir. N'as-tu pas épanché en moi tes sentiments, tes joies et tes douleurs? et moi, ne t'ai-je pas révélé mes plaisirs, mes tristesses, mes espérances? Oui, Dieu nous fit frères, il mit en nous la sainte fraternité de l'esprit, il l'a bénie, il en a fait la condition de nos destinées, qui seront belles peut-être.

Ne dis donc plus que je t'oublie. Moi, j'oublierais ce bon Ernest, ce cousin, cet ami de mon cœur, avec lequel j'ai passé des heures si douces, des journées si pleines ! Oh ! ne le crois pas : bien souvent tu es présent à mon esprit ; bien souvent, en causant avec Henri Pessonneaux, avec nos amis lyonnais, ton nom se mêle à nos discours, nous faisons mémoire de toi.

Puisque tu me demandes mon avis sur tes idées, je t'avoue que je crois qu'il y a confusion de ta part sur un point. Je vois une grande différence entre l'époque patriarcale et l'époque théosophique. Chez le patriarche il y a *foi ;* héritier de la croyance pure et sans mélange, il adore le Dieu esprit, il est *monothéiste ;* son culte est aussi peu compliqué que sa religion. Les sacrifices humains lui sont inconnus. Le patriarche représente la société tout entière à laquelle il préside. Mais vient un âge où les hommes plus nombreux ont aussi plus de besoins, où les peuples se forment, où les conditions se dessinent, se limitent, où chacun prend un état. Alors, préoccupés par l'exercice de leurs fonctions spéciales, renfermés dans les bornes de leurs travaux, les hommes laissent le soin de prier et d'enseigner à ceux que leur génie appelle plus spécialement à cette fonction, le *sacerdoce* s'élève : de domestique il devient public, il devient à son tour un état, une profession, quelquefois une *caste*.

A cet instant la religion cesse de pénétrer dans les familles et de s'asseoir au foyer, elle s'enferme dans les temples ; elle ne s'exprime plus comme une instruction familière par la bouche du père, elle est enseignée par initiation, elle parle par la voix des *pontifes*. Le patriarche, occupé du soin de sa maison et de la nourriture de ses fils, priait dans la simplicité du cœur, sans avoir le loisir de méditer la doctrine. Mais le prêtre, seul avec ses pensées, attaché par devoir à l'enseignement théologique sans autre soin, sans autre inquiétude, pourra-t-il s'abstenir de méditer, de contempler ce qui est devenu l'objet de sa vie tout entière ? Puis l'imagination et la raison, s'emparant tour à tour du dogme pour le commenter et l'embellir, pour l'approfondir, ou même pour le déguiser aux yeux vulgaires, ne finiront-elles pas par élever à frais communs l'immense édifice de la mythologie ? Ceci s'applique à toutes les castes, à tous les colléges de prêtres : Druides, Shamanéens, Brahmes, Scaldes, Sibylles, initiateurs de toutes les contrées, de Samothrace, de l'Égypte et de la Grèce. En Israël, c'est la tribu de Lévi, dépositaires des traditions à partir de Moïse; Moïse et Aaron, prêtres et législateurs, succèdent à l'époque patriarcale d'Abraham et de Jacob, à l'instant où les Hébreux devenaient peuple.

Ainsi le patriarche, c'est l'homme primitif, c'est l'homme qui *croit*. Il y a synthèse dans sa pensée. Le théosophe, *sagesse, science*, c'est l'homme de la seconde époque, celui qui *réfléchit ;* c'est l'homme de l'analyse qui isole les faces diverses de la réalité, les assimile à son imagination, à tort le plus souvent, à raison quelquefois.

Voilà une dissertation bien longue, tu en feras ce qu'il te plaira et tu me diras ce que tu en penses. J'attends avec impatience ton manuscrit, et je l'annoterai avec sévérité. MM. de Chateaubriand et Ballanche m'ont bien accueilli. M. Ballanche m'a dit dans la conversation : « Toute religion renferme nécessairement une théologie, une psychologie et une cosmologie. » N'est-ce point là ce que nous disions un jour ensemble ? N'est-ce point là cette triade mystérieuse dans laquelle toute science vient se résoudre ? N'est-ce point là la métaphysique transcendantale, dans laquelle viennent se résumer toutes les connaissances humaines ? Et n'est-ce pas une manière d'entendre l'apôtre saint Paul, quand il énonce que toute science est renfermée dans la science de Jésus crucifié ?

Je t'engage à soumettre toutes ces idées pêle-mêle avec les tiennes à M. Noirot et à me rapporter son avis. Vois-le souvent, présente-lui mes respects et assure-le que je vais prochainement l'importuner de mes lettres

Je verrai M. de Montalembert, et peut-être M. de

la Mennais demain ou après-demain, avant leur départ pour Rome (1).

Jusqu'ici Paris ne m'a point enchanté ; j'ai pourtant beaucoup vu. Je n'ai point de grandes facilités pour travailler, vu mon inexpérience, mon ignorance des ressources et l'état provisoire où je me trouve. *J'espère parvenir à fonder la réunion dont je t'avais parlé, j'ai déjà des données pour cela ;* Pessonneaux partage nos projets et me tient volontiers compagnie. Adieu, mon bon ami ; que Dieu bénisse nos efforts !

(1) M. de la Mennais demeurait alors rue de Vaugirard, 98 ; il avait suspendu, le 15 septembre, la publication de *l'Avenir*, et, le 31 décembre 1831, il arrivait à Rome accompagné de l'abbé Lacordaire et de M. de Montalembert.

VII

A SON PÈRE.

Paris, 12 novembre 1831.

Ne vous fâchez pas, je vous en prie, mon bon père, si je prends si souvent la liberté de vous écrire ; mais il faut bien que je vous tienne au courant de mes affaires, et j'en ai une fort importante à vous communiquer.

Jeudi j'allai rendre une visite d'honnêteté à M. Ampère, membre de l'Institut, que j'avais vu à Lyon avec M. Perisse. Après m'avoir fait un accueil très-cordial, il m'adressa quelques questions sur ma situation à Paris, sur le prix de ma pension ; puis, se levant tout à coup, il me conduisit dans une chambre très-agréable, occupée jusqu'à présent par son fils ; et là : « Je vous offre, me dit-il, la table et le logement chez moi au même prix que dans votre pension ; vos goûts et vos sentiments sont analogues aux miens, je serai bien aise d'avoir l'occasion de causer avec vous. Vous ferez connaissance avec mon fils, qui s'est beaucoup occupé de littérature allemande; sa bibliothèque sera à votre disposition. Vous faites maigre, nous aussi; ma sœur, ma fille et mon fils dînent avec moi; ce vous sera une société agréable : qu'en pensez-vous? » J'ai répondu qu'un pareil arrangement m'agréerait fort et que j'allais écrire pour avoir votre avis...

Paris, 7 décembre 1831.

.....Aujourd'hui je suis bien mieux, puisque me voici fixé depuis deux jours chez M. Ampère. Je suis installé dans une belle et bonne chambre planchéiée et boisée, ayant deux portes sur le jardin, une bibliothèque pleine de livres allemands, italiens, voire même suédois et espagnols dont je n'use guère, et quelques bons ouvrages de littérature française en petit nombre. C'est la bibliothèque de M. Ampère fils. J'ai un bon poêle de faïence où je ne fais que peu de feu par économie; une cheminée en marbre ornée d'une amphore antique, mais vide depuis bien des siècles de ce bon falerne mousseux dont parle mon ami Horace.

Je vous envoie le plan géométrique de ma chambre.

Vous allez peut-être vous moquer de moi; cependant je parie que ce gribouillage amusera maman : elle se figurera me voir assis devant ma table, me couchant dans mon lit, allant de ma table à mon bûcher et du bûcher au poêle.

On déjeune à dix heures, on dîne à cinq heures et demie tous ensemble, M. Ampère, sa fille et sa sœur. M. Ampère est causeur, sa conversation est amusante et fort instructive ; j'ai déjà appris bien des choses depuis que je suis auprès de lui. Sa fille parle assez bien et prend part à ce que l'on dit. M. Ampère m'a paru très-caressant pour elle, mais il l'entretient habituellement de science. Doué d'une mémoire prodigieuse pour tout ce qui est scientifique dans quelque ordre de connaissances que ce soit, il est oublieux pour toute affaire de ménage. Il a appris le latin tout seul. Il ne fait de vers latins que depuis *deux ans* et les fait très-bien. Il possède l'histoire à merveille, et lit avec autant de plaisir une dissertation sur les hiéroglyphes qu'un recueil d'expériences de physique et d'histoire naturelle. Tout cela chez lui est instinctif. Les découvertes qui l'ont porté au rang où il est aujourd'hui lui sont venues, dit-il, tout à coup. Il termine en ce moment un grand projet d'encyclopédie.

Eh bien, voilà l'homme excellent chez lequel je me trouve installé, n'en êtes-vous pas bien aise, mon bon père? J'oubliais de vous dire qu'un ton parfait de politesse règne dans la maison. J'oubliais aussi de vous donner mon adresse : rue des Fossés-Saint-Victor, n° 19.

Je ne suis point encore retourné chez M. de Chateaubriand, j'attends la lettre de M. Bonnevie (1), qui me fournira une nouvelle raison de m'y présenter. J'avais vu M. de la Mennais la veille de son départ pour Rome, j'ai beaucoup causé avec lui. Tous ces savants de Paris sont pleins d'affabilité.

J'ai vu hier M. Serullas (2) ; c'est un excellent homme, mais doué au plus haut degré de la distraction scientifique. Je l'ai trouvé occupé à des manipulations chimiques, qu'il s'est bien gardé d'interrompre tout en m'accueillant fort bien et en me régalant de temps en temps, comme il le disait lui-même, de l'inflammation de quelques fragments de *potassium*. Mais il n'était point en veine et son expérience n'a pas réussi ; il m'a emmené dans son cabinet, m'a beaucoup parlé de vous, mon père, auquel il paraît fort attaché et m'a offert ses services.

Cet homme est très-vif, il vous ressemble en ce point ; mais il est tout absorbé dans son affaire et ne connaît que sa chimie.

C'est singulier comme tout le monde est instruit

---

(1) « M. l'abbé de Bonnevie, chanoine de Lyon, homme de ce grand air sacerdotal que j'ai vu à plusieurs membres de l'ancien clergé français, et qui annonçait tout ensemble la distinction de la nature et l'élévation de la grâce, M. de Bonnevie aimait les jeunes gens ; il les accueillait bien, et la mémoire de son cœur lui a survécu plus que ses sermons. » (R. P. Lacordaire.)

(2) Charles Serullas, professeur de chimie à l'hôpital du Val-de-Grâce, connu par de célèbres découvertes de chimie.

ici. Vous voyez qu'aujourd'hui je suis optimiste ; dans ma dernière lettre, le souci m'avait rendu pessimiste et tout me paraissait mal. Maintenant que les affaires de Lyon sont calmes, que j'ai une société, une chambre à ma fantaisie, et devant moi l'espérance d'avoir des livres, du feu et de l'argent, que me manque-t-il? vous, mon bon père, vous et toute ma famille ; oh ! voilà ce qui me manque et que je brûle de revoir. Comme il fera bon nous embrasser dans huit mois d'ici ! Pendant que j'écris, minuit approche, je ne saurai bientôt plus si c'est le bonjour ou le bonsoir qu'il vous faut dire. Que voulez-vous ! quand le cœur et la main sont en train, comment les arrêter ?

Adieu, mon père.

Le séjour d'Ozanam chez M. Ampère fut un bienfait inestimable ; il dura dix-huit mois, pendant que Jean-Jacques Ampère, dont il occupait la chambre, étudiait dans les universités allemandes. Bientôt il s'établit une grande intimité entre le savant illustre et le jeune étudiant, qu'il consultait sur sa classification des sciences et ses vers latins. Il reste dans les papiers d'Ozanam de grands tableaux, où il a écrit au revers. « Ces tableaux ont été remplis en partie par M. Am-
« père (le père), en partie par moi sous sa dictée. Ils me sont
« précieux comme un souvenir du temps que j'ai passé près
« de ce grand homme. »

Voici en quels termes affectueux et pressants André-Marie Ampère conviait son jeune ami à venir travailler avec lui :

VIII

ANDRÉ-MARIE AMPÈRE A FRÉDÉRIC OZANAM.

Paris, 5 mai.

Mon cher et excellent ami,

Vous savez bien que je n'ai plus que huit jours à être à Paris, et que la traduction des vers explicatifs de mon tableau exige plus d'une séance. Par toute l'amitié que vous avez pour moi, il n'y a donc pas un moment à perdre, si vous ne voulez pas me priver d'une chose à laquelle j'attache un bien grand intérêt.

J'en serai reconnaissant au delà de toute expression et vous en fais d'avance un million de remercîments.

Mille fois tout à vous, cher et excellent ami,

A. AMPÈRE.

IX

FRÉDÉRIC OZANAM A M. ERNEST FALCONNET.

Paris, 18 décembre 1831.

Ce plaisir que tu trouves à m'écrire, à me conter tes sentiments, tes pensées, tes rêves, tu penses bien que je le partage, et tu serais souvent assailli de mes lettres, si de nombreuses occupations ne venaient me lier les mains. Aujourd'hui que j'ai un peu de loisir, je vais t'entretenir longuement et te répondre.

Mais par où commencerai-je? Je vais répliquer d'abord à tes questions, puis je deviserai à mon tour. Tes deux lettres, la dernière surtout, m'ont causé un vrai plaisir. Croirais-tu bien qu'à la lecture de celle-ci des larmes d'attendrissement ont mouillé mes yeux? car j'étais plein d'une douce joie à la vue de ta verve catholique et de ta jeune indignation. Courage! te voilà dans la route du bien; courage, mon ami, affermis tes pas; reste solide et ferme contre les orages qui ne manqueront pas de fondre sur toi; garde-toi surtout du découragement : c'est la mort de l'âme. Ainsi, prends l'habitude de voir le mal autour de toi sans en être ébranlé. Aux jours de notre enfance, dans ces jours qui s'écoulaient paisiblement au milieu de parents vertueux et d'amis bien-aimés, nous avons cru, simples que nous étions, que notre famille était l'univers, et que tout le monde devait pratiquer ce qu'on nous enseignait. Aussi, bien poignant est l'instant où les yeux se dessillent, où le monde apparaît sous ses formes véritables, avec la laideur de ses vices, le bruit de ses passions, les blasphèmes de son impiété. Nous étions pleins de confiance et de candeur, notre âme était ouverte à toute parole d'homme et tout discours nous semblait empreint de vérité, et voilà qu'aujourd'hui il nous faut apprendre l'art pénible de la défiance et du soupçon.

29 décembre 1831.

Quinze jours se sont passés ! Mes nombreuses occupations m'ont empêché de t'écrire, mais non de penser à toi. Maintenant que j'ai un peu de loisir, reprenons notre causerie et renouons l'entretien. Tu me demandais des nouvelles, de nombreuses nouvelles sur moi, sur la science, sur la politique, sur la religion.

Moi ! puis-je être mieux ? Une jolie chambre, une bonne table, une agréable société, des conversations presque toujours instructives, souvent amusantes avec mon respectable hôte (1), une leçon de droit et un ou deux cours de littérature par jour, enfin la compagnie presque habituelle d'Henri, en voilà certes plus qu'il n'en faut pour faire une vie d'étudiant assez douce, assez heureuse. Eh bien, me crois-tu heureux? Oh! non, je ne le suis pas! car il s'est fait chez moi une solitude immense, un grand malaise. Séparé de ceux que j'aimais, je sens chez moi je ne sais quoi d'*enfantin* qui a besoin de vivre au foyer domestique, à l'ombre du père et de la mère, quelque chose d'une indicible délicatesse qui se flétrit à l'air de la capitale. Et Paris me déplaît, parce qu'il n'y a point de vie, point de foi, point d'amour, c'est comme un vaste cadavre auquel je me suis attaché tout jeune et tout vivant, et dont la froideur me glace et dont la corruption me tue. C'est vraiment au milieu de ce désert moral que l'on comprend bien et que l'on répète avec amour ces cris du Prophète :

Habitavi cum habitantibus Cedar, multum incola fuit anima mea!
Si oblitus fuero tui, Jerusalem, adhæreat lingua mea faucibus meis!

Ces accents de poésie éternelle retentissent souvent dans mon âme, et pour moi cette ville sans bornes où je me trouve perdu, c'est Cédar, c'est Babylone, c'est le lieu d'exil et de pèlerinage, et

(1) M. Ampère.

Sion, c'est ma ville natale avec ceux que j'y ai laissés, avec la provinciale bonhomie, avec la charité de ses habitants, avec ses autels debout et ses croyances respectées.

La science et le catholicisme, voilà mes seules consolations, et certes cette part est belle ; mais là encore, espérances déçues, obstacles à surmonter, difficultés à vaincre. *Tu n'ignores pas combien je désirerais m'entourer de jeunes hommes sentant, pensant comme moi; or je sais qu'il y en a, qu'il y en a beaucoup, mais ils sont dispersés comme l'or sur le fumier, et difficile est la tâche de celui qui veut réunir des défenseurs autour d'un drapeau.* Cependant j'espère dans ma prochaine lettre te donner des espérances plus positives.

Quelle semble être aujourd'hui la situation des idées scientifiques, quelles sont les écoles, les puissances belligérantes dans le champ de la philosophie ?

Il faut considérer d'abord qu'après toutes les discussions et toutes les luttes, après tous les problèmes partiels, un instant doit venir où la raison résume tous ses doutes en un seul et pose le problème général. Aujourd'hui ce problème est conçu en ces termes : Pourquoi l'homme est-il fait ! Quel est le but, la loi de l'humanité ? Relativement au siècle passé il y a progrès, puisque les termes mêmes du problème supposent une Providence, un but, une pensée créatrice, conservatrice. Or la question en cet état relève de la philosophie de l'histoire ; à la philosophie de l'histoire il appartient de la résoudre. Tu comprends, dès lors, l'importance donnée de nos jours aux études historiques. Jusqu'ici tout le monde est d'accord. Mais la scission commence au point même de départ ; elle a pour objet les données mêmes de la question. Les uns prennent la psychologie pour base de leurs recherches, ils se font une sorte d'homme abstrait à la manière de la statue de Condillac : dans cet homme-là ils voient tout ce qu'ils veulent voir, et ils en déduisent une formule philosophique sur laquelle ils étendent l'histoire comme sur le lit de Procuste, coupant et meurtrissant tout ce qui a peine à entrer dans leur cadre inflexible. Ces gens-là, qui ne font que renouveler Rousseau, Dupuys et Volney ; ces gens-là, dis-je, ont fait cette admirable découverte : que les religions ont commencé par le fétichisme, et ils vont le répétant à qui veut les entendre, discourant sur la loi du progrès, sur l'extinction du christianisme et sur l'avénement prochain d'une religion nouvelle. Voilà ce que nous a prêché naguère M. Jouffroy, professeur de philosophie à la Sorbonne, cette antique Sorbonne que le christianisme a fondée et dont le dôme est encore couronné du signe de la croix.

Mais en face de cette école qui se décore du nom de *rationaliste*, une autre s'élève qui prend le nom de *traditionnelle ;* non pas qu'elle ait brisé avec la raison, mais parce que l'histoire est la base, et la tradition le point de départ de son système. Dans ses rangs apparaissent MM. de Châteaubriand, de la Mennais, d'Ekstein, Ballanche, de Bonald, et pour l'Allemagne, Schlegel, Baader, Stolberg, Gœrres. Ils distinguent deux objets des connaissances humaines : le fini et l'infini, la vérité philosophique et la vérité religieuse ; deux manières de connaître : la raison et la croyance, l'analyse et la synthèse, ou peut-être, comme parle l'Église, l'ordre de la nature et l'ordre de la grâce. Or, le fini est pressé par l'infini de toutes parts. L'infini, c'est Dieu, c'est l'A et l'Ω, le principe et la fin. D'où il suit que la synthèse est à la fois la base et le couronnement de l'humanité, et que la vérité religieuse est la source et la fin de la vérité philosophique. Sur ces données, s'élève une vaste théorie des rapports de la science et de la foi, une large explication de l'histoire. Et comme la synthèse est le fait primitif qui précède toute connaissance, comme son temps est le temps de l'enfance où la raison dort, il suit de là que la psychologie est incapable d'en approfondir la nature, d'en saisir l'étendue. Donc, c'est dans l'histoire qu'il en faut faire la recherche, l'étude ; c'est à l'histoire à nous redire l'histoire du genre humain. Ils assurent encore que le féthichisme, loin d'être le premier pas de l'humanité, est le dernier degré de la corruption ; que les souvenir de l'âge d'or et de la faute primitive et de l'expiation par le sang sont semés parmi les peuples. Voilà ce qu'ils disent, et cependant notre œuvre à nous mûrit dans nos jeunes pensées, elle viendra dans son temps. Jamais une histoire des religions ne fut plus appelée par les besoins sociaux. — *Tempus erit....*

J'ai achevé de traduire de Mone ce qui concerne la mythologie des Lapons ; rien ne confirme mieux nos idées. C'est plaisir de voir le bon Allemand se tordre pour expliquer par la physique les mythes les plus moraux et cherchant le culte des astres dans l'adoration du Dieu en trois personnes.

X

A SA MÈRE.

Paris, 23 décembre 1831.

Ma bonne mère,

... Il faut d'abord que je vous remercie des bons conseils de toute espèce que vous voulez bien me donner. Mais malheureusement tous vos avis sur la politesse se trouvent paralysés par ce bon M. Ampère, qui veut toujours être servi le dernier et qui s'impatiente quand on a l'air de lui faire quelque honnêteté. J'ai beau me débattre, il faut absolument que je me serve des premiers, sans quoi on se fâche. On a pour moi toute sorte de bontés. L'autre jour M. Ampère m'a mené à l'Institut et a recommandé au concierge de me laisser entrer tant qu'il me plairait. Lundi prochain il doit m'y mener encore pour me faire donner la permission de venir à la bibliothèque de l'Institut, qui est fort riche et qui est moins éloignée que celle du Roi.

Vous êtes bien bonne de vous inquiéter de mes

soirées du dimanche. Habituellement le papa Ampère, comme vous dites, travaille beaucoup et joue peu, et comme c'est lui qui est le *boute-en-train* de la maison, il en résulte que l'on se divertit rarement. Le dimanche soir se passe souvent comme les autres jours ; c'est-à-dire qu'après avoir causé une heure ou deux, je vais m'enfermer dans ma chambre et je m'y désennuie, comme je peux. Oh! je vous assure que vous me manquez bien, surtout dans ces moments-là ; les lieues qui sont entre vous et moi me semblent bien longues ; je pense à ma bonne ville de Lyon, à ceux que j'y ai laissés et que j'aime tant. Je pense à ces soirées des dimanches d'hiver, que je passais au milieu de vous, sous l'aile de la famille, devisant avec mon cher Falconnet de mille choses, ou jouant avec lui la fine partie de piquet, qui était quelquefois agréablement interrompue par le vin blanc et les marrons. Aujourd'hui, plus de tout cela. Certes, la famille qui m'entoure me prodigue bien des égards, mais je suis étranger à ses joies et à ses douleurs ; je suis là dans une sphère qui n'est pas la mienne : plus de causeries ni d'épanchements, plus de fêtes. J'ai laissé passer inaperçue la douce solennité de l'enfance, ce 6 décembre, la journée du bon saint Nicolas, que nous fêtions naguère de si bon cœur. Je ne m'en suis souvenu que le lendemain, et je me suis souvenu aussi qu'il y avait un terme à toutes ces joies enfantines, et que les plaisirs naïfs, domestiques, ne sont point pour celui qui vit dans l'isolement de la capitale.

Ainsi je verrai passer le jour de l'an, ce jour tant aimé; je le verrai célébrer autour de moi par une famille heureuse; un bon père accablé de caresses, près d'un foyer où je ne m'asseois qu'à titre d'hospitalité. Je verrai tout cela, et je songerai que moi aussi j'ai un excellent père, que j'ai une mère chérie et des frères bien-aimés, et que je ne les embrasserai pas. Oh! si vous saviez tout ce que ces réflexions ont d'amer pour mon âme! Dieu est généreux sans doute de m'avoir adouci l'exil par la société où je me trouve placé; mais Dieu fait bien toute chose, il a bien vu que le mal du pays me ferait souffrir, beaucoup souffrir, et que, faible comme je le suis, il me faudrait bien des consolations pour me soutenir jusqu'au bout.

Voici Noël qui approche: je prierai pour vous, vous prierez pour moi, ma bonne mère. Dieu nous entendra tous deux, il nous donnera force et courage; son règne nous arrivera, et, quel que soit l'avenir, nous marcherons d'un pas ferme vers les destinées qui nous attendent.

XI

A M. ERNEST FALCONNET.

Paris, 10 février 1832.

Mon bon ami,

..... Ta lettre m'a causé un bien vif plaisir, c'est une si douce chose que d'amicales causeries. J'ai vu que tu persévères dans les voies de la philosophie catholique et que tu te prépares à en être un jour le digne défenseur. C'est bien. Nos rangs sont plus nombreux que nous ne le croyions. J'ai trouvé ici des jeunes hommes, forts en pensées et riches en sentiments généreux, qui consacrent leurs réflexions et leurs recherches à cette haute mission qui est aussi la nôtre. Chaque fois qu'un professeur rationaliste élève la voix contre la révélation, des voix catholiques s'élèvent pour répondre. Nous sommes unis plusieurs dans ce but. Déjà deux fois j'ai pris ma part de ce noble labeur en adressant mes objections écrites à ces messieurs. Mais c'est principalement au cours de M. X... que nous avons réussi. Deux fois il avait attaqué l'Église, la première en traitant la Papauté d'institution passagère, née sous Charlemagne, mourante aujourd'hui ; la seconde en accusant le clergé d'avoir constamment favorisé le despotisme. Nos réponses lues publiquement ont produit le meilleur effet, et sur le professeur, qui s'est presque rétracté, et sur les auditeurs, qui ont applaudi. Ce qu'il y a de plus utile dans cette œuvre, c'est de montrer à la jeunesse étudiante *qu'on peut être catholique et avoir le sens commun, qu'on peut aimer la religion et la liberté;* enfin c'est de la tirer de l'indifférence religieuse et de l'accoutumer à de graves et de sérieuses discussions.

Mais ce qui est le plus doux et le plus consolant pour la jeunesse chrétienne, ce sont les conférences établies à notre demande par M. l'abbé Gerbet. C'est maintenant qu'on peut dire que la lumière brille dans les ténèbres : *Lux in tenebris lucet.* Tous les quinze jours il fait une leçon de philosophie de l'histoire; jamais ne retentit à nos oreilles une parole plus pénétrante, une doctrine plus profonde.

Il n'a donné encore que trois séances, et la salle est pleine, pleine d'hommes célèbres et de jeunes gens avides. J'y ai vu MM. de Potter, de Sainte-Beuve, Ampère fils recevant avec transport les enseignements du jeune prêtre.

Le système de la Mennais exposé par lui n'est plus celui de ses provinciaux partisans : c'est l'alliance immortelle de la foi et de la science, de la charité et de l'industrie, du pouvoir et de la liberté. Appliqué à l'histoire, il la met en lumière, il y découvre les destinées de l'avenir. Au reste, aucun charlatanisme : une voix faible, un geste embarrassé, une improvisation douce et paisible ; mais à la fin de ses discours, son cœur s'échauffe, sa figure s'illumine, le rayon de feu est sur son front, la prophétie est sur sa bouche.

Il est temps que je te donne quelques détails sur les livres allemands dont tu m'as parlé. Novalis est en traduction ; c'est notre ami M... qui s'en occupe. On m'a conseillé deux ouvrages de Mössuer, une Vie de Grégoire VII et une Vie de saint Athanase, toutes deux pleines de curieux détails, toutes deux écrites dans un esprit catholique par un auteur protestant. J'ai donc demandé la première pour moi, la seconde pour toi. Je sais que tu travailles beaucoup l'allemand. Quant à moi je traduis, en attendant, un petit opuscule de Benjamin Bergman. Tu vois que c'est toujours dans le plan de nos communs travaux.

XII

A M. ERNEST FALCONNET.

Paris, 25 mars 1832.

Mon cher Falconnet,

J'ai vu avec plaisir, je dirais presque avec reconnaissance, l'intérêt que tu portes à mes efforts pour soutenir la cause de l'Évangile. Je continuerai de t'entretenir sur ce sujet et je te ferai savoir tout ce qui s'accomplira autour de nous pour le triomphe de cette divine cause. Je t'avais raconté nos premières escarmouches, je me réjouis de t'apprendre que nous avons livré, il y a quelques semaines un plus sérieux combat. C'est la chaire de philosophie, c'est le cours de Jouffroy qui a été notre champ de bataille. Jouffroy, l'un des plus illustres rationalistes de nos jours, s'était permis d'attaquer la révélation, la possibilité de la révélation même : un catholique, un jeune homme lui adressa quelques observations par écrit; le philosophe promit d'y répondre; il attendit durant quinze jours, pour préparer ses armes sans doute, et au bout de ce temps, sans lire la lettre, il l'analysa à sa manière et essaya de la réfuter. Le catholique, voyant qu'il était mal compris, présenta une seconde lettre au professeur; celui-ci n'en tint pas compte, il n'en fit point mention et continua ses attaques, jurant que le catholicisme répudiait la science et la liberté. Alors nous nous réunîmes, nous dressâmes une protestation où étaient énoncés nos vrais sentiments; elle fut revêtue à la hâte de quinze signatures et adressée à M. Jouffroy. Cette fois, il ne put se dispenser de nous lire. Le nombreux auditoire, composé de plus de deux cents personnes, écouta avec respect notre profession de foi. Le philosophe s'agita en vain pour y répondre, il se confondit en excuses, assurant qu'il n'avait point voulu attaquer le christianisme en particulier, qu'il avait pour lui une haute vénération, qu'il s'efforcerait à l'avenir de ne plus blesser les croyances. Mais surtout il a constaté un fait bien remarquable, bien encourageant pour l'époque actuelle. « Messieurs, nous a-t-il dit, il y a cinq ans, je ne recevais que des objections dictées par le matérialisme; les doctrines spiritualistes éprouvaient la plus vive résistance : aujourd'hui les esprits ont bien changé, l'opposition est toute catholique. »

Il était triste de le voir s'escrimant à résoudre, par les seules forces de la raison, le problème des destinées humaines; chaque jour des contradictions, des absurdités, des aveux involontaires, lui échappent. Dernièrement il osait soutenir qu'il était faux qu'il y eût des justes malheureux et des méchants épargnés dans ce monde. Hier, il confessait que les besoins intellectuels sont immenses; que la science, loin de les combler, ne sert qu'à en faire voir toute l'étendue et conduit l'homme au désespoir, en lui montrant l'impossibilité d'arriver à la perfection. Il confessait que les connaissances matérielles ne suffisent point à notre esprit, et qu'après les avoir épuisées, il éprouvait un grand vide et se trouvait invinciblement poussé à chercher des lumières surnaturelles. Il reconnaissait enfin qu'il faudrait à la raison un haut degré de développement pour qu'elle pût devenir la base de notre conduite morale. Tu vois que de ces trois faits résulte évidemment la nécessité d'une révélation.

Mon cher ami, ils font peine, ces philosophes du rationalisme! Si tu savais combien grand est leur orgueil, quelle haute idée ils ont d'eux-mêmes, quel mépris pour les autres, quel amour-propre anime leurs paroles et leurs écrits! si tu les voyais briguer les applaudissements de la jeunesse qui les écoute, et au milieu de leurs forfanteries, reconnaître à chaque instant leur faiblesse et proclamer le *désespoir* qui les ronge : le désespoir! Si tu entendais leurs attaques contre le christianisme servilement renouvelées des vieilles déclamations voltairiennes et leurs propositions extravagantes ; si, par exemple, tu leur entendais dire, pour combattre les miracles, que les lois de la nature sont hors de notre portée, et que par conséquent nous n'en pouvons apprécier les dérogations, et que la résurrection d'un mort n'offrirait rien de miraculeux aux savants d'aujourd'hui; ami, si tu entendais, si tu voyais tout cela, ne féliciterais-tu pas le christianisme d'avoir de pareils adversaires?

Courage donc, car nos ennemis sont faibles; courage, car les docteurs de l'incrédulité pourraient être confondus par le dernier de nos vicaires de campagne; courage, car l'œuvre de Dieu s'opérera, elle s'opérera par les mains de la jeunesse actuelle, peut-être même par les nôtres.

Pour toi, prépare-toi à la lutte par la pratique de cet Évangile que tu es appelé à défendre. Prie, prie pour nous, qui commençons à prendre carrière et qui te tendons la main avec une grande et fraternelle amitié; oui, tu as déjà ici des amis qui ne te connaissent pas, qui t'attendent et qui t'ouvriront leurs bras quand tu viendras te mêler parmi eux.

Vois quelquefois M. Noirot, use de ses conseils, abuse de sa patience. J'ai reçu de lui une excellente lettre.

J'ai achevé de traduire de l'allemand un opuscule curieux de Bergman sur la religion du Thibet. J'ai commencé la version d'un livre thibétain qu'il a traduit en allemand. C'est une genèse, un système cosmogonique où sont fortement empreintes les traces de la révélation.

M. de Coux a commencé son cours d'économie politique, plein de profondeur et d'intérêt. Je t'engage à souscrire. Il y a foule à ses leçons, parce que, dans ses leçons, il y a de la vérité et de la vie, une grande connaissance de la plaie qui ronge la société et un remède qui seul peut la guérir.

Je lis les ouvrages de M. Ballanche avec plaisir et, j'espère, avec fruit : ils renferment de grandes idées mêlées à un certain nombre d'erreurs sur la philosophie de l'histoire. Je lis aussi le célèbre Vico. Enfin je poursuis l'étude de l'hébreu. Je t'en prie, occupe-toi sérieusement de recherches historiques et traditionnelles, car tout est là.

Souviens-toi toujours de ton ami.

Ce fut le désir d'un enseignement spécial, de nature à détruire les mauvais effets du cours de M. Jouffroy et d'autres professeurs rationalistes, qui détermina la demande adressée l'année suivante, par les étudiants catholiques, à Monseigneur de Quélen pour obtenir les conférences de Notre-Dame. Une pétition, couverte de cent signatures, fut remise à Monseigneur dans les premiers jours de juin 1833 par MM. Ozanam, Lejouteux et de Montazet, petit-neveu de l'archevêque de ce nom, tous trois étudiants en droit (1). Monseigneur les reçut avec une grande bonté, les fit causer longtemps. Ils exposèrent

(1) Monseigneur résidait alors rue Saint-Jacques, n° 193, au couvent des Dames-Saint-Michel.

le projet qu'ils étaient venus soumettre ; on proposa quelques noms, ils insistèrent sur l'état des esprits. Monseigneur leur dit qu'il s'occuperait de leur demande et qu'il croyait que le moment n'était pas loin où la religion sortirait triomphante de la lutte. « Oui, dit-il, j'en ai le pressentiment, « quelque chose de grand se prépare, Dieu se ménage une « victoire éclatante. » Puis il bénit ces trois jeunes gens, et, les embrassant avec effusion, il leur dit : « J'embrasse en votre « personne toute la jeunesse catholique. »

XIII

A M. ERNEST FALCONNET.

Paris, 5 janvier 1833.

Mon cher Falconnet,

Je t'écris samedi soir, il est minuit, bientôt une nouvelle journée grande et solennelle va commencer, l'anniversaire du premier hommage rendu par le monde païen au christianisme naissant. Il y a quelque chose de merveilleusement beau dans cette légende des trois mages, représentants de trois races humaines au berceau du Sauveur. Il y a quelque chose de vénérable dans cette fête de famille qui consacre la joie, qui jette au sort un gâteau, et qui crée dans son sein une royauté domestique de quelques heures, comme pour imiter ces royautés orientales députées au Christ enfant. Quelle que soit du reste l'origine de cette coutume, qu'elle vienne même des rois du banquet chez les Grecs et les Romains, elle est toujours une bonne occasion de plus pour réunir les parents, les amis, pour faire épanouir les cœurs. J'aurais aimé ce jour-là m'asseoir à une table, avec tous ceux qui me sont chers, avec toi, par conséquent, mon bon camarade, et, déposant ma gravité philosophique, j'aurais crié dans toute la simplicité de mon âme et de toute la force de mes poumons : *Le roi boit ! le roi boit!* car je me complais dans tout ce qui est vieux et populaire, et j'éprouve un sentiment profond de sympathie pour cette naïveté primitive, pour cette bonhomie qui s'en va tous les jours, à mesure que la fausse politesse se développe et grandit.

Et toi, mon ami, auras-tu pris ta part de ces fêtes joyeuses, te seras-tu ouvert à la gaieté et au plaisir, ou bien la mélancolie pèse-t-elle toujours comme un poids de fer, sur ton âme? Tu m'as fait entrer dans le secret de tes pensées, tu m'as dit tes inégalités, tes jouissances, tes tristesses. Es-tu toujours le même? Ou bien te fais-tu homme et te prépares-tu à conserver cette égalité d'âme qui fait le bonheur et la sûreté de la vie?

Oh ! non pas encore, je te comprends bien, pas encore le calme et l'impassibilité de l'âge mûr, c'est la jeunesse avec sa fougue, avec ses tempêtes ; c'est le temps des grandes joies et des grandes douleurs ; c'est comme la barque qu'on lance pour la première fois à la mer ; inhabituée aux flots qui la balottent, tantôt elle cingle rapide et légère sur la pointe des vagues, tantôt elle tombe et disparaît dans les abîmes, jusqu'à ce qu'une main plus assurée vienne tenir son gouvernail et la guider au port.

Voilà comme est notre existence à nous qui commençons. Sommes-nous donc irrévocablement condamnés à ces inquiétudes qui nous dévorent, à ces tourments qui nous assiégent, et n'est-il aucun moyen de rendre à notre cœur un peu de paix et de consolation?

Vois-tu, mon bon ami, nous avons besoin, nous autres, de quelque chose qui nous possède et nous transporte, qui domine nos pensées et qui les élève; nous avons besoin de poésie au milieu de ce monde prosaïque et froid, et en même temps d'une philosophie qui donne quelque réalité à nos conceptions idéales; d'un ensemble de doctrines qui soit la base et la règle de nos études et de nos actions. Ce double bienfait, nous le trouvons dans le catholicisme, auquel nous nous sommes rattachés pour notre bonheur. C'est donc là le point de départ de tous les labeurs de notre intelligence, de tous les rêves de notre imagination, c'est le point central auquel ils doivent aboutir. Ainsi disparaît ce vague qui nous fait mal et nous laisse abandonné à notre propre faiblesse. Or le sentiment de notre faiblesse étant l'une des principales sources de la mélancolie, la présence de la pensée catholique dans notre âme est le premier remède à lui opposer.

Est-ce là tout? Non certes, à mon avis; ne reléguons point nos croyances dans un domaine de spéculation et de théorie, prenons-les au sérieux et que notre vie en soit l'impression continuelle. Ne restons jamais inoccupés ; formons, s'il le faut, des châteaux en Espagne et des entreprises gigantesques, mais ne laissons point notre esprit sans pâture. Commençons des études fortes, approfondies sur les matières les plus appropriées à nos inclinations ; mais ne nous laissons point trop entraîner à la rêverie et à la littérature ; ce sont choses excellentes, mais qui cessent d'avoir aucune valeur quand il n'y a pas au fond des idées et des connaissances précises.

Voilà bien assez de réflexions. Maintenant je vais te dire quelques mots de ce qui se passe autour de moi pour te faire un peu connaître le monde dans lequel je vis et dans lequel tu auras à vivre.

Comme avocat, comme homme, j'aurais dans le monde trois missions à remplir ; et je devrais être, pour arriver à mon but, jurisconsulte, homme de lettres, homme de société. Ici donc commence mon apprentissage, et la jurisprudence, les sciences morales et quelque connaissance du monde envisagé sous le point de vue chrétien, doivent être l'objet de nos études.

Plusieurs moyens nous sont donnés en ce moment par la Providence pour nous essayer dans cette triple carrière : ce sont les conférences de droit, celles d'histoire et les réunions chez M. de Montalembert.

Les conférences de droit se tiennent deux fois par semaine ; on y plaide des questions controversées. Il y a dans chaque affaire deux avocats et un troisième qui fait fonction de ministère public. Les autres jugent et le fond de la cause et le mérite des plaidoiries. Il n'est pas permis de lire, le plus souvent on improvise; c'est surtout aux répliques qu'il faut s'exercer. Il y a des jeunes gens très-spirituels qui s'en acquittent d'une manière admirable. J'ai déjà parlé deux fois et notamment ce soir, j'ai suppléé un *procureur du roi* absent; on ne m'a donné qu'une heure pour préparer mon affaire; cependant on a paru assez satisfait; pour moi, je me suis trouvé faible et hésitant, parce que je ne me sentais point maître de mon sujet.

Mais la conférence d'histoire est bien une autre chose. Composée d'une quarantaine de membres, elle se rassemble tous les samedis. Là tous les travaux sont libres : histoire, philosophie, littérature, tout est admis. Toutes les opinions trouvent les portes ouvertes, et de là résulte une émulation bien plus forte; car si l'on vise à bien faire, ce n'est pas pour chercher des applaudissements et des éloges, c'est pour donner de plus solides appuis à la cause qu'on a embrassée. Puis chaque travail, après avoir été lu, est soumis à une commission qui le critique, le discute et nomme un rapporteur qui est son organe devant la conférence; rien n'échappe à la sévérité de cette censure, il s'y fait des recherches sérieuses, un contrôle quelquefois très-malin. Enfin un comité supérieur est établi pour donner à toute la conférence une vaste impulsion, pour indiquer les moyens de perfectionnement, pour faire des rapports généraux et constater les résultats du travail commun. Il y a eu déjà des dissertations fort intéressantes et des morceaux de poésie charmants ; on lit six à sept compositions par séance. Une proposition vient d'être faite pour qu'il soit nommé des membres correspondants en province ; si tu veux en être, tu me le manderas ; tu n'auras aucune démarche à faire ; seulement, quand il te semblera bon, tu enverras quelque opuscule de ta façon, que je lirai en ton nom à la conférence.

Voilà pour les études. Il y a en outre tous les dimanches des soirées pour les jeunes gens chez M. de Montalembert ; on y cause beaucoup et d'une manière variée ; on prend du punch et des petits gâteaux, et l'on s'en revient tout joyeux par bandes de quatre ou cinq. J'y compte aller de temps en temps. Dimanche passé j'y vis MM. de Coux, d'Ault-Dumesnil, Mickiewicz, célèbre poëte lithuanien, Félix de Mérode, que la nation belge voulait se donner pour roi ; Sainte-Beuve y est aussi venu, Victor Hugo doit y venir. Il respire dans ces réunions un parfum de catholicisme et de fraternité. M. de Montalembert a une figure angélique et une conversation très-instructive.

Les points de doctrine sur lesquels Rome a demandé le silence ne sont pas remis sur le tapis ; la plus sage discrétion règne à cet égard. Mais l'on s'entretient de littérature, d'histoire, des intérêts de la classe pauvre, du progrès de la civilisation ; on s'anime, on réchauffe son cœur et l'on emporte avec soi une douce satisfaction, un plaisir pur, une âme maîtresse d'elle-même, des résolutions et du courage pour l'avenir.

L'avenir est à nous, jeunes gens que nous sommes, réservons-nous donc et roidissons-nous contre les ennemis et les tourmentes ; songeons que la condition du progrès est la souffrance, et que l'amitié adoucisse les tristesses que nous ne saurions éviter.

XIV

A M. ERNEST FALCONNET.

Paris, 19 mars 1833.

Mon cher Ernest,

Te dirai-je que tes deux lettres m'ont fait beaucoup de plaisir ? Non, ce serait une expression trop faible pour désigner le sentiment qu'éprouve un homme, lorsque son ami lui découvre son cœur et lui fait lire au dedans. Notre amitié n'a jamais été troublée. Nos âmes sont comme deux jeunes étoiles qui se lèvent ensemble et s'entre-regardent à l'horizon : une vapeur légère peut passer entre elles et les voiler quelques heures ; mais bientôt l'illusion se dissipe, et elles reparaissent pures, intactes, brillantes l'une pour l'autre, et elles se retrouvent sœurs. J'avoue que j'ai eu tort de penser ce que j'ai pensé et d'écrire ce que j'ai écrit ; mais écoute, mon ami, l'amitié est aussi une vierge timide et jalouse, le moindre souffle de froideur la fait frissonner, et moi, à cent lieues de distance de mon cher Ernest, tandis qu'il est lancé dans le tourbillon des fêtes et des plaisirs, tandis que le monde bruit si fort à ses oreilles, ne pouvais-je pas craindre que mon souvenir perdît quelque place dans son esprit, et que, trop éloigné pour me faire entendre, mes paroles fraternelles ne se perdissent en chemin ?

Non, je ne t'accusais pas. Je comprenais en quelque sorte la possibilité de ton oubli. Je suis ton parent, ton ami ; mais hors de là, je suis trop peu de chose, pour avoir droit à réclamer une part privilégiée dans tes affections. Le temps n'est plus où le dimanche nous retrouvait assis au même foyer, rêvant les mêmes rêves, désirant les mêmes désirs, l'un complétant la pensée de l'autre, et tous deux formant ensemble une seule intelligence dont tu étais, toi, la partie riante, mobile, légère ; moi le centre de gravité, solide mais lourd. Tes idées capricieuses, mais pleines de grâce et de délicatesse, tes jugements souvent hasardeux, mais toujours originaux et quelquefois vrais, se rattachaient merveilleusement à mes réflexions plus sérieuses, plus roides, plus empruntées. Mais dans ce partage la meilleure part ne m'était pas échue. L'âge, en condensant, pour ainsi dire, la fluidité de ton esprit, devait lui donner de jour en jour l'aplomb qui lui manquait ; et moi, en marchant vers la maturité de la raison, je devais acquérir toujours plus de pesanteur et garder toujours moins de mobilité.

Une époque devait donc venir où tu pourrais fort

bien te passer de moi, tandis que tu devais toujours me manquer davantage. Tout cela est vrai, mon ami ; souviens-toi comme dans nos causeries familières nous commencions toujours par discuter, comme pour nous mettre à l'unisson ; puis, lorsque nous étions d'accord, tu environnais de tes rêveries tourbillonnantes le principe que j'avais posé. Je formulais une idée, tu la poursuivais, tu la développais sous les faces les plus brillantes. Aujourd'hui l'étude t'a fait capable de formuler par toi-même, et pour toi-même ; tu as beaucoup lu, beaucoup travaillé : depuis un an et demi que nous nous sommes séparés, tu as marché vite dans la voie. Non-seulement tu m'as atteint, mais tu m'as devancé sous bien des rapports; tu t'es beaucoup occupé du grand problème social de l'amélioration des classes laborieuses, auquel j'ai à peine songé ; bien mieux que moi tu connais la littérature et la philosophie allemandes; tu as acquis dans l'usage de la bonne société une facilité de parole dont je suis bien éloigné ; ensuite, ce qui est beaucoup plus méritoire, tu as porté dans tes nouvelles études de procédure une bonne volonté qui sera récompensée plus tard. Pour moi, au contraire, excepté quelques connaissances d'orientalisme, quelques idées très-vagues de droit et de législation, un certain nombre de notions nouvelles sur la philosophie de l'histoire, de légers aperçus d'économie politique, puisés surtout dans les discussions de la conférence, ces quatorze mois passés dans la capitale m'ont laissé bien peu de fruits. Et je reconnais que c'est ma faute, parce que je me suis laissé envahir par une sorte de mollesse et de lâcheté presque insurmontables. Ainsi, tu vois combien peu je puis t'offrir et quelle faible contribution je puis apporter dans cette association de deux âmes pour le bien, que l'on nomme amitié. Ne te figure pas que je te dise tout cela par jalousie ; non, je t'ai parlé à cœur ouvert.

Le temps est passé où notre affection mutuelle n'avait pour objet que de donner un charme de plus à nos jeux ; à l'heure qu'il est, elle doit devenir la source d'une réciproque assistance, ce doit être une alliance sérieuse entre ceux qui vont combattre le combat de la vie, et j'ai voulu te faire voir quel allié je pouvais être pour toi, afin de ne pas te laisser concevoir des espérances qu'il me serait impossible de remplir.

Pourtant, si je n'ai rien en moi-même à t'offrir, je me réjouis en songeant qu'un jour approche où je pourrai ne t'être pas inutile, et lorsque tu viendras à Paris, je pourrai t'introduire dans une sphère nouvelle où tu ne trouveras sans doute ni brillantes fêtes ni joyeux tumulte, mais où tu rencontreras en échange des jouissances plus pures et plus fécondes.

Tu sais quel était avant mon départ de Lyon l'objet de tous mes vœux. *Tu sais que j'aspirais à former une réunion d'amis travaillant ensemble à l'édifice de la science, sous l'étendard de la pensée catholique.* Cette idée était restée longtemps stérile ; seulement un ami m'avait ouvert la porte d'une réunion littéraire très-peu nombreuse, dernier débris de l'ancienne société des bonnes études, mais dont les habitudes peu scientifiques ne laissaient presque pas de place à la philosophie et aux investigations sérieuses. Une étroite enceinte nous rassemblait : à peine quinze membres étaient fidèles à ce rendez-vous studieux, à peine les hautes questions de l'avenir et du passé osaient-elles s'y produire. Aujourd'hui, grâce au zèle de quelques-uns des anciens membres, cette société a grandi d'une merveilleuse manière ; elle compte soixante personnes dont plusieurs portent des noms qui ne manquent pas de célébrité. De nombreux auditeurs assistent aux séances, et le vaste local est encombré.

Nous avons cru devoir mettre des conditions assez sévères pour l'admission des candidats, et cependant les candidatures se multiplient, et nous nous sommes recrutés de jeunes hommes d'un talent supérieur. Les uns, voyageurs précoces, ont visité plusieurs parties de l'Europe, et l'un même a fait le tour du monde ; il en est qui ont approfondi les théories de l'art, d'autres qui ont sondé les problèmes d'économie politique. Le plus grand nombre se livre à l'étude de l'histoire, quelques-uns à la philosophie. Nous avons même deux ou trois de ces âmes choisies à qui Dieu a donné des ailes et qui seront un jour des poëtes, si la mort ou les tempêtes de la vie ne viennent pas les briser en chemin.

Le domaine tumultueux de la politique est en dehors de nos excursions. Mais partout ailleurs, il y a pleine et entière liberté. Aussi des questions graves s'élèvent, de jeunes philosophes viennent demander compte au catholicisme de ses doctrines et de ses œuvres, et alors, saisissant l'inspiration du moment, l'un de nous fait face à l'attaque, développe la pensée chrétienne mal comprise, déroule l'histoire pour y montrer ses glorieuses applications, et, trouvant quelquefois une source d'éloquence dans la grandeur du sujet, établit sur des bases solides l'immortelle union de la vraie philosophie avec la foi. Bien entendu que ce ne sont pas les propositions théologiques, mais surtout la portée scientifique et sociale de l'Évangile que l'on discute ainsi. La lice est ouverte, et toutes les opinions, voire même saint-simoniennes, sont admises à la tribune. Toutefois, comme les catholiques sont égaux en nombre à ceux qui ne le sont pas, et que d'un autre côté ils apportent plus d'ardeur, de zèle et d'assiduité, c'est toujours en leur faveur que la victoire intellectuelle se décide. Aussi, entre eux, franche et intime cordialité : une sorte de fraternité toute spéciale; avec les autres, toujours bienveillance et politesse. Nous sommes surtout une dizaine, unis plus étroitement encore par les liens de l'esprit et du cœur, espèce de chevalerie littéraire, amis dévoués qui n'ont rien de secret, qui s'ouvrent leur âme pour se dire tour à tour leurs joies, leurs espérances, leurs tristesses.

Quelquefois, lorsque l'air était plus pur et la brise plus douce, aux rayons de la lune qui glissaient sur le dôme majestueux du Panthéon, en présence de cet édifice qui semble s'élancer au ciel et auquel on a ôté sa croix comme pour briser son élan, le sergent de ville, l'œil inquiet, a pu voir six ou huit jeunes hommes, les bras entrelacés, se promener de longues heures sur la place solitaire; leur front était serein, leur démarche paisible, leurs paroles pleines d'enthousiasme, de sensibilité, de consolation; ils se disaient bien des choses de la terre et du ciel, ils se racontaient bien des pensées généreuses, bien des souvenirs pieux ; ils parlaient de Dieu, puis de leurs pères, puis aussi de leurs amis restés au foyer domestique, puis de leur patrie, puis de l'humanité. Le Parisien stupide qui les coudoyait en courant à ses plaisirs ne comprenait point leur langage : c'était une langue morte, que peu de gens connaissent ici. Mais moi, je les comprenais; car j'étais avec eux et en les entendant je pensais et je parlais comme eux, et je sentais se développer mon cœur; il me semblait que je devenais homme, et j'y puisais, moi, si faible et si pusillanime, quelques instants d'énergie pour les travaux du lendemain.

Une autre source de vie, ce sont les assemblées du jeune et excellent comte de Montalembert. Là, les plus illustres champions de l'école catholique nous ouvrent les trésors de leur conversation; d'autres y viennent qui ont défendu de l'épée et arrosé de leur sang le domaine de leurs convictions : de jeunes officiers belges ou polonais, des diplomates distingués; puis des hommes d'une autre école, qui viennent, comme des pèlerins d'un autre empire, contempler quelques instants l'esprit d'union et de douceur qui règne parmi leurs adversaires. Là, sont venus tour à tour MM. Ballanche et Sainte-Beuve, Savigny jeune et Beauffort, Ampère fils et Alfred de Vigny, de Mérode et d'Eckstein. Dimanche dernier Lherminier y était; j'ai parlé même quelque peu avec lui; puis une causerie très-intéressante s'est établie entre lui et M. de Montalembert; nous sommes restés jusqu'à minuit pour les écouter. Victor Considérant y était aussi; on a beaucoup parlé de la misère actuelle du peuple et on en a tiré de sinistres présages pour l'avenir. Du reste, on cause très-peu de politique et beaucoup de science; les jeunes gens y sont nombreux. M. de Montalembert fait ses honneurs avec une grâce merveilleuse. Il raconte très-bien et il sait nombre de choses.

Si je croyais que cela pût t'intéresser, je te ferais confidence de ceux de mes travaux actuels qui sortent de la sphère jurisprudentielle. Je m'occupe d'esquisser à grands traits un tableau que je me propose de peindre un jour ; métaphore à part, je fais pour la conférence une histoire abrégée des idées religieuses dans l'antiquité, et déjà la Chine et l'Inde m'ont passé par les mains. Je découvre de temps à autre des mines immenses, qui pourront être exploitées plus tard, et cette érudition, quelque mince qu'elle soit, m'est d'une grande utilité pour réformer mes idées générales. Au reste, le résultat est toujours le même ; toujours, après avoir traversé l'avenue du Sphinx, après avoir parcouru le long labyrinthe des mythes et des allégories, l'œil découvre au fond du sanctuaire le génie mystérieux du genre humain, qui est la parole divine.

Le plaisir me donne assez courage pour ces sortes de recherches ; mais, lorsque je dois écrire ma pensée, rédiger mes sentiments, un grand découragement me saisit.

Voilà, mon ami, où j'en suis avec moi-même ; de bonne humeur du reste, et de santé chancelante. Souvent je me gronde, je me boude ; mais toujours je finis par faire la paix avec mon vénérable individu, quoique ce soit un triste sire ; j'espère cependant mieux faire ; en redoublant d'efforts, je mériterai le succès, et mon amitié pourra n'être point infructueuse à ceux qui la cultiveront.

Et maintenant, mon cher Ernest, que nos mains s'étreignent plus fort que jamais. L'avenir est devant nous, immense comme l'Océan ; hardis nautoniers, naviguons dans la même barque et ramons ensemble ; au-dessus de nous la religion, brillante étoile qu'il nous est donné de suivre ; devant nous le sillage glorieux des grands hommes de notre patrie et de notre doctrine ; derrière nous nos jeunes frères, nos compagnons, plus timides, qui attendent l'exemple.

Peut-être un jour nous sera-t-il donné d'avoir répandu sur nos pas quelques bienfaits, et d'être salués hommes de bien dans l'assemblée des sages. Plus de gravité à toi ; à moi plus d'ardeur et d'énergie ; à tous deux les leçons de nos pères, les exemples de nos mères, et la bienveillance du ciel. Au reste le temps vient où nous pourrons nous dire toutes ces choses.

Adieu, mon excellent ami, dis à tous les tiens combien profond est pour eux mon respect et pour toi mon affection.

Les étudiants catholiques qui assistaient à ces conférences d'histoire, dont Ozanam parle ici, résolurent un jour de redoubler leurs efforts en face de leurs adversaires ; à cet effet,

MM. Ozanam, Lallier et Lamache se réunirent chez ce dernier, à l'hôtel Corneille, pour s'entendre. Cette réunion n'aboutit à rien de précis, mais le germe de la Société de Saint-Vincent de Paul y fut jeté. Ozanam leur fit part, pour la première fois, d'une conversation qu'il avait eue précédemment avec un de ses amis, M. Letaillandier, où ils s'étaient demandé s'il ne serait pas possible d'avoir une réunion exclusivement chrétienne, où l'on s'occuperait non de discussions, mais d'œuvres. Il ne fut pas donné suite à cette idée ce jour-là, et ils se promirent de se revoir toujours pour coordonner leur action dans la conférence d'histoire.

Dans l'intervalle, sans que chacun sût pourquoi, mais par une grâce spéciale de Dieu qui voulait se servir d'eux, la pensée d'une réunion exclusivement chrétienne grandit dans leurs esprits, et l'importance de l'union pour la lutte dans la conférence d'histoire baissa : finalement ils se rendirent chez M. Bailly pour en causer avec lui. Il accueillit avec un véritable empressement leurs ouvertures, les encouragea et leur offrit les bureaux de *la Tribune catholique*, rue du Petit-Bourbon-Saint-Sulpice, pour y tenir leurs réunions. Ils s'y installèrent au mois de mai 1833. Ils étaient huit, tous très-jeunes, un seul avait un peu plus de vingt ans. Ils prièrent M. Bailly de les présider ; il accepta.

Il fut convenu dès le premier jour qu'on visiterait les pauvres chez eux et qu'on prierait les sœurs de Charité d'indiquer les familles les plus nécessiteuses. La prière ouvrait et fermait la séance, et on faisait chaque fois une quête. Chacun des membres eut bientôt une famille, à laquelle on portait des bons achetés à la sœur Rosalie, la conférence n'étant pas assez riche pour en avoir en son nom. Mais les quêtes auraient été bien insuffisantes si Ozanam et quelques autres membres n'eussent, par des traductions et des articles insérés dans *la Tribune catholique*, apporté quelque argent pour aider leur charité.

Vingt ans plus tard, le 30 janvier 1853, Ozanam rappelait ce souvenir dans un discours aux membres de la Société de Saint-Vincent de Paul de Florence :

« Nous étions alors, disait-il, envahis par un déluge de doctrines philosophiques et hétérodoxes qui s'agitaient autour de nous, et nous éprouvions le désir et le besoin de fortifier notre foi au milieu des assauts que lui livraient les systèmes divers de la fausse science. Quelques-uns de nos jeunes compagnons d'étude étaient matérialistes ; quelques-uns, saint-simoniens ; d'autres, fouriéristes ; d'autres encore, déistes. Lorsque nous, catholiques, nous nous efforcions de rappeler à ces frères égarés les merveilles du christianisme, ils nous disaient tous : « Vous avez raison si vous parlez du passé : le
« christianisme a fait autrefois des prodiges ; mais aujourd'hui
« le christianisme est mort. Et, en effet, vous qui vous vantez
« d'être catholiques, que faites-vous ? Où sont les œuvres qui
« démontrent votre foi et qui peuvent nous la faire respecter
« et admettre ? » Ils avaient raison : ce reproche n'était que trop mérité. Ce fut alors que nous nous dîmes : Eh bien, à l'œuvre ! et que nos actes soient d'accord avec notre foi. Mais que faire ? Que faire pour être vraiment catholiques, sinon ce qui plaît le plus à Dieu ? Secourons donc notre prochain, comme le faisait Jésus-Christ, et mettons notre foi sous la protection de la charité.

« Nous nous réunîmes tous les huit dans cette pensée, et d'abord même, comme jaloux de notre trésor, nous ne voulions pas ouvrir à d'autres les portes de notre réunion. Mais Dieu en avait décidé autrement. L'association peu nombreuse d'amis intimes que nous avions rêvée devenait, dans ses desseins, le noyau d'une immense famille de frères, qui se devait répandre sur une grande partie de l'Europe. Vous voyez que nous ne pouvons pas nous donner véritablement le titre de fondateurs : c'est Dieu qui a voulu et qui a fondé notre société !

« Je me rappelle que, dans le principe, un de mes bons amis, abusé un moment par les théories saint-simoniennes, me disait avec un sentiment de compassion : « Mais qu'espé-
« rez-vous donc faire ? Vous êtes huit pauvres jeunes gens,
« et vous avez la prétention de secourir les misères qui pullulent
« lulent dans une ville comme Paris ! Et, quand vous seriez
« encore tant et tant, vous ne feriez toujours pas grand'chose !

« Nous, au contraire, nous élaborons des idées et un système
« qui réformeront le monde et en arracheront la misère pour
« toujours ! Nous ferons en un instant pour l'humanité ce
« que vous ne sauriez accomplir en plusieurs siècles. » Vous
savez, messieurs, à quoi ont abouti les théories qui causaient
cette illusion à mon pauvre ami ! Et nous, qu'il prenait en
pitié, au lieu de huit, à Paris seulement, nous sommes deux
mille et nous visitons cinq mille familles, c'est-à-dire environ
vingt mille individus, c'est-à-dire le quart des pauvres que
renferment les murs de cette immense cité. Les conférences,
en France seulement, sont au nombre de cinq cents, et nous
en avons en Angleterre, en Espagne, en Belgique, en Amérique et jusqu'à Jérusalem. C'est ainsi qu'en commençant
humblement on peut arriver à faire de grandes choses, comme
Jésus-Christ qui, de l'abaissement de la crèche, s'est élevé à
la gloire du Thabor. C'est ainsi que Dieu a fait de notre œuvre
la sienne et l'a voulu répandre par toute la terre en la comblant de ses bénédictions (1). »

(1) *Œuvres complètes d'Ozanam*, t. VIII, p. 39.

XV

A SA MÈRE.

Paris, 19 juin 1833.

Ma chère maman,

Je vous avais promis le récit d'une de mes journées, et cette promesse n'est pas la chose du monde la plus facile à tenir. Car d'abord, comme dit le Sage, le juste pèche sept fois par jour; et moi qui ne suis juste qu'à demi, je dois pécher quatorze fois au moins : ce seraient donc quatorze sottises qu'il faudrait narrer l'une après l'autre, depuis la paresse qui me retient au lit le matin, jusqu'à la nonchalance qui me fait perdre bien du temps à causer avec quelqu'un le soir. Puis, quelle espèce de journée vous conterai-je? Sera-ce quelque jour obscur de la semaine, un jour ouvrable, un jour de misère et de procédure civile? ou bien sera-ce quelque radieux dimanche avec ses pieux offices et ses plaisirs tranquilles, ou enfin quelqu'une de ces rares journées de fêtes et de réjouissances, comme on en passe une ou deux seulement toutes les années, avec d'aimables compagnons, sous un ciel pur, au milieu de riantes campagnes.

Si je vous disais que le jour de la Fête-Dieu, trois jeunes écervelés sortaient de Paris par les Champs-Élysées, à huit heures du matin, je piquerais votre curiosité peut-être. Si je vous annonçais qu'à dix heures une trentaine d'étudiants assistaient à la procession de Nanterre, j'édifierais votre piété sans doute ; si j'ajoutais qu'à six heures du soir vingt-deux desdits individus se reconfortaient autour d'une table à Saint-Germain en Laye, je pourrais vous intriguer encore. Enfin, si je vous révélais qu'à minuit et quart ou environ, trois jouvenceaux frappaient à la porte, rue des Grès, n° 7, qu'ils avaient l'esprit gai, les jambes un peu moulues et les souliers couverts de poussière, et que l'un d'entre eux, aux cheveux châtains, au nez large, aux yeux gris, est fort de votre connaissance, pour le coup, que diriez-vous, ma bonne petite mère ? Vous diriez : Oh! oh! ceci m'a l'air d'une folle aventure!... ceci ressemble beaucoup à une équipée d'étourneaux ; et, n'était la moralité de la procession, je ferais peut-être mes *grands yeux blancs*. Eh bien donc, je vois que j'ai touché la corde et que j'ai rencontré, parmi les deux cent trente jours de mon pèlerinage dans la capitale, précisément celui qui peut appeler votre intérêt.

Vous savez qu'à Paris comme à Lyon, mais pour des motifs beaucoup plus plausibles, les processions sont interdites; mais, parce qu'il plaît à quelques perturbateurs de parquer le catholicisme dans ses temples au sein des grandes villes, ce n'est pas une raison pour de jeunes chrétiens à qui Dieu a donné une âme un peu virile, de se priver des plus touchantes cérémonies de leur religion. Aussi s'en est-il trouvé quelques-uns qui avaient songé à prendre part à la procession de Nanterre, Nanterre, paisible village, patrie de la bonne sainte Geneviève.

Le rendez-vous est donné un peu tard, il est vrai, et seulement dans un petit cercle d'amis. Le dimanche se lève serein et sans nuage, comme si le ciel eût voulu le fêter de ses pompes. Je pars de bon matin avec deux amis, nous nous arrêtons pour déjeuner à la barrière de l'Étoile, nous arrivons des premiers à l'humble rendez-vous. Peu à peu la petite troupe se grossit, et bientôt nous nous trouvons trente. D'abord, toute l'aristocratie intellectuelle de la conférence : Lallier, Lamache, dont je vous montrerai d'excellents travaux historiques, Cherruel, saint-simonien converti, de la Noue, fils de l'ancien président de la cour royale de Tours, et qui fait de si beaux vers ; puis M. Lejouteux, des Languedociens, des Francs-Comtois, des Normands et des Lyonnais surtout; et votre serviteur très-humble : la plupart portant moustaches, cinq ou six comptant cinq pieds huit pouces. Nous nous mêlons parmi les paysans qui suivent le dais : c'est plaisir pour nous de coudoyer ces braves gens, de chanter avec eux et de les voir s'émerveiller de notre bonne tournure et s'édifier de notre religion. La procession était nombreuse et pleine d'une élégante simplicité, toutes les maisons tendues, les chemins jonchés de fleurs ; il y avait une foi, une piété difficiles à décrire ; de bons vieillards, qui n'avaient pu suivre le cortége, l'attendaient au passage : c'était principalement devant leurs maisons que les reposoirs étaient dressés ; la cérémonie dura près de deux heures. Ensuite, nous assistâmes à la grand'messe, où la foule affluait jusqu'au dehors des portes de l'église. Au sortir du saint sacrifice, nous nous réunissons sur la place, et quelqu'un de nous, Henri, je crois, propose d'aller dîner à Saint-Germain en Laye. Six ou huit poltrons objectent la distance : on les laisse dire et rebrousser chemin, et nous voilà vingt-deux, par groupes de trois ou quatre seulement, pour ne pas faire de trouble, battant de nos semelles la route de Saint-Germain. Le plaisir double la vitesse de nos jambes, et, tout en ramassant des fraises dans les bois, nous arrivons au terme de notre expédition. Nous entrons un quart d'heure à l'église, où l'on chantait vêpres ; puis nous visitons le magnifique château, si riche en souvenirs, si fier de son antiquité.

Après avoir pris nos ébats sur l'immense terrasse, nous nous portons tous ensemble chez un respectable restaurateur, qui mit garnison au logis pour quarante sous par tête. Ici, était la partie scabreuse de l'entreprise : que de vertus ont échoué contre les séductions du dessert! que de sagesses sont venues se briser contre un verre de mousseux champagne! Nous sûmes éviter le péril par la fuite, et le modeste mâconnais, doublement baptisé par le maître de céans et par nous, fut la seule liqueur admise au festin. Aussi personne ne roula sous la table, personne ne chargea les épaules de ses camarades d'un importun fardeau. Nous repartîmes à la fraîcheur du soir : la lune ne tarda pas à nous éclairer à travers les arbres ; c'était un délicieux moment. Nous avions rempli nos devoirs envers Dieu en lui rendant l'hommage qui lui était dû, envers nos frères en leur donnant un bon exemple, envers nous-mêmes en nous procurant un plaisir pur, en nous donnant un témoignage de réciproque amitié. Longtemps nous nous suivions à de courts intervalles, causant ensemble des douces impressions de cette journée, et ne regrettant qu'une chose, l'absence de ceux qui nous sont le plus chers. La nuit close, nous nous perdîmes de vue ; quelques-uns montèrent en voiture à Neuilly, et pour moi, j'arrivai avec deux autres à mon domicile. Le lundi venait de commencer.

Mon cœur sait combien de fois j'ai pensé à vous tous dans ce jour, l'un des plus charmants de ma vie !

Les vacances de 1833 furent pour Ozanam les plus belles que puisse rêver un jeune homme de vingt ans : toute la famille partit pour l'Italie. Pendant que madame Ozanam restait auprès d'une sœur mariée à Florence, le père et ses deux fils aînés visitaient Rome, Naples, Lorette, Milan, etc.

La correspondance d'Ozanam n'a gardé que peu de traces de ce voyage, et dans les notes assez courtes qu'il prend, rien ne montre un sentiment bien vif des beautés de la nature qu'il devait sentir plus tard d'une manière si exquise. Les chefs-d'œuvre de l'art le frappent davantage, la poésie l'enchante ; mais la pensée philosophique qui le domine le suit partout.

« Lorsque, réalisant *un pèlerinage souvent rêvé*, écrit-il
« plus tard, on est allé visiter Rome, et qu'on a monté avec
« le frémissement d'une curiosité pieuse le grand escalier du
« Vatican, après avoir parcouru les merveilles de tous les âges
« et de tous les pays du monde, réunies dans l'hospitalité de
« cette magnifique demeure, on arrive à un lieu qui peut
« être appelé le sanctuaire de l'art chrétien : ce sont les Cham-
« bres de Raphaël. » Là, devant *la Dispute du Saint-Sacrement*, devant cet immortel chef-d'œuvre, il est saisi d'une admiration enthousiaste ; mais que voit-il tout d'abord, qu'est-ce qui le frappe ? C'est Dante couronné de lauriers. Pourquoi l'image d'un tel homme, se demande-t-il, a-t-elle été placée parmi celles des plus vénérables défenseurs de la foi ? Cette pensée, qui jaillit dans son intelligence, le tourmente, le poursuit, et deviendra le sujet de sa thèse et de son premier livre, qu'il mûrira, qu'il travaillera pendant six ans, jusqu'à ce qu'il en ait fait : *Dante, ou la Philosophie catholique au treizième siècle.*

XVI

A M. ERNEST FALCONNET.

Paris, 7 janvier 1834.

Mon cher Ernest,

Tu dis qu'il fait sombre dans ton avenir, et tu crois que le soleil le plus pur éclaire le mien : oh ! que tu te trompes ! J'éprouve en ce moment une des peines peut-être les plus grandes de la vie, l'incertitude de la vocation. Ceci soit secret entre nous; mais telle est à la fois la flexibilité et la mollesse de mon naturel, qu'il n'est pas une étude, pas un genre de travaux qui n'eût pour moi des charmes et dans lequel je ne puisse assez bien réussir, sans toutefois qu'il y en ait un capable d'absorber toutes mes facultés et de concentrer toutes mes forces. Je ne puis m'occuper d'une chose sans songer à mille autres, et cependant, tu le sais, nulle œuvre ne peut être grande, si elle n'est une. Ignorant que j'étais, j'avais cru autrefois que je pourrais être en même temps savant et avocat, et mener deux vies ensemble. Aujourd'hui que j'approche du terme de mes études de droit, il faudra choisir entre ces deux voies, il faudra mettre la main dans l'urne : en tirerai-je noir ou blanc ? Je suis environné, sous certains rapports, de séductions : de toute part on me sollicite, on me met en avant, on me pousse dans une carrière étrangère à mes études ; parce que Dieu et l'éducation m'ont doué de quelque étendue d'idées, de quelque largeur de tolérance, on veut faire de moi une sorte de chef de la jeunesse catholique de ce pays-ci. Nombre de jeunes gens, pleins de mérite, m'accordent une estime dont je me sens très-indigne, et les hommes d'âge mûr me font des avances. Il faut que je sois à la tête de toutes les démarches, et, lorsqu'il y a quelque chose de difficile à faire, il faut que ce soit moi qui en porte le fardeau. Impossible qu'il y ait une réunion, une conférence de droit ou de littérature, sans que je la préside ; cinq ou six recueils ou journaux me demandent des articles ; en un mot, une foule de circonstances, indépendantes de ma volonté, m'assiégent, me poursuivent, m'entraînent hors de la ligne que je me suis tracée.

Je ne te dis point cela par amour-propre : car, au contraire, je sens si bien ma faiblesse, à moi qui n'ai pas vingt et un ans, que les compliments et les éloges m'humilient plutôt, et me donnent presque envie de rire de ma propre importance ; mais je n'ai pas sujet de rire, et, au contraire, je souffre d'incroyables tourments, quand je sens que toutes ces fumées me montent à la tête, m'enivrent et peuvent me faire manquer ce qui, jusqu'ici, m'a semblé ma carrière, ce à quoi m'appelait le vœu de mes parents, ce à quoi je me sentais assez volontiers disposé moi-même. Cependant ce concours de circonstances extérieures ne peut-il pas être un signe de la volonté de Dieu? Je l'ignore, et, dans mon incertitude, je ne vais point au devant, je ne cours point après, mais je laisse venir, je résiste, et si l'entraînement est trop fort, je me laisse aller.

En attendant, je fais ce que je puis pour mon droit, et quoique peut-être je consacre trop de temps à la science et à la littérature, je ne laisse pas de les considérer comme des occupations secondaires jusqu'à nouvel ordre. Ainsi, une fois passé mon examen de licence, je ne sais plus rien de mon avenir : tout est pour moi ténèbres, incertitude ; mais qu'importe ? pourvu que je sache ce que je dois faire demain, à quoi sert que je connaisse quels seront mes devoirs dans six mois d'ici? Est-il nécessaire que le voyageur voie le but à découvert, et ne lui suffit-il pas, pour éviter les obstacles, de voir toujours à dix pas devant lui? Oh! mon ami, j'ai écrit tout ceci pour toi ; pour toi qui as encore trois grandes années d'études à parcourir avant de prendre position.

Aie un petit cercle d'amis choisis ; lie-toi plutôt avec quelques bons camarades qu'avec des sociétés du monde. Quelques heures passées ensemble autour du feu à deviser à cœur ouvert, font plus de bien et de repos qu'une semaine entière de soirées, où il faut de deux choses l'une : se tenir guindé et enharnaché dans les formes d'une sotte et froide politesse, ou bien s'abandonner à des jouissances étourdissantes qui ne sont pas sans péril. Tu le sais, le monde est une lime de fer qui use bien des jeunes vies ; ne lui donne pas la tienne ; si tu ne croyais à rien, permis à toi de dire : Courte et bonne ; et *Coronemus nos rosis antequam marcescant...* Mais chrétien, et croyant à Dieu, à l'humanité, à la patrie, à la famille, souviens-toi qu'à eux et non pas à toi appartient ton existence, et qu'il vaudrait mille fois mieux languir durant un demi-siècle en donnant aux autres l'exemple de la résignation et en faisant un peu de bien, que de s'enivrer pendant quelques mois de brillantes délices et mourir dans son délire.

Mais non, toi tu ne languiras point ; la fontaine est trop jaillissante pour tarir, ton intelligence trop nerveuse pour rester impuissante. Tu réussiras, tu feras le bien en grand, quelle que soit la carrière qui t'est tracée. Tu ne glisseras point sur le sang du taureau comme Euryale ; si celui que tu appelles Nisus te paraît devant toi, c'est qu'il est parti plus tôt, peut-être aussi plus tôt atteindra-t-il le but ; mais toi aussi tu l'atteindras un jour. Peut-être aussi, comme ces deux amis, quelque commun sacrifice nous attend-il ; mais le sacrifice pour celui qui croit, n'est-ce pas la voie la plus courte pour arriver au véritable terme, l'immortalité ?

Mon cher ami, voilà bien des conseils ; je ne voudrais pourtant pas avoir l'air de te faire la leçon : nous sommes condisciples, nous sommes frères ; aussi je ne me prévaux pas de mon droit d'aînesse, et si je t'ai parlé de la sorte, c'est simplement pour te dire ce que j'ai sur le cœur, c'est parce qu'entre nous je pense que de vagues digressions sentimentales sont assez inutiles, et qu'il est meilleur de faire quelques applications positives. Je te prie donc de me rendre la pareille et de me dire, en ce renouvellement d'année, quelles réformes tu peux souhaiter dans l'ensemble de mon caractère, de mes travaux, de ma direction morale ; tes avis ne seront pas sans poids dans la balance, parce que, unis dès le plus jeune âge, tu dois me connaître.

J'ai parlé de toi à ces messieurs de la *Revue européenne*, qui m'ont dit de t'engager à leur envoyer quelque chose ; tu y trouverais l'avantage de te lier à des hommes honorables. Mon article sur la Chine a paru. Je viens d'en faire deux sur l'Inde ; l'un est imprimé dans le numéro de décembre, l'autre le sera dans le numéro suivant.

Lallier et Chaurand sont là qui bavardent de telle sorte qu'il me faut finir, sous peine d'écrire à bâtons rompus. Ils te font mille amitiés, l'un parce qu'il te connaît, l'autre parce qu'il aimerait à te connaître.

Je t'embrasse de grand cœur.

Au commencement de cette année 1834 les étudiants catholiques avaient un vague espoir que Monseigneur donnerait suite à la demande des conférences, et ils rédigèrent une seconde pétition pour les demander de nouveau. Cette fois elle fut couverte de deux cents signatures. MM. Ozanam, Lallier et Lamache furent délégués pour la porter. Ils eurent leur audience le 13 janvier 1834. Ils exposèrent encore à Monseigneur le désir d'un enseignement qui sortît du ton ordinaire des sermons, où l'on traiterait les questions qui préoccupaient alors la jeunesse, où la religion serait présentée dans ses rapports avec la société, et répondrait au moins indirectement aux principales publications de France et d'Allemagne. Ils insistèrent encore pour avoir l'abbé Lacordaire qui leur était connu par *l'Avenir* et le procès de l'école libre. Il avait pour lui les vives sympathies de la jeunesse; c'était sans doute un pressentiment. Monseigneur ne voulut pas s'expliquer, et, sur les instances de ces jeunes gens, il finit par leur dire qu'il espérait les contenter, qu'il allait tenter un essai. En ce moment la porte s'ouvrit et M. de la Mennais parut. Monseigneur courut au-devant de lui, l'embrassa, le prit par la main, et, se tournant vers ces jeunes gens : « Voilà, messieurs, l'homme qui vous conviendrait ; si la faiblesse de sa voix lui permettait de se faire entendre, il faudrait ouvrir les grandes portes pour laisser entrer la foule, et la cathédrale ne serait pas assez vaste pour contenir tous ceux qui accourraient autour de sa chaire. — Oh! moi, maintenant, Monseigneur, répondit tristement M. de la Mennais, ma carrière est finie. »

Les trois étudiants se retirèrent après avoir remis à Monseigneur un mémoire rédigé par Ozanam. C'était une sorte de programme des questions que la jeunesse catholique désirait voir traiter dans les conférences de Notre-Dame.

L'Univers, le lendemain matin, ayant parlé de cette visite et de la pétition, MM. Ozanam et Lallier, désolés de cette indiscrétion, se rendirent à l'instant chez Monseigneur, qui pardonna bien volontiers ; et, prenant leurs deux têtes dans ses bras, il les embrassa paternellement, puis il les conduisit à la porte d'un salon en leur disant qu'ils trouveraient là les prédicateurs auxquels il avait confié l'enseignement qu'ils demandaient ; il les engagea à s'entendre avec eux et à leur exposer ce qu'ils désiraient, pendant qu'il allait déjeuner. Ce que désiraient ces jeunes gens, ce n'était pas les sept prédicateurs choisis par Monseigneur. On ne fut pas d'accord sur les questions à traiter, et bientôt la discussion devint si vive, qu'on ne s'entendit plus.

Monseigneur de Quélen ouvrit lui-même, le 16 février 1834, la première conférence de Notre-Dame, qui fut suivie de sept autres. Malgré le talent incontesté des sept prédicateurs, cet enseignement sans unité eut peu de succès, et, pendant ce temps, la foule se pressait dans la chapelle du collège Stanislas, autour de l'abbé Lacordaire. Enfin, le 8 mars 1835, il prit possession de la chaire de Notre-Dame, pour la plus grande gloire de Dieu !

XVII

PÉTITION ADRESSÉE A MONSEIGNEUR DE QUÉLEN
AU NOM DES ÉTUDIANTS CATHOLIQUES.

Monseigneur,

Quand l'année dernière quelques jeunes gens catholiques témoignèrent à Votre Grandeur le désir d'entendre de la chaire de vérité une prédication spéciale, destinée à encourager la foi de ceux qui croient encore, et à la ranimer dans ceux qui ne croient plus, vous daignâtes les accueillir avec une paternelle bonté! Votre cœur les avait compris, et ils rapportèrent à ceux de qui ils étaient envoyés, des paroles de consolation et d'espérance.

Jusqu'ici cette espérance n'a pu se réaliser, et pourtant les mêmes besoins subsistent aujourd'hui, rendus plus sensibles par une longue attente.

En poursuivant pendant une année encore les études par lesquelles la Providence veut que nous passions, plus que jamais nous avons pu reconnaître combien elles sont sèches pour le cœur et stériles pour l'intelligence quand l'esprit religieux ne vient pas les animer. Plus que jamais nous avons senti la nécessité d'un enseignement chrétien qui sanctifie pour nous la science et nous la montre comme la sœur de la foi. L'avidité, générale aujourd'hui, des jeunes intelligences pour les études sérieuses n'a point trouvé l'aliment qu'elle cherchait dans de vains systèmes que chaque jour voit changer, et que la raison abandonnée à elle-même élève et détruit. La religion seule, avec sa sagesse immuable, peut combler ce vide ; déjà nous avons éprouvé une consolation bien douce à voir plusieurs de nos condisciples revenir à cette lumière dont ils ne s'étaient éloignés que parce qu'ils ne la connaissaient pas. Oh ! si nous pouvions voir cet exemple suivi par toute cette jeunesse des écoles à laquelle il ne manque pour aimer le christianisme que d'en savoir la beauté ; cette jeunesse, Monseigneur, que vous auriez voulu bénir tout entière, ce jour où vous bénissiez quelques-uns d'entre nous qui vinrent vous parler d'elle !

Dans cette vue, nous venons renouveler à Votre Grandeur la demande que nous lui avions soumise.

Il est un âge où l'homme, revenu de ses premiers enchantements et quelquefois de ses premières erreurs, éprouve le besoin d'une doctrine certaine, qui d'une part affermisse son intelligence, coordonne et vivifie ses première études en les rattachant à un ordre d'idées supérieur, et d'un autre côté, prépare sa vertu en lui traçant des règles de cette vie sociale où il va prendre une position définitive. La religion seule peut lui donner cette virilité d'âme nécessaire pour accomplir sa mission. Voilà pourquoi nous eussions désiré des conférences où l'on ne se fût pas borné à entrer dans le détail des preuves de fait du christianisme, à démontrer l'authenticité de ses titres, à réfuter les objections vulgaires déjà tombées dans le mépris, mais où on l'eût développé dans toute sa grandeur, dans son harmonie avec les aptitudes et les besoins de l'individu et de la société. Là trouveraient leur place : une philosophie des sciences et des arts, qui nous découvrît dans le catholicisme la source de tout ce qui est vrai et de tout ce qui est beau, afin qu'à cette source chacun de nous vînt puiser suivant ses forces et sa vocation ; enfin une philosophie de la vie qui, sondant les problèmes de la vie humaine, expliquât à l'homme son origine, dirigeât sa marche, et lui fît envisager sa fin. Nous eussions désiré que cet enseignement fût tombé de la chaire sacerdotale, parce que sur les lèvres du prêtre se trouve une grâce qui fortifie et qui convertit. A tous la porte serait ouverte, et ceux qui errent, et ceux qui croient, confondus dans la même enceinte, simples auditeurs, recueilleraient en silence la parole sacrée, germe qui grandirait dans leur cœur, fécondé par la méditation. Peut-être, au milieu de ces jeunes gens réunis autour des mêmes autels, naîtrait un fraternel amour, qui les rapprocherait d'abord et qui s'épanchant ensuite irait chercher l'indigence au dehors et lui porter secours. Alors, de toutes ces âmes rassurées par la foi ou consolées par la charité, s'élèverait un concert de louanges pour Dieu, de filiales reconnaissances pour l'Église, et de bénédictions pour celui qui aurait été l'auteur de tout ce bien, pour vous, Monseigneur.

Nous avons l'honneur d'être, Monseigneur, de votre grandeur, les très-humbles et très-obéissants serviteurs et fils dévoués en Jésus-Christ.

Suivent les signatures.

XVIII

A M. ERNEST FALCONNET.

Paris, 11 avril 1834.

Mon cher ami,

Tu es inquiet de ton avenir ; en vérité, voilà le malaise de la plupart des jeunes hommes : ambition du bien, prosélytisme, charité, intérêt personnel, amour-propre, tout cela se mêle dans une âme et y porte l'impatience de faire de grandes choses ; l'impatience veut devancer le temps et deviner ce qui n'est point encore ; on voudrait pouvoir s'admirer, par avance, pour les belles œuvres qu'on projette. Je connais cela, cher ami, parce qu'il y a beaucoup de cela dans un cœur que tu connais, mais que je connais mieux encore, dans le mien.

Combien de fois n'ai-je pas voulu bâtir à l'avance l'édifice de mon existence, ramassant ce qui me semblait le plus propre à le faire grand et beau, depuis mon enfance d'écolier, où je songeais des poëmes en vers latins (1), jusqu'à présent où je

(1) Ozanam avait entrepris au collége un grand poëme en vers

songe tant d'autres choses. Te rappelles-tu ces conversations à la promenade où nous parlions de ce que nous ferions un jour? Nous aimions à découvrir le chemin par lequel nous passerions ensemble; nous formions deux fantômes que nous appelions nos deux vies et que nous embellissions à plaisir; nous les faisions aussi semblables que possible, comme deux frères qui aiment à s'habiller de même. Nous nous proposions des études communes, des travaux animés du même esprit, tendant à un seul but. Eh bien, de tous ces rêves, s'en est-il réalisé un seul? Ne nous trouvons-nous pas maintenant divisés de lieux, de goûts, de genres d'études, et, je le crains bien, jusque sur les idées les plus importantes? Voudrions-nous même que nos châteaux en Espagne d'alors fussent debout maintenant? Pour moi, je proteste que non.

Pauvres gens que nous sommes, nous ne savons pas si demain nous serons en vie, et nous voudrions savoir ce que nous ferons dans *vingt ans d'ici!* nous ignorons quelles sont nos facultés, quel peut être notre bonheur, et nous voudrions nous tracer une route inflexible pour le développement des facultés dont nous ne sommes pas sûrs, pour atteindre un bonheur qui est pour nous un mystère! D'ailleurs, considère ceci : A quoi sert de sa=

latins sur la *Prise de Jérusalem par Titus.* Son père le destinait au notariat, ce qui ne plaisait guère au jeune écolier, mais il se consolait en pensant qu'il emploierait ses loisirs à son grand poëme.

voir ce qu'on doit faire, — sinon à faire bien ? A quoi sert de connaître sa destination, — sinon à l'accomplir ? A quoi bon voir le chemin, — sinon à marcher ? Or, pourvu que le voyageur voie à dix pas devant lui, n'arrivera-t-il pas aussi bien que s'il avait tout le reste en perspective ? Pourvu que l'ouvrier sache à chaque heure du jour la tâche qui lui est imposée pour l'heure suivante, n'atteindra-t-il pas aussi sûrement au terme de l'œuvre que s'il avait sous les yeux le plan de l'architecte ? Et ne nous suffit-il pas de connaître notre devoir et notre destinée pour le moment le plus prochain de l'avenir, sans vouloir étendre nos regards jusqu'à l'infini ? Si nous savons ce que Dieu veut faire de nous demain, n'est-ce pas assez, et qu'avons-nous besoin de nous soucier de ce qu'il nous commandera dans dix ans, puisque d'ici là il peut nous appeler au repos ? Je ne dis pas pour cela qu'il faille être insouciant et paresseux à suivre une vocation indiquée ; mais je dis qu'il faut se contenter d'en connaître une partie et la poursuivre avec énergie et calme, sans s'inquiéter de ce qui est encore caché.

La pensée de l'incertitude des choses humaines ne doit point briser nos courages et éteindre notre activité ; elle doit, au contraire, nous attacher plus fort au devoir du présent, en nous convainquant de l'ignorance de l'avenir. Tu trouverais bien de la paix et du contentement si tu pouvais te pénétrer de ces idées : que nous ne sommes ici-bas que pour accomplir la volonté de la Providence, que cette volonté s'accomplit jour par jour, et que celui qui meurt, laissant sa tâche inachevée, est tout aussi avancé aux yeux de la suprême justice que celui qui a le loisir de l'achever tout entière; que l'homme ne peut pas plus créer son être moral qu'il ne saurait créer son être physique, qu'on ne se fait point orateur, philosophe, artiste, homme de génie, mais qu'on est fait tel peu à peu et insensiblement par la conduite de Dieu. Les plus grands hommes sont ceux qui n'ont jamais fait d'avance le plan de leur destinée, mais qui se sont laissé mener par la main. Un peu de confiance au Père céleste, sans la volonté duquel pas un cheveu ne tombe d'une tête humaine!

Hélas! j'hésite à t'écrire ceci, peut-être déjà tu ne me comprends plus, comme moi, d'un côté, je commence à ne pas te comprendre. Mais je suis excusable de mon inintelligence : car les idées qui te viennent sont nouvelles pour moi ; mais le langage que je te tiens, c'est un langage que tu es accoutumé à entendre, et qui, peut-être à cause de cela, te paraît suranné, ascétique, que sais-je? Mais, sois-en convaincu, mon cher ami, malgré les froideurs et les négligences dont tu as eu droit de m'accuser, je t'aime toujours; parmi mes amis, tu es toujours celui sur lequel mes affections reposent avec le plus de complaisance, et je ne saurais porter l'idée que, si près du point de départ, nos deux routes dussent diverger pour toujours. Je t'aime, et comme avec mon ensemble d'idées et d'habitudes, je suis heureux, et que toi, au contraire, tu te trouves malheureux, je voudrais épancher dans ton âme un peu de cette tranquillité qui règne ordinairement dans la mienne.

Depuis quelque temps, depuis surtout que j'ai vu quelques jeunes gens mourir, la vie a pris pour moi un autre aspect. J'ai senti que jusqu'ici, bien que je n'eusse jamais abandonné les pratiques religieuses, je n'avais pas porté assez avant dans mon cœur la pensée du monde invisible, du monde réel. J'ai pensé que je n'avais pas fait assez d'attention à deux compagnons qui marchent toujours avec nous, même sans que nous les apercevions : *Dieu et la mort*. J'ai trouvé que le christianisme avait été pour moi jusqu'ici une sphère d'idées, une sphère de culte ; mais pas assez une sphère de moralité, d'intentions, d'actions. La lecture des œuvres de Pellico m'a surtout pénétré de cette idée, et plus je m'y attache, plus je sens en moi-même de désintéressement, de bienveillance et de calme ; il me semble aussi que je comprends mieux les choses de la vie et que j'aurai plus de courage à les supporter ; il me semble que j'ai un peu moins d'orgueil. Cependant, ne va pas croire que je sois devenu un saint ou un ermite. J'ai le malheur d'être fort éloigné de l'un et je n'ai pas de vocation pour l'autre. Tout en pensant, comme je viens de te le dire, je suis un assez bon vivant, ne demandant pas mieux que la joie; m'occupant peut-être trop de littérature, d'histoire et de philosophie, faisant un peu de droit, et perdant toujours, selon ma coutume, un temps considérable.

Bien que tu puisses me reprocher ce ton de sermon qui règne dans mes lettres, j'ai encore sur le cœur quelque chose que j'ai besoin de te dire. Il y a longtemps, mon cher ami, que je me suis aperçu que tu manquais un peu de franchise avec moi sur un seul point, parce que tu craignais sans doute de m'ouvrir ton âme. Je veux parler de la foi! Je suis bien sûr qu'en cette matière il s'est passé dans ton esprit des révolutions dont tu ne m'as point parlé, et dans lesquelles pourtant j'aurais été jaloux d'intervenir, non, certes, pour t'enseigner, je ne le puis; mais pour partager un peu tes inquiétudes et te donner quelques consolations. Je ne pense pas que tu aies renoncé tout à fait aux croyances de ta jeunesse, mais tu es devenu indifférent à leur égard; ou plutôt tu les as reléguées dans le domaine des opinions philosophiques, et tu as accepté le christianisme comme une noble et sainte doctrine, mais en le modifiant selon tes propres idées. Pourtant les idées religieuses ne sauraient avoir aucune valeur, si elles n'ont une valeur pratique et positive. La religion sert moins à penser qu'à agir, et si elle enseigne à vivre, c'est afin d'enseigner à mourir.

Tu voudrais savoir ce que tu feras dans dix ans d'ici, ce que tu feras pendant le court espace de la vie ; mais que seras-tu dans quatre-vingts ans d'ici et pendant tous les siècles après? Voilà ce qu'il dépend de toi de déterminer. La valeur du christianisme est là, et non point dans l'attrait que ses dogmes peuvent présenter à des hommes d'imagination ou d'esprit. Je te conjure donc de t'ouvrir à moi sur ton état moral : car je suis convaincu que là, toutes tes mélancolies ont leur source.

Une autre fois, mon cher ami, je t'écrirai une lettre un peu plus riante et plus variée, de peur que tu ne t'imagines que je passe ma journée avec des têtes de mort et que je me prépare à entrer au séminaire : ce qui certes est bien éloigné de mes pensées et de mes goûts. Mais, outre que j'avais besoin de répandre un peu de l'inquiétude qui pèse à ton sujet sur mon âme, j'avais les oreilles remplies des tristes nouvelles qu'on me donne des événements de Lyon, et qui suffisent bien pour rendre mon langage un peu plus sévère et plus réfléchi que de coutume.

Mes respects affectueux à ton père, et ne doute pas que je ne t'aime toujours de toute la puissance d'une vieille et fraternelle amitié.

XIX

A M. H...

Paris, 7 mai 1834.

Mon cher H...,

Vous êtes bien aimable d'avoir songé à moi et de m'avoir écrit en répondant à Lallier. Voilà une correspondance trop bien commencée pour ne pas durer. Ainsi je vous envoie cette fois encore quelques lignes de causerie amicale dont vous voudrez bien excuser la brièveté, en considération de mes occupations et de ma paresse.

La première chose pourtant que j'aie à vous dire est un reproche. Ceci vous étonne, peut-être. Oui. mon ami, un reproche, parce que vous m'avez dérobé un objet qui m'était cher.... « De quoi veut-il parler? pensez-vous; peut-être de ses *Harmonies* de Lamartine! » Eh! mon Dieu, non, le livre est retrouvé; c'était un autre qui l'avait, mais vous m'avez dérobé mieux que cela.... c'est-à-dire l'espérance de vous revoir bientôt, espérance que vous nous donniez naguère, et que vous nous ôtez dans votre dernière lettre. Déjà plusieurs de nos amis se réjouissaient d'avance de votre retour, et maintenant il leur faut décompter. Dites-moi donc quel est cet importun malaise qui vous retient de nouveau au gîte paternel? Avez-vous quelque crainte sérieuse? Je désire que non : j'aime mieux vous savoir prudent que malade.

Il faut, mon cher H..., que je vous tire une vingtaine de sous et votre signature, pour l'affaire que voici : vous savez sans doute que les évêques de Belgique ont fondé une université catholique. Cette université est soutenue par des actionnaires. Chaque action est d'un franc, payable pendant cinq ans, ou cinq francs, une fois payés. Comme une telle institution devait trouver un grand succès dans un pays aussi religieux que la Belgique, l'impiété s'est émue, et quelques bandes d'étudiants de l'université ordinaire de Louvain ont vociféré des injures sous les fenêtres de deux évêques, et ont joint à cela des invectives dans un journal. Nous avons cru devoir répondre au nom de la jeunesse catholique de l'Université de France, et nous avons rédigé une protestation (1) qui a été insérée dans *la Gazette de France*, *l'Univers religieux*, et trois journaux belges. En un mot, tous nos amis communs ont signé et souscrit, et il y a encore des listes ouvertes pour les adhésions et les souscrip-

---

(1) Voy. page 108.

tions futures. Voilà l'objet pour lequel je vous demande la permission de disposer de votre signature et de votre bourse. Soyez sûr que cela ne compromettra ni l'honneur de l'une, ni l'embonpoint de l'autre.

Il n'est bruit autour de nous que du nouvel ouvrage de l'abbé de la Mennais. M. Lacordaire le juge très-sévèrement : il y voit presque le manifeste d'une guerre contre l'Église, et il s'attend à une rébellion déclarée dans le prochain ouvrage que M. de la Mennais publiera. Du reste, les journaux l'ont jugé très-superficiellement. *La Quotidienne* en a fait un pompeux éloge, sans savoir ce qu'elle disait. Mais les disciples intimes du grand écrivain, MM. Gerbet, de Coux, Montalembert, qui savent où cela porte, rompent avec lui dès ce jour : de sorte que le voilà tout seul. Que Dieu ait pitié de lui, et qu'il pardonne à ceux qui, par de dégoûtantes avanies, ont poussé peu à peu ce génie superbe dans une voie de colère et d'égarement !

Adieu, mon bon ami, aimons-nous les uns les autres ; voici de grandes fêtes qui approchent, retrouvons-nous au moins devant Dieu, puisque nous ne pouvons nous retrouver unis devant les hommes ; puisque nous ne pouvons pas causer ensemble, prions les uns pour les autres, cela vaudra encore mieux.

Il n'est peut-être pas sans intérêt de reproduire ici cette protestation, écrite entièrement par Ozanam ; elle montre l'esprit qui animait à cette époque la jeunesse catholique.

« 15 avril 1834.

« L'épiscopat belge vient de fonder une université libre et catholique.

« Université catholique : cette nouvelle devait être un sujet de joie pour l'Église, heureuse de voir s'élever dans son sein un témoignage de plus de sa maternelle sollicitude, un monument de plus de l'immortelle alliance de la science et de la foi, un démenti de plus à ceux qui vont annonçant la mort prochaine du christianisme.

« Université libre : ce devait être un sujet d'orgueil pour tous les amis de la nationalité belge, fiers de voir fonder sur un sol si longtemps asservi une institution vierge de toute protection étrangère, vierge de toute intervention gouvernementale, se soutenant par ses propres forces, digne d'un peuple véritablement ami des lumières et de la liberté.

« Cependant quelques jeunes gens de l'Université de Louvain (nous nous plaisons à croire que c'est le plus petit nombre), égarés sans doute par les préjugés d'une éducation irréligieuse, ont accueilli cette institution naissante par des outrages publics et multipliés. Vociférations ignominieuses, injures de carrefour, ils n'ont rien épargné pour étouffer dès le berceau la noble pensée de leurs évêques, pensée féconde pour l'avenir.

« Nous, étudiants catholiques de l'Université de Paris, à cause de la solidarité qui semble unir des hommes de même âge, parlant une même langue, livrés aux mêmes études, nous protestons contre la conduite de nos condisciples de Louvain ; nous renions, au nom de la jeunesse studieuse, les excès commis par quelques-uns de ses membres ; nous disons que ceux qui ont agi de la sorte ne sont ni les champions de la liberté, ni ceux de la science ; enfants arriérés du dix-huitième siècle, en dehors du progrès de nos jours, la chose qu'ils ont faite n'est digne ni de leur époque ni de leur pays.

« Nous protestons encore au nom de ceux même qui ne partagent pas nos croyances, mais qui veulent le développement libre de tous les grands desseins, de toutes les intentions généreuses, de toutes les œuvres utiles. Nous disons que, si les étudiants de Louvain n'avaient pas confiance dans les destinées de l'Université catholique, ils devaient la laisser tomber d'elle-même et l'entourer du moins d'un respectueux silence : c'était par l'émulation du travail qu'ils devaient chercher à la surpasser, et non pas par de vaines insultes : on ne crie que quand on a peur.

« Nous disons, enfin, que, tout en reconnaissant les bienfaits de l'université à laquelle nous appartenons et envers laquelle nous ne serons jamais ingrats, nous envions à nos frères de Belgique le bonheur de pouvoir recevoir le pain de la science d'une main connue, de la même main qui leur distribue le pain de la parole sainte ; nous leur envions le bonheur de posséder un enseignement fondé sur une base solide, à l'abri de l'incertitude des systèmes ; de pouvoir entendre parler le langage des lettres humaines sans entendre blasphémer les choses divines ; de ne pas être obligés, comme nous, d'écouter avec défiance les discours des maîtres et d'en faire deux parts : celle de l'erreur et celle de la vérité.

« Nous espérons qu'un jour la France jouira du même bienfait.

« Et en attendant, afin de témoigner de nos sympathies et de nos respects pour l'œuvre sainte et généreuse des évêques de Belgique, nous nous empressons de prendre des actions pour la soutenir. »

XX

A SA MÈRE.

Vendredi, 16 mai 1834.

Vous vous plaignez, pauvre maman, de ce que votre fils vous abandonne, de ce qu'il n'a plus avec vous de ces conversations cordiales, ces épanchements d'autrefois, de ce qu'il ne vous parle plus de ce qu'il fait ni de ce qu'il sent : vous en êtes réduite à vous *figurer* que vous avez un fils, et vous n'avez d'autre preuve de son existence que l'argent qu'il faut payer pour lui tous les mois.

Je vous assure cependant que, s'il n'avait tenu qu'à lui de vous donner de meilleures preuves de son existence, il y a un mois, lors des affaires de Lyon, il l'aurait certes bien fait, et qu'il vous aurait tant caressée, tant embrassée, qu'il vous aurait bien convaincue que vous avez un fils *Frédéric*. Mais cela ne m'a pas été permis. D'un autre côté, si presque toutes mes dernières lettres ont été adressées à papa, c'est qu'il s'agissait d'affaires ; j'avais des commissions à remplir, de l'argent à demander, et je sais que, dans ces occasions, c'est du côté du père qu'il faut se tourner. Il est vrai aussi qu'il y a bien longtemps que je ne me suis dégonflé le cœur avec vous. C'est qu'en réalité cette année-ci je ne comprends rien à ma manière d'être : d'une part, les examens, les ennuis, les inquiétudes, m'ont desséché l'âme, et, d'un autre côté, toutes mes habitudes de l'année dernière, mes conférences, mes études, mes recherches ont été tellement bouleversées, que je ne me retrouve plus. Plus de ces discussions chaleureuses que nous avions l'an dernier à notre société littéraire, plus de ces travaux de longue haleine qui nous occupaient l'esprit, plus de ces improvisations qui nous échauffaient les idées : toutes nos petites réunions se sont désorganisées; je suis devenu paresseux, et, hormis quelques misérables articles dans des recueils périodiques et quelques bonnes lectures, je n'ai rien fait hors de mon droit. Je crois, en somme, que si j'ai gagné quelques boules blanches d'une part, j'ai beaucoup perdu d'ailleurs, ou du moins je n'ai pas avancé : de sorte que je ne suis pas trop content de mon esprit.

Je ne suis guère plus satisfait du moral; d'abord, l'ennui et l'inquiétude l'ont passablement dérangé, puis, la tristesse des événements abat le courage ; l'obscurité de l'avenir déconcerte les meilleures résolutions; à mesure qu'on devient plus grand et qu'on voit le monde de plus près, on le trouve hostile à toutes les idées, à tous les sentiments auxquels on est attaché ; plus on a de contact avec les hommes, plus on y rencontre d'immoralité et d'égoïsme : orgueil chez les savants, fatuité dans les gens du monde, crapule dans le peuple. A la vue de tout cela, quand on a été élevé au milieu d'une famille généreuse et pure, on a le cœur saisi de dégoût et d'indignation, et l'on voudrait murmurer et maudire. Cependant l'Évangile le défend ; il vous fait un devoir de se dévouer tout entier au service de cette société qui vous repousse et vous méprise.

Voilà ce que l'on sent profondément à mon âge, et ces tristes vérités, qui désenchantent toutes mes illusions, me laissent sombre et grave comme un homme de quarante ans. Je sens que mon devoir est de remplir une place, et cette place, je ne la vois pas : les ambitions sont si nombreuses, les capacités si multipliées, qu'il est singulièrement difficile de percer au travers. Comment voulez-vous qu'un pauvre épi de blé puisse pousser à son aise quand d'énormes touffes d'ivraie croissent à sa gauche et à sa droite? Et puis, lors même que je verrais ma place clairement marquée, l'énergie me manque pour la remplir ; vous savez que c'est là le perpétuel objet de mes plaintes : irrésolution et fragilité ! Impossible à moi de dire la veille, *je veux faire ceci*, et de le faire le lendemain. Peut-être aussi suis-je trop jeune et ai-je tort de m'inquiéter de tout cela, et de vouloir être homme fait lorsque je tiens encore à l'enfance par plus d'un point ;

mais je ne puis pas oublier que cette année mon éducation s'achève, et que je puis au mois d'août être avocat si je veux. Moi, avocat, vous figurez-vous cela? Après tout, avocat n'est pas grand'chose.

Une circonstance qui ne contribue pas peu à laisser chez moi le moral dans cet état de perplexité, c'est que le seul conseiller intime que j'aie ici, le seul dont la sagesse et la bonté puissent à la fois me tenir lieu de père et de mère, M. Marduel, a fait un long voyage à Lyon. Il a dû revenir ce soir, et je compte le voir demain ; mais il nous avait quittés depuis Pâques, de sorte que, comme je suis peu jaloux de faire de nouvelles connaissances, je suis demeuré tout ce temps abandonné à mon humeur et aux caprices de mon imagination. En vérité, s'il y a parmi les protestants quelques jeunes gens de bonne foi, éclairés et religieux, je les plains bien de manquer d'un secours dont ma jeunesse a tant besoin, et sans lequel je serais ou complétement gâté, ou consommé de mélancolie. Les autres amis sont une mince ressource : les uns, ceux de mon âge, sont aussi inexpérimentés, aussi irrésolus que moi ; les autres se bornent à M. D..., qui, depuis qu'il est marié, n'est plus guère jeune homme, et ne comprend plus rien aux jeunes gens d'aujourd'hui.

Tout ce que je viens d'écrire là n'a rien de très-gai, et c'est pour cette raison que je ne vous ai pas entretenue plus tôt.

Nous menons ici une vie si singulière et si monotone, nous avons si peu de distractions et de communications au dehors, que nous sommes obligés de nous replier sur nous-mêmes. Nous sommes placés entre des études arides que le devoir nous impose et qu'il faut accepter, et des études séduisantes dont le charme nous attire et dont il faut se défier. Nous sommes entourés de partis politiques qui, parce que nous commençons à porter barbe, voudraient nous entraîner dans leurs ornières : même en religion, nous n'entendons que controverses, nous voyons des disputes où la charité manque et le scandale abonde. Pas de réunion littéraire qui ne soit observée par les espions du gouvernement ou de certains journaux soi-disant religieux. Taxés de bigots par nos camarades impies, de libéraux et de téméraires par des gens âgés ; interpellés à chaque instant sur ce que nous pensons et sur ce que nous faisons ; soumis au pouvoir arbitraire de nos professeurs d'Université ; ayant à craindre quelquefois pour nous-mêmes au temps d'émeutes, et surtout pour nos parents éloignés de nous : c'est une existence bien bizarre et bien ennuyeuse, à laquelle, s'il ne s'agissait que de mon bien-être, je préférerais cent fois n'être jamais sorti de mon trou, mais dont je ne me plains pas quand je pense que j'y apprends à connaître le monde tel qu'il est, et que peut-être la Providence m'y éprouve afin que je sois plus utile ensuite

Maintenant, voilà que je suis fâché de vous en avoir dit si long; parce que vous allez vous tourmenter pour moi ; n'en faites rien, ma bonne mère, je vous en conjure. D'abord, n'est-il pas juste que je sois mis à l'épreuve ? Je suis en âge de jeûner, et demain je jeûne avec l'Église ; ne suis-je pas en âge aussi de souffrir un peu et de combattre comme elle ? Ensuite, ces pensées ne sont pas tellement ancrées dans mon esprit qu'elles ne laissent place à bien d'autres consolantes et joyeuses. Tantôt ce sont des souvenirs : j'aime beaucoup à me rappeler tout ce que je sais de ma vie, depuis mon enfance ; souvent nous parlons de ce temps-là avec Chaurand ; le collége y fait un épisode amusant, et la première communion une scène touchante dont tous les traits les plus minutieux sont profondément empreints dans ma mémoire. Puis, les premières jouissances de l'étude, les incertitudes, les recherches, la saine et fortifiante philosophie de l'abbé Noirot, et, au milieu de tout cela, bien des amitiés commencées sur les bancs des classes, et qui continuent encore ; Balloffet, Falconnet, Henri ; tous nos jeux, depuis l'arche de Noé et les soldats jusqu'aux promenades sentimentales et aux sérieuses parties d'échecs. Puis l'étude de l'avoué, l'ennui de la *copie*, les éternelles conversations avec le premier clerc, la brochure contre les saint-simoniens et le plaisir d'être imprimé ; et puis, au fond de tout le tableau, la vie de famille ; vos caresses et vos gâteries ; vos douces paroles, quand je travaillais sur la table, près de vous ; vous consultant sur mes thèmes, quand j'étais en sixième, et vous lisant mes discours français, quand j'étais en rhétorique ; les conseils et quelquefois les gronderies bienveillantes de papa, les longues courses faites avec lui, ses histoires, que j'écoutais avec tant de plaisir ; ce frère aîné, qu'on ne voyait que de temps en temps, et sur lequel on était si inquiet ; ce petit frère, que j'ai vu naître et grandir ; les bons parents de Florence, qui venaient les uns après les autres nous faire voir combien ils étaient aimables et excellents. — Enfin, un souvenir plus proche, notre délicieux voyage, le séjour de Rome, si imposant pour l'âme, le séjour de Florence, si doux au cœur. — Voilà pour le passé ! L'avenir a aussi sa part, et l'espérance la lui fait : je m'imagine qu'avec l'aide de Dieu, un jour viendra où je vous payerai en piété filiale et en satisfaction un peu de ce que vous avez dépensé pour moi de sollicitude, de force et de santé. — Ces jouissances ne sont pas les seules ; je lis de beaux et de bons livres, et assez variés : Dante, Manzoni, Walter Scott, Lamartine, Tite-Live, Pascal. A cette compagnie d'illustres morts, je joins la société d'assez bons vivants : j'ai de bien chers amis, Henri, Lallier, Chaurand, et d'autres avec lesquels je suis à cœur ouvert ; j'ai des personnes respectables qui me reçoivent bien, comme M. Ampère. J'entends de bons orateurs dans les cours publics, et des prédicateurs éloquents dans les chaires chrétiennes ; je promène ma curiosité dans les musées et mes jambes dans les champs. Je ne dîne pas mal, ma chambre est jolie ; l'argent, grâce à vous, ne me fait pas faute, j'ai une bibliothèque assez bien composée ; et, quelle que soit ma faiblesse, quels que soient mes défauts, je conserve l'espérance de n'être pas trop indigne de mes parents, d'être un jour chrétien zélé, citoyen ferme et homme vertueux. En somme, je vous assure que je ne me trouve pas malheureux, et que, tout compte fait, je trouve jusqu'à présent, dans la plupart de mes journées, plus de bien-être que de mal. Ainsi, je vous le répète, ma bonne mère, ne soyez pas inquiète pour moi.

En attendant, voilà ma lettre remplie, et en une heure et demie de conversation, j'ai couvert quatre pages.

Adieu, ma bonne mère. Cette fois, je vous ai bien longuement entretenue, oh ! n'ayez pas peur que je vous abandonne.

XXI

A M. ERNEST FALCONNET.

Paris, 21 juillet 1834.

Mon cher Ernest,

J'ai reçu ces jours-ci deux visites qui m'ont fait grand plaisir : la première, celle de ton excellent père ; la seconde, c'est la tienne, c'est ton paquet de bonnes lettres, d'amicales et sincères causeries, comme je les désirais ; c'est l'épanchement de ton âme, l'histoire de toi-même ; histoire dont j'étais si curieux, épanchement dont j'avais soif : car vois-tu, mon ami, quand on a mis entre soi deux cents lieues, on craint toujours de se perdre de vue ; on redoute de ne plus se retrouver les mêmes au retour, on a peur de ne plus se comprendre, quand on se reverra ; et voilà pourquoi je t'ai en quelque sorte interpellé ; voilà pourquoi j'ai frappé à la porte de tes sentiments les plus intimes ; j'ai voulu faire vibrer la corde la plus sacrée de ton cœur, pour voir s'il rendait toujours le même son que le mien.

Et maintenant, je me réjouis de cette expérience, parce que je vois que nous sommes toujours aussi près l'un de l'autre, toujours frères par la pensée comme nous le sommes par le sang ; je suis heureux de voir qu'après avoir souffert ce que j'ai souffert, cherché comme j'ai cherché, tu crois ce que je crois ; ainsi, sans nous voir, pèlerins novices, nous sommes arrivés par des routes semblables au seuil du même temple.

Seulement, mais ce n'est pas ici le lieu d'expliquer mon idée, je considère le catholicisme d'une manière plus absolue ; j'y vois la formule nécessaire du christianisme, comme le christianisme me semble la formule nécessaire de l'humanité. Je crois l'Église au-dessus des choses de ce monde. Je crois au culte comme profession de la foi, comme symbole de l'espérance, comme réalisation terrestre de l'amour de Dieu. A cause de cela, je pratique ma religion selon mes forces et selon les habitudes qui m'ont été données dès l'enfance, et je trouve dans la prière, dans les sacrements, l'indispensable soutien de ma vie morale au milieu des tentations d'une imagination dévorante et d'un monde hallucinateur.

Quant aux opinions politiques, là aussi nous sommes d'accord, c'est-à-dire que, comme toi, je voudrais l'anéantissement de l'esprit politique au profit de l'esprit social. J'ai, sans contredit, pour le vieux royalisme tout le respect que l'on doit à un glorieux invalide, mais je ne m'appuierai pas sur lui, parce qu'avec sa jambe de bois il ne saurait marcher au pas des générations nouvelles. Je ne nie, je ne repousse aucune combinaison gouvernementale. Mais je ne les accepte que comme instrument pour rendre les hommes plus heureux et meilleurs. Si tu veux des formules, en voici :

— Je crois à l'autorité comme moyen, à la liberté comme moyen, à la charité comme but.

— Il y a deux espèces principales de gouvernements, et ces deux espèces de gouvernements peuvent être animées de deux principes opposés.

— Ou c'est l'exploitation de tous au profit d'un seul : et c'est la monarchie de Néron, monarchie que j'abhorre.

— Ou c'est le sacrifice d'un seul au profit de tous : et c'est la monarchie de saint Louis, que je révère avec amour.

— Ou c'est l'exploitation de tous au profit de chacun : et c'est la république de la Terreur, et cette république, je la maudis.

— Ou c'est le sacrifice de chacun au profit de tous : et c'est la république chrétienne de l'Église primitive de Jérusalem : c'est peut-être aussi celle de la fin des temps ; l'état le plus haut où puisse monter l'humanité.

Tout gouvernement me semble respectable en ce qu'il représente le principe divin de l'autorité; en ce sens je comprends l'*omnis potestas a Deo* de saint

Paul. Mais je pense qu'en face du pouvoir, il faut aussi la place du principe sacré de la liberté ; je pense qu'on peut revendiquer énergiquement cette place ; je pense qu'on doit avertir d'une voix courageuse et sévère le pouvoir qui exploite au lieu de se sacrifier : La parole est faite pour être la digue qu'on oppose à la force ; c'est le grain de sable où vient se briser la mer.

L'opposition est une chose utile et louable, mais non l'insurrection. Obéissance active, résistance passive : *Les Prisons* de Silvio Pellico et non *Les Paroles d'un croyant*.

Or, nous autres, nous sommes trop jeunes pour intervenir dans la lutte sociale. Resterons-nous donc inertes au milieu du monde qui souffre et qui gémit ? non ; il nous est ouvert une voie préparatoire : avant de faire le bien public, nous pouvons essayer de faire le bien de quelques-uns ; avant de régénérer la France, nous pouvons soulager quelques-uns de ses pauvres. *Aussi je voudrais que tous les jeunes gens de tête et de cœur s'unissent pour quelque œuvre charitable et qu'il se formât par tout le pays une vaste association généreuse pour le soulagement des classes populaires.* Je te conterai un jour ce qui s'est fait à Paris dans ce genre cette année et l'année passée ; je te le conterai, afin que tu voies s'il te convient d'y prendre part.

J'ai fait bien peu de chose cette année, sauf mon droit, auquel j'ai travaillé plus que de coutume.

Dans ce moment-ci, je suis aux prises avec les matières du quatrième examen, qui sont très-étendues et ne me laissent aucun loisir. Je t'écris à la hâte : il est une heure du matin, il faut que je termine cette lettre trop courte comme conversation, trop longue et trop décousue comme lettre de cérémonie ; tu excuseras l'un et l'autre, n'est-ce pas ? et puis, dans moins d'un mois, nous parlerons à notre aise de toutes ces choses que la plume rend si mal.

Adieu.

XXII

A M. L...

Lyon, 15 octobre 1834.

Un mois et demi s'est écoulé depuis que vous me conduisîtes amicalement à la voiture qui m'emportait joyeux à Lyon ; un mois et demi s'est écoulé depuis que mon père, venu au-devant de moi, m'a serré dans ses bras. Et il me semble que je viens d'arriver. Je n'ai pas encore eu le temps de reprendre mes anciennes habitudes domestiques ; à peine ai-je eu le temps de me reconnaître. Ayant passé mes dernières vacances en Italie, je suis ici après deux ans d'absence, presque un étranger. Ce sont d'anciennes connaissances qui manquent à l'appel, ce sont de petits cousins et de petites cousines venus au monde pendant mon exil et dont j'ignorais l'existence ; d'autres, que j'ai laissés presque enfants, ont fait leur philosophie et se préparent à partir pour Paris ; ceux-ci se sont mariés, ceux-là ont perdu leur femme. Mon vieux confesseur est mort ; on a renouvelé presque tous les prêtres de la paroisse. Le matériel même de la ville a changé. Le canon des journées d'avril a renversé des maisons ; mais en revanche nos collines sont couronnées de forts tout neufs, avec des glacis bien verts, des murs bien blancs et des canons d'un beau bronze. Le commerce ne va guère et les ouvriers émigrent pour la Suisse ; mais nous avons une superbe garnison, des revues, des exercices à feu, des patrouilles, des sentinelles à tous les pas ; l'uniforme tapisse les quais, les grands sabres traînent agréablement sur les pavés des places publiques ; si quelques manufactures sont désertes, les maisons de débauche et les prisons sont remplies. En beaucoup d'endroits les canonnades et les pétards ont tellement désolé des quartiers entiers, qu'il a fallu refaire à neuf tous les devants de magasins. Nombre de gens ont déménagé, et rien ne me vexe plus que de ne pas retrouver à leur place les marchands chez lesquels j'avais coutume de me servir autrefois, ou les amis chez lesquels j'entrais en passant. En sorte que, dans ce pauvre Lyon, je ne sais plus m'orienter. D'un autre côté j'y ai trouvé de nouvelles jouissances : notre famille de Florence est venue se fixer parmi nous ; mon oncle, ma tante et mes cousines me témoignent la plus douce affection ; avec cela la tendresse de mon père, de ma mère et de mes deux frères, n'en est-ce pas assez pour me rendre heureux ?

Eh bien, mon cher ami, je crois pouvoir le dire

sans offenser la Providence, non, ce n'est pas assez. Dieu a mis dans notre âme deux besoins qui se ressemblent, mais qu'on ne doit pas confondre. Il nous faut des parents qui nous chérissent, mais il nous faut aussi des amis qui nous soient attachés. La tendresse qui vient du sang et l'affection qui procède de la sympathie sont deux jouissances dont nous ne saurions nous passer, et dont l'une ne peut remplacer l'autre. La tendresse des parents a cela de plus sacré, qu'elle est établie immédiatement par le Créateur lui-même ; l'amitié a cela de plus flatteur qu'elle est plutôt notre propre ouvrage. Les parents pèsent plus dans la balance sans doute, mais il ne faut pas que l'autre plateau reste vide. Souvent à Paris vous m'avez entendu regretter le toit paternel, les embrassements de ma mère, les conseils de mon frère aîné, les caresses de mon petit frère ; maintenant que j'ai tout cela, je regrette nos camarades de Paris, la bonhomie charitable de M. Bailly, les longues soirées passées ensemble, et vous surtout qui me donniez si souvent de bons avis et de bons exemples, qui me témoigniez un attachement si sincère et si chrétien.

Vous le savez bien, de tous les jeunes gens que j'ai connus dans cet exil de la capitale, c'est vous que j'ai préféré, c'est vous que je suis allé chercher quand vous vous cachiez dans votre petite chambre et que vous étiez dans vos jours sombres ; c'est vous, à votre tour, qui tant de fois m'avez inspiré de saintes et salutaires pensées, qui m'avez consolé de mes tristesses, qui m'avez donné du courage. Mais ce sont là des choses que l'on doit sentir et non pas exprimer ; en un mot, vous me manquez bien, vous nous manquez à tous, tant que nous sommes ici à Lyon, de vos anciens condisciples. Deux fois nous avons dîné ensemble, de la Perrière, Chaurand, Biétrix, et tant d'autres, et deux fois nous avons bu à votre santé, aux grandes acclamations de tout le monde. La dernière fois, c'était chez moi, et mon père et ma mère, désireux de vous connaître, se sont joints de grand cœur au toast que nous vous portions.

De tous mes plaisirs, un des plus grands, c'est le pèlerinage que j'ai fait à Saint-Point, pour voir M. de Lamartine. Dufieux, qui le connaît, avait obtenu de lui la permission de m'amener. Nous partîmes ensemble un dimanche matin pour Mâcon, où nous arrivâmes le soir, après avoir parcouru un pays charmant : là nous apprîmes que M. de Lamartine était à son château de Saint-Point, à cinq lieues de Mâcon, dans les montagnes. Le lundi donc, après déjeuner, nous nous mîmes en route sur un léger char-à-bancs que conduisait un petit phaéton en guenilles, et nous suivîmes le chemin de l'antique et célèbre abbaye de Cluny. Puis, quand nous eûmes de loin aperçu les ruines de cette vieille maison de Dieu, nous détournâmes à gauche, dans la grande et belle vallée où est située la demeure du grand homme. Sur un mamelon, au pied des montagnes, est un hameau que domine une église quasi gothique et un ancien château : c'est Saint-Point. Ce château appartenait jadis au redouté comte de Saint-Point, rival en cruautés du baron des Adrets. Ce hameau était, il y a vingt années, une réunion de paysans grossiers, ignorants et mauvais. M. de Lamartine a apporté la civilisation dans ces lieux. Il a réparé, embelli, étendu le château. Il a fait reconstruire le clocher de l'église ; il a acheté une maison pour y établir un hôpital et des écoles ; il a fait ouvrir des routes pour établir des communications entre le village et le grand chemin : il fait, à l'heure qu'il est, élever un pont magnifique sur un ravin. Ces bienfaits ont attiré de nouveaux et nombreux habitants dans la vallée ; de blanches maisons s'élèvent de toutes parts, tout respire l'aisance et le contentement ; les mœurs sont devenues douces et pures, et l'étranger, allant visiter le poëte, rencontre de braves gens qui s'offrent à lui servir de guides officieux. Nous voici donc à la porte du château. Un porche élégant, de forme gothique, en décore l'entrée ; trois tours seigneuriales lui prêtent un assez majestueux aspect. Nous franchissons le seuil du salon : madame de Lamartine nous accueille avec la plus grande bonté ; c'est une dame très-respectable, très-bonne et très pieuse ; elle est Anglaise, et convertie à la religion catholique. Ce jour-là, il y avait précisément à Saint-Point beaucoup de monde, et entre autres une famille d'Anglais, et nous vîmes, à notre désappointement, que nous ne pourrions pas jouir sans partage de la société de celui que nous venions chercher. Cependant M. de Lamartine arriva. Il témoigna à Dufieux une amitié toute particulière, et me reçut moi-même d'une manière tout à fait affable. Il nous emmena tous deux dans un pavillon où nous causâmes à trois, près de deux heures. Il nous exposa ses grandes et généreuses idées politiques, ses belles théories littéraires ; il s'informa beaucoup de la jeunesse des écoles et de l'esprit qui l'animait, et me parut plein d'espérance pour l'avenir. Ses idées s'enchaînent avec une logique très solide ; son langage est brillant, figuré : il semble philosophe encore plus que poëte par la pensée, et plus poëte que philosophe par la parole. J'ai rarement vu un homme réunir plus de nobles qualités. Agé de quarante-trois ans, il porte sur sa figure l'empreinte de la douleur supportée avec dignité, de la gloire acceptée avec modestie. Son front est très-large, ses yeux grands et vifs, l'arc de sa bouche gracieux et sévère à la fois, ses traits maigres, sa taille haute.

A table et au salon, il m'a paru rempli d'amabilité ; il nous a instamment pressés de passer une huitaine de jours auprès de lui ; et comme nous ne le pouvions pas, il m'a fait promettre de l'aller voir à Paris cet hiver. Nous avons dîné, passé la nuit, et le lendemain il nous a menés visiter ses deux autres maisons de Milly et de Monceaux. Le long du grand chemin, les paysans le saluaient d'un air d'affection; il les abordait et causait avec eux, leur demandant des nouvelles de leurs vendanges, de leurs intérêts, de leurs familles. Aussi semblaient-ils l'aimer beaucoup, et les petits enfants couraient après lui en criant : *Bonjour, monsieur Alphonse!* A Monceaux, je trouvai de Pierreclau; nous dînâmes ensemble, et, le soir, nous prîmes congé de notre hôte illustre, et retournâmes dans notre obscurité.

En voilà bien assez, n'est-ce pas? me voilà bien toujours avec mon fiel qui ne peut couvrir moins de cent pages; avec mes admirations immodérées et mes grandes phrases laudatives. Que voulez-vous? La vie de cet homme m'a vivement frappé, bien qu'avant d'arriver chez M. de Lamartine, j'eusse lu et relu certain chapitre de l'*Imitation* contre le respect humain, j'étais véritablement fasciné en considérant à quelle hauteur le génie et la vertu peuvent porter une créature comme nous.

Oh! plus que jamais me sont revenues toutes mes incertitudes, mes ambitions littéraires, le désir de faire du bien confondu avec le désir d'acquérir de la gloire, et cependant la conscience de ma nullité, le sentiment de ma position sociale, et de cette nécessité où je suis placé de gagner ma vie et de travailler pour de l'argent. Ces incertitudes, elles ne sont point terminées : je les ai soumises à mon frère ; il pense qu'il n'est pas temps encore de trancher le nœud gordien ; il m'engage à poursuivre à la fois les études du droit et celles de l'histoire. J'ai obtenu de mon père de retourner deux ans à Paris. J'y ferai paisiblement mon doctorat, et en même temps j'apprendrai les langues orientales. Du reste, plus d'articles de journaux ; seulement quelques rares travaux pour la conférence, s'il y en a une, ou pour la *Revue européenne*, si elle n'est pas morte, et dans tous les cas, pour m'exercer. J'abandonne le reste de mon avenir à la Providence. Volontiers j'accepterai la place qu'il lui plaira de m'assigner ; quelque basse qu'elle soit, elle sera assez belle, si elle est bien remplie.

Je suis ici sans aucune nouvelle de Paris ; point de lettres, point de nos journaux. Si vous en savez quelque chose, écrivez-le-moi : je commence à sentir les ennuis de la vie de province. Nous vous amènerons à Paris une bande de bons Lyonnais, qui grossiront toutes nos réunions, quoique, à vrai dire, je ne tienne plus à la conférence historique que comme moyen de recruter la conférence de charité.

Mon pauvre moral ne vaut guère mieux que l'intellectuel ; j'ai toujours l'imagination malade ; quelquefois j'ai le dessus, plus souvent le dessous ;

toujours de bonnes résolutions, des infidélités, des regrets. Je n'ai point d'œuvres de charité à faire ; je n'écris rien, je vis comme un fainéant, et je ne repartirai pour Paris qu'à la fin de novembre. J'ai bien besoin que vous priiez pour moi; ne m'oubliez donc point, tout misérable que je suis.

XXIII

A M. X...

Lyon, 4 novembre 1854.

Mon cher ami,

Votre lettre m'a comblé de joie. Cette joie, je ne l'ai point gardée pour moi seul : je l'ai communiquée à quelques-uns de mes amis qui font partie de notre petite société, et qui se trouvent ici en vacances; j'ai écrit sur-le-champ aux membres présents à Paris, pour leur annoncer cette bonne nouvelle et pour avoir le rapport que vous me demandez. Mais permettez-moi de vous féliciter, dès à présent, du bien que vous avez commencé et de celui que vous vous préparez à faire. Vous avez trouvé des collègues dignes de vous, vous avez trouvé un guide sage. Le champ est devant vous, la misère y a tracé de larges sillons; vous y sèmerez des bienfaits à pleines mains, vous les verrez grandir et fructifier. Dieu et les pauvres vous béniront; et nous, que vous aurez surpassés, nous serons fiers et joyeux de compter de tels frères. Le vœu que nous formions est donc accompli : vous êtes le premier écho qui ait répondu à notre faible voix; d'autres s'élèveront bientôt, peut-être ; alors le plus grand mérite de notre petite société parisienne sera d'avoir donné l'idée d'en former de pareilles. Il suffit d'un fil pour commencer une toile; souvent une pierre jetée dans les eaux devient la base d'une grande île.

Je crois donc que vous avez pris tout ce qu'il y avait de bon parmi nous, en y prenant une idée charitable, qui était déjà sans doute dans votre âme, mais qui n'avait pas encore d'expression ; dans une pareille œuvre, il faut s'abandonner beaucoup plus à l'inspiration du cœur qu'aux calculs de l'esprit. La Providence vous donne elle-même ses conseils par les circonstances dont elle nous environne, par les pensées qu'elle nous envoie. Je crois que vous ferez bien de les suivre librement, et de ne vous guère charger de règlements et de formules.

D'ailleurs, le but que nous nous proposons à Paris n'est pas absolument le même que celui que vous vous proposez, je pense, en province. A Paris, nous sommes des oiseaux de passage, éloignés pour un temps du nid paternel, et sur lesquels l'incrédulité, ce vautour de la pensée, plane pour en faire sa proie. Nous sommes de pauvres jeunes intelligences, nourries au giron du catholicisme et disséminées au milieu d'une foule inepte et sensuelle ; nous sommes des fils de mères chrétiennes, arrivant un à un dans des murs étrangers où l'irréligion cherche à se recruter de nos pertes : eh bien, il s'agit, avant tout, que ces faibles oiseaux de passage se rassemblent sous un abri qui les protége, que ces jeunes intelligences trouvent un point de ralliement pour le temps de leur exil, que ces mères chrétiennes aient quelques larmes de moins à répandre, et que leurs fils leur reviennent comme elles les ont envoyés. Il importait donc de former une association d'*encouragement mutuel* pour les jeunes gens catholiques, où l'on trouvât amitié, soutien, exemples ; où l'on rencontrât, pour ainsi dire, un simulacre de la famille religieuse dans laquelle on avait été nourri ; où les plus anciens accueillissent les nouveaux pèlerins de la province et leur donnassent une espèce d'hospitalité morale. Or, le lien le plus fort, le principe d'une amitié véritable, c'est la charité ; et la charité ne peut exister dans le cœur de plusieurs, sans s'épancher au dehors ; c'est un feu qui s'éteint faute d'aliments, et l'aliment de la charité, ce sont les bonnes œuvres.

Pour vous, vous me semblez appelé à une mission encore plus généreuse. Vous êtes dans vos foyers vénérables, où votre enfance a grandi et que votre jeunesse n'a pas désertés, où vous respirez une atmosphère pure, où vous vivez au milieu des bonnes traditions et des bons exemples. La terre ne chancelle pas sous vos pieds ; vous n'avez pas besoin de nouveaux efforts pour vous affermir ; votre foi et votre vertu n'ont pas besoin de l'*association* pour se maintenir, mais seulement pour se développer ; ce n'est point une nécessité pour vous, c'est l'action libre, spontanée, d'une volonté libre et solide. Vous agirez directement pour les pauvres : vous formerez d'ailleurs une réunion permanente, et non pas sans cesse renouvelée comme la nôtre. Vous répandrez vos bienfaits dans votre propre ville, et non dans une cité étrangère. Votre œuvre sera donc à la fois plus durable, plus éclairée, plus puissante. Vous pouvez rester peu nombreux, et quand vous ne seriez jamais qu'une douzaine, si vous êtes unis d'une véritable intimité, vous pouvez faire un grand bien dans une ville de trente mille âmes. Nous, au contraire, nous sommes forcés de nous étendre, même au risque de nous relâcher, pour embrasser dans notre cercle le plus grand nombre possible de jeunes gens.

Je ne sais si je me suis exprimé d'une manière intelligible, mais je voulais attirer votre attention sur la différence du but, parce qu'elle doit appeler la différence dans les moyens. Je n'entre pas dans de plus longs détails sur notre petite société de Paris, et le rapport de M. de la Noue vous en apprendra plus que je ne pourrais faire. Depuis que nous existons, nous avons distribué à peu près deux mille quatre cents francs, quelques livres et une assez grande quantité de vieux habits. Nos ressources consistent : dans la quête que nous faisons entre nous chaque mardi ; dans les aumônes de quelques personnes charitables qui veulent bien aider ainsi notre bonne volonté ; dans la défroque de notre garde-robe. Comme il est probable qu'au renouvellement de l'année scolaire, notre nombre augmentera et s'élèvera à une centaine, nous serons obligés de nous diviser et de former plusieurs sections, qui auront périodiquement une assemblée commune. Quand ces nouveaux arrangements seront pris, je vous en informerai. Car, malgré ce que je vous ai dit, de la dissemblance qui me paraît devoir exister entre nos deux sociétés, elle ne doit pas diminuer l'union et l'harmonie, au contraire ; de même que des rayons divergents aboutissent tous au même centre, ainsi nos efforts variés et tendant vers des points divers se résolvent dans une même pensée charitable et procèdent du même principe ; il faut donc qu'il y ait accord entre nous pour doubler notre force ; il faut qu'il y ait des communications fréquentes qui nous donnent une louable émulation pour le bien, et qui nous rendent communs et fiers du succès de chacun. Aussi, en écrivant à notre petite société de Paris, je lui ai demandé de former une liste de membres correspondants et d'y inscrire votre nom d'abord, et ensuite celui de messieurs vos amis, quand vous voudrez bien nous les faire connaître ; ce ne sera point là une formalité académique, ce sera une véritable correspondance pour laquelle vous pouvez compter sur mon exactitude, comme je compte sur votre amitié.

Excusez, mon cher ami, la témérité que j'ai eue de vous donner quelques avis ; à vrai dire, ce ne sont point là des conseils, je ne suis pas capable d'en adresser à qui que ce soit : ce sont des réflexions qui me sont venues, et que je vous confie, pour en faire ce que vous voudrez. Une autre fois, ce sera vous, à votre tour, qui me communiquerez les résultats de votre expérience.

Je vous remercie infiniment des beaux vers de Reboul : je les ai lus à plusieurs amis qui les ont admirés, et à ma mère, qui me charge de vous en remercier. Quand je serai à Paris, je vous donnerai quelques nouvelles littéraires : ici, en vacances, je vis comme un Béotien, et je ne travaille presque pas.

Adieu, mon bon ami, ne m'oubliez pas.

XXIV

A M. VELAY.

Paris, 5 février 1835.

Mon cher Velay,

Je réponds bien tard à ta lettre, mais je te fais observer que je suis encore dans la semaine des visites du jour de l'an et qu'ainsi j'arrive à propos pour te présenter mes souhaits affectueux. Je te souhaite donc d'heureux jours à Metz, des jours qui ne soient pas trop encombrés d'études ennuyeuses, qui ne te semblent pas trop longs, qui te laissent quelques loisirs pour penser à tes amis les Parisiens. Pour eux, je t'assure qu'ils ne t'oublient point, et si ton pas militaire ne se fait plus entendre à travers l'escalier de l'hôtel des Écoles, si ta glorieuse épée ne retentit plus sur le carreau de nos chambres, si nous n'avons plus, le dimanche, ta visite accoutumée, tu vis dans nos mémoires, tu interviens dans nos conversations; on te cite, on te regrette, on se demande quand on te reverra, et lorsqu'une de tes lettres arrive à quelqu'un d'entre nous, on le courtise pour en avoir sa part.

Tu regrettes, dis-tu, les conférences de M. Lacordaire : Eh bien, mon ami, console-toi, nous ne l'entendons pas non plus. C'est une grande douleur à nous qui avions besoin du pain de la parole, qui nous étions accoutumés à cette nourriture excellente et forte, d'en être privés tout à coup, sans que rien la remplace.

Ce nous est un chagrin plus grand encore de voir ceux de nos frères égarés, qui, à cette voix puissante, avaient repris le chemin de la vérité, s'en retourner à leurs erreurs, secouant la tête et levant les épaules. Peut-être le Ciel veut-il ce silence, cette humiliation des catholiques comme un sacrifice de plus, peut-être avions-nous trop tôt levé le front. Nous mettions notre orgueil dans la parole d'un homme et Dieu met la main sur la bouche de cet homme afin que nous apprenions à être chrétiens sans lui, afin que nous sachions nous passer de tout, hormis de la foi et de la vertu (1).

Une légère compensation de ces trésors d'éloquence religieuse que nous prodiguait M. Lacordaire m'a été offerte ces derniers jours : j'ai entendu

(1) Cette crainte ne devait pas se réaliser. Monseigneur de Quélen venait d'offrir soudainement la chaire de Notre-Dame à l'abbé Lacordaire, qui devait y monter le 8 mars.

M. de Lamartine à la Chambre. Qu'il était grand et beau ce jour-là ! que son discours était plein de gravité, d'éclat et d'harmonie ! qu'il était loin de ce vague et de ces théories vaporeuses qu'on lui a reprochées ! Il était simple, il était logicien, il était généreux, il était plus, il était charitable. Lui seul représentait la pensée chrétienne dans cette discussion.

Puisses-tu avoir des compagnons qui te rendent agréables tes deux années de Metz ! Tu saurais bien, toi, te les rendre utiles. Tu auras, j'espère, plus de loisirs qu'à l'École polytechnique ; tu pourras revoir de temps à autre tes bons et anciens amis, les livres d'histoire et de littérature. Puis, quand tu auras secoué la dernière poussière des bancs, quand tu n'auras plus d'autre servitude que la servitude brillante de l'uniforme, alors tu seras bien heureux, maître de ton temps, délivré du soin de l'existence matérielle, occupant un rang honorable dans la société, tu n'auras plus à t'occuper que d'œuvres intellectuelles et morales. J'envie bien ton sort sous ce point de vue ; moi pauvre diable qui, en attendant que la fortune vienne, serai attaché à la glèbe judiciaire du matin au soir, sauf à lire de temps à autre le chapitre de Sénèque sur le mépris des richesses. Maintenant j'étudie d'une manière assez sérieuse l'hébreu et le sanscrit ; mais que fera au client, s'il te plaît, que son avocat sache le sanscrit et l'hébreu ; mieux vaudrait moisir sur le code.

Voulant t'envoyer cette lettre dans une autre que j'adresse à mes parents, je suis obligé d'en abréger les dimensions : mais si le papier manque, l'amitié entre nous ne manquera jamais.

XXV

A M. X...

Paris, 23 février 1835.

Mon cher ami,

Dès les premiers jours de mon arrivée ici, j'ai songé au rapport que vous m'aviez demandé. Notre président, M. Bailly, a cherché le rapport dans ses papiers, et, il y a peu de temps, il m'a annoncé l'inutilité de ses recherches. Ainsi ce document est perdu. Ce n'est pas un grand malheur pour nous ; il y avait dans cette histoire abrégée de notre œuvre une pensée qui était peut-être de l'orgueil. Dieu, qui veut que la main gauche ignore ce que la droite a donné, a permis que nous perdissions un titre qui ne servait qu'à nous donner un peu de vanité ridicule. La charité ne doit jamais regarder derrière elle, mais toujours devant, parce que le nombre de ses bienfaits passés est toujours très-petit, et que les misères présentes et futures qu'elle doit soulager sont infinies. Voyez les associations philanthropiques : ce ne sont qu'assemblées, rapports, comptes rendus, mémoires; elles n'ont pas un an d'existence qu'elles possèdent déjà de gros volumes de procès-verbaux. La philanthropie est une orgueilleuse pour qui les bonnes actions sont une espèce de parure et qui aime se regarder au miroir. La charité est une tendre mère qui tient les yeux fixés sur l'enfant qu'elle porte à la mamelle, qui ne songe plus à elle-même et qui oublie sa beauté pour son amour.

Je ne crois pas non plus que cette perte soit fâcheuse pour vous. Il est mieux que vous éleviez votre œuvre par vos propres forces, sous l'inspiration de votre cœur, sous l'influence des circonstances locales, sous la direction du prêtre vénérable qui vous préside ; avec tout cela, vous vous passerez très-facilement d'un modèle, du reste, fort imparfait; vous ne ferez pas comme nous, vous ferez mieux que nous.

Cette prédiction n'est point une flatterie, c'est l'expression de ce que j'ai senti à la lecture de votre lettre si brûlante de charité, si pleine de ce feu apostolique qui a embrasé le monde, et dont votre âme a recueilli de si vives étincelles. J'aurais été égoïste et mauvais si j'avais gardé pour moi seul cette jouissance : j'ai dû porter à notre réunion vos belles et généreuses paroles ; j'ai lu à mes collègues réunis, en présence du curé de la paroisse qui avait bien voulu venir nous présider ce jour-là, une grande partie de votre lettre. L'impression qu'elle leur a laissée ne peut se traduire que par ces mots de l'un d'eux : « Vraiment, c'est la foi, c'est la charité des premiers siècles. » Oh ! oui, mon ami, la foi, la charité des premiers siècles ! Ce n'est pas trop pour notre âge. Ne sommes-nous pas, comme les chrétiens des premiers temps, jetés au milieu d'une civilisation corrompue et d'une société croulante? Jetons les yeux sur le monde qui nous environne. Les riches et les heureux valent-ils beaucoup mieux que ceux qui répondaient à saint Paul : « Nous vous entendrons une autre fois ? » Et les pauvres et le peuple sont-ils beaucoup plus éclairés et jouissent-ils de plus de bien-être que ceux auxquels prêchaient les apôtres?

Donc, à des maux égaux, il faut un égal remède; la terre s'est refroidie, c'est à nous, catholiques, de ranimer la chaleur vitale qui s'éteint, c'est à nous de recommencer aussi l'ère des martyrs. Car être martyr, c'est chose possible à tous les chrétiens; être martyr, c'est donner sa vie pour Dieu et pour ses frères, c'est donner sa vie en sacrifice, que le sacrifice soit consommé tout d'un coup comme l'holocauste, ou qu'il s'accomplisse lentement, et qu'il fume nuit et jour comme les parfums sur l'autel; être martyr, c'est donner au ciel tout ce qu'on a reçu : son or, son sang, son âme tout entière. Cette offrande est entre nos mains; ce sacrifice, nous pouvons le faire; c'est à nous de choisir à quels autels il nous plaira de le porter; à quelle divinité nous irons consacrer notre jeunesse et les temps qui la suivront, à quel temple nous nous donnerons rendez-vous : au pied de l'idole de l'égoïsme, ou au sanctuaire de Dieu et de l'humanité.

L'humanité de nos jours me semble comparable au voyageur dont parle l'Évangile ; elle aussi, tandis qu'elle poursuivait sa route dans les chemins que le Christ lui a tracés, elle a été assaillie par des ravisseurs, par les larrons de la pensée, par des hommes méchants qui lui ont ravi ce qu'elle possédait : le trésor de la foi et de l'amour, et ils l'ont laissée nue et gémissante, couchée au bord du sentier. Les prêtres et les lévites ont passé, et cette fois, comme ils étaient des prêtres et des lévites véritables, ils se sont approchés de cet être souffrant et ils ont voulu le guérir. Mais, dans son délire, il les a méconnus et repoussés.

A notre tour, faibles Samaritains, profanes et gens de peu de foi que nous sommes, osons cependant aborder ce grand malade. Peut-être ne s'effrayera-t-il point de nous, essayons de sonder ses plaies et d'y verser de l'huile ; faisons retentir à son oreille des paroles de consolation et de paix ; et puis, quand ses yeux se seront dessillés, nous le remettrons entre les mains de ceux que Dieu a constitués les gardiens et les médecins des âmes, qui sont aussi, en quelque sorte, nos hôteliers dans le pèlerinage d'ici-bas, puisqu'ils donnent à nos esprits errants et affamés la parole sainte pour nourriture et l'espérance d'un monde meilleur pour abri.

Voilà ce qui nous est proposé, voilà la vocation sublime que la Providence nous a faite. Mais que nous en sommes peu dignes et que nous fléchissons sous le fardeau ! Je parle de nous autres, étudiants de Paris, colonie du peuple de Dieu sur la terre étrangère. Il semble que le spectacle de cette corruption et de cette misère devrait nous rendre ardents et forts. Il semble qu'ayant devant nous de grands vices, et au-dessus de nous de grandes vertus, nous dussions être comme un bataillon serré en face de l'ennemi, rangé sous les drapeaux qu'il aime. Et malheureusement il n'en est point ainsi. Je ne sais quelle langueur semble s'être emparée de nous. Je ne crains pas de dire du plus grand nombre ce qui est vrai de moi en particulier. Cependant j'espère que Dieu ne nous abandonnera pas, surtout si nous avons des frères qui prient et qui méritent pour nous.

Au nom de notre société, je félicite la vôtre de son courage ; je la remercie de l'attachement qu'elle veut bien nous donner. Je la prie de nous en donner témoignage en confondant ses prières et ses bonnes œuvres avec les nôtres. Souvenez-vous de notre faiblesse comme nous nous souviendrons de votre ardeur. Vous voulez bien considérer votre société comme une colonie de la nôtre : demandez donc au ciel la conservation et la prospérité de votre métropole, afin qu'elle ne périsse point. Au premier temps du christianisme, les communautés d'Asie envoyèrent le flambeau de la foi aux peuples de la Gaule, et quand la Gaule fut devenue chrétienne, l'Asie cessa de l'être. *Si parva licet componere magnis*, faisons qu'il n'en soit pas ainsi de notre œuvre parisienne; faisons que longtemps encore, et toujours s'il se peut, il y ait en cette ville un foyer de religion où les fils des mères chrétiennes puissent se réunir pour conserver ensemble la chaleur et la lumière, pour augmenter l'une et l'autre et les rapporter dans leurs provinces.

Je ne vous donnerai pas de nouvelles littéraires; il y en a peu d'importantes, mais vous me ferez un grand plaisir en m'envoyant quelque chose de Reboul, un plus grand encore en venant nous voir à Paris.

Adieu, ne m'oubliez pas, mais oubliez mes négligences; je suis le premier de ces gens lâches et découragés dont je vous parlais naguère.

XXVI

A M. DUFIEUX.

Paris, 2 mars 1835.

Mon cher ami,

Votre lettre est venue me faire rougir de ma paresse, paresse de la tête et de la main, mais non pas, je l'assure, paresse du cœur. Après les témoignages précieux d'amitié que j'ai reçus de vous, après la confiance dont vous m'avez honoré en épanchant plus d'une fois votre âme dans la mienne, il faudrait qu'un souffle d'ingratitude bien glacial eût passé sur ma mémoire pour en avoir effacé votre souvenir. Non, mon ami, ne le croyez pas, je ne vous ai point oublié. Durant ces jours de l'absence déjà nombreux, vous n'avez pas cessé de vivre dans mes pensées; vous n'avez pas non plus cessé de vivre dans mes entretiens, soit avec ceux de mes amis qui ont le bonheur d'être aussi les vôtres, soit avec Celui qui tous deux nous aime, et dans le sein duquel nos deux âmes séparées peuvent se réunir et converser ensemble.

Mais, s'il est vrai que je ne sois point ingrat, s'il est vrai que je vous aie conservé une affection sincère, comment se fait-il qu'elle soit restée muette, et qu'est-ce que cette amitié froide, sans parole et sans œuvres, sorte de pétrification morale?

Hélas! mon cher Dufieux, cette question que je me fais au nom de l'amitié, je me la répète tous les jours au nom de tous mes autres devoirs. Ma conscience ne m'épargne point, et placé entre le désir de faire bien et beaucoup, et une faiblesse incroyable qui m'empêche de rien faire, je passe mes journées en reproches amers pour l'inexécution de mes résolutions passées, et en résolutions nouvelles que je n'exécuterai pas davantage et qui me préparent de nouveaux reproches pour l'avenir. Je puis le dire, parce que je le dis à ma honte et à la gloire de Dieu. Peut-être personne ne reçut plus que moi de généreuses inspirations, personne ne ressentit de plus saintes jalousies, de plus nobles ambitions; il n'est pas de vertus, il n'est pas d'œuvre morale ou scientifique à laquelle je n'aie été convié par cette voix mystérieuse qui retentit au fond de soi-même, il n'est pas d'affections louables dont je n'aie ressenti l'attrait, pas d'amitiés et de relation précieuses qui ne m'aient été ménagées, pas d'encouragements qui m'aient manqué, pas une brise favorable qui n'ait soufflé sur ma tige pour y faire éclore des fleurs. Il n'est peut-être pas dans la vigne du Père de famille éternel un cep qu'il ait entouré de plus de soins et dont il puisse dire avec plus de justice : « *Quid potui facere vineæ et non feci.* » — Et moi, plante mauvaise, je ne me suis point épanoui au souffle divin, je n'ai point plongé mes racines dans ce sol qu'il remuait autour de moi, je me suis flétri et desséché; j'ai su le don de Dieu, j'ai senti l'eau vive baigner mes lèvres et je ne les ai point ouvertes, je suis resté un être passif, je me suis enfermé dans ma lâcheté. En ce moment encore où l'appel d'en haut retentit à mon oreille, où je sens l'inspiration se retirer un peu comme pour me menacer, mais non pour m'abandonner à jamais, en ce moment encore je ne sais pas vouloir, je ne sais pas agir, et je sens s'accumuler sur ma tête la responsabilité des faveurs que je néglige chaque jour.

Je vous ai dit ma peine, je l'ai dite tumultueusement et sans ordre, comme je l'éprouve; mais, pour que vous ne refusiez point de me croire, pour que votre indulgente charité n'attribue point à un moment d'exaltation les lignes que je viens de tracer, je m'expliquerai plus clairement.

Deux choses surtout nous font palpiter d'une envie généreuse, nous autres jeunes chrétiens : ces deux choses sont la science et la vertu. On m'apprit de bonne heure à les goûter et je me crus fait pour elles. Dans nos conversations de ces vacances, je vous avais raconté mes rêves à cet égard. J'avais résolu pour les deux années qui me restent à passer dans la capitale des travaux plus sérieux et une réforme morale plus complète. J'avais mis mes désirs sous les auspices de notre Mère céleste, et je me confiais en mon bon vouloir. Or depuis ce temps trois mois se sont écoulés et me voici les mains vides. Des malaises continuels, les démarches ennuyeuses ont commencé à éteindre mon ardeur, et lorsque j'ai eu tout le loisir et toutes les facilités désirables, je suis tombé dans une sorte de langueur fatale que je ne saurais secouer. L'étude que j'aimais autrefois me fatigue ; la plume pèse à mes doigts ; je ne sais plus écrire. Nous avons bien encore des conférences littéraires, mais les pauvrettes sont mourantes, et ce n'est pas moi, à coup sûr, qui les sauverai. La force, ce don du Saint-Esprit, si nécessaire aux hommes de ce siècle pour cheminer sans chute à travers tant de périls, la force n'est point en moi. Je suis flottant au gré de tous les caprices de mon imagination. La piété me semble parfois un joug, la prière une habitude des lèvres, les pratiques du christianisme un devoir que j'accomplis avec lâcheté, une dernière branche à laquelle je me cramponne pour ne pas rouler dans l'abîme, mais dont je ne sais pas cueillir les fruits nourriciers. Je vois les jeunes gens de mon âge s'avancer tête levée dans les voies d'un progrès réel, et moi je m'arrête et je désespère de pouvoir les suivre, et je passe à gémir le temps qu'il faudrait mettre à marcher.

Voilà mon état plein de misère, et ce récit sert d'explication à ma négligence envers vous, s'il ne peut lui servir d'excuse. Si vous ne me pardonnez pas, vous me plaindrez du moins ; vous changerez vos adulations amicales en salutaires reproches, en encouragements, en bons conseils, et surtout en prières. Vous comprenez aussi un autre motif de mon silence. Quand on écrit à un ami comme vous, on a besoin de lui parler de soi, et on n'aime pas à parler de soi quand on se sent mauvais. J'attendais donc instinctivement de me sentir meilleur pour m'entretenir avec vous. Enfin hier, j'ai eu le bonheur de recevoir Celui qui est la force des faibles et le médecin des langueurs de l'âme, et aujourd'hui je vous écris dans la sincérité de mes regrets pour le passé et de mes bonnes résolutions pour l'avenir : oh! priez, je vous en conjure, pour que celles-là enfin ne soient point trompées.

Vous, mon cher ami, vous êtes le contraste le plus parfait qui puisse m'être opposé. Autant Dieu m'a prodigué de faveurs, autant il vous prodigue de souffrances et d'épreuves. Et tandis que je succombe et que je m'abats malgré ses bienfaits, vous sortez de plus en plus fort du creuset de douleurs où sa main vous a placé. Vous serez bien heureux un jour, car vous êtes jeune et vous avez déjà beaucoup mérité. Votre sensibilité si vive, façonnée dans les chagrins, devient un instrument de grandes vertus. Vous faites le bien sans le dire, et votre âme oppressée par tant d'afflictions intérieures déborde au dehors en d'innombrables bonnes œuvres. Partagez avec un ami cette richesse de charité, offrez pour moi au Seigneur une partie des choses saintes que vous faites, et continuez-moi votre amitié. Pour moi je sympathiserai toujours avec vos tristesses, et quand la pensée de mes fautes m'affligera, je me souviendrai que vous aussi vous souffrez, mais avec cette différence que vous ne le méritez pas.

Adieu, mon cher ami, excusez le désordre de cette lettre avec cette bonté qui vous en fera excuser les retards : répondez-moi dès que vous le pourrez et écrivez-moi des paroles qui puissent me donner du courage.

XXVII

A M VELAY.

Paris, 2 mai 1835.

Mon cher Velay,

J'avoue que toutes les foudres de ta colère ne seraient pas assez pour punir mon infidélité; deux mois et demi sont écoulés depuis que j'ai reçu une lettre de toi, et je ne t'ai point répondu. Je pourrais cependant alléguer une excuse plausible. Je me suis mis dans l'esprit de réduire à sa plus simple expression, à son expression la plus positive, ce que j'avais appris de littérature pendant mes trois ans de séjour à Paris, de faire passer, s'il était possible, ma science en parchemin, et de prendre le grade de licencié ès lettres.

Il a fallu revoir d'un bout à l'autre mon Burnouf et me convaincre que je n'avais jamais su mon grec; il a fallu repasser une foule d'auteurs, et ensuite toute l'histoire dont plusieurs parties m'étaient passablement étrangères. Ces travaux m'ont occupé un grand mois, au bout duquel j'ai obtenu ce bienheureux diplôme de licencié, qui me servira de marchepied, j'espère, pour me faire recevoir docteur l'an prochain; alors je serai, s'il plaît à Dieu, docteur en droit et docteur ès lettres, ce qui ne fera pas bouillir la marmite plus que si je ne l'étais pas. En même temps nous avons été occupés à ressusciter la défunte *Revue européenne;* ces messieurs ayant voulu que j'en composasse l'introduction, je me suis trouvé notablement absorbé par cette besogne et n'ai pas eu un instant de libre jusqu'aux fêtes de Pâques. Je te dis toutes ces choses, non pour me faire valoir, car il n'y a pas de quoi, puisque je n'ai pour ainsi dire travaillé que par force, mais pour me disculper de négligence à ton égard.

Le grand rendez-vous des jeunes gens catholiques et non catholiques cette année a été à Notre-Dame. Tu as sans doute entendu parler des conférences de l'abbé Lacordaire. Elles n'ont eu qu'un défaut : d'être trop peu nombreuses. Il en a fait huit au milieu d'un auditoire de près de six mille hommes, sans compter les femmes. Ces conférences sur l'Église, sa nécessité, son infaillibilité, sa constitution, son histoire, etc., ont toutes été très-belles; mais la dernière a été d'une éloquence supérieure à tout ce que j'ai jamais entendu. Mgr de Quélen, qui avait assisté à toutes les conférences, a adressé la dernière fois à M. Lacordaire des remerciments solennels et l'a nommé chanoine de la cathédrale. Voilà qui nous met du baume dans le sang. Nous en avons besoin pour nous consoler du dernier livre de M. de Lamartine sur l'Orient ; ce grand poëte est en même temps si impressionnable, qu'en traversant l'Asie, il s'est imprégné d'une partie de ses idées et de ses tendances ; il donne des louanges extrêmes à l'Alcoran, et, à force d'optimisme et de tolérance, il sort évidemment de l'orthodoxie. Parce que des ordres avaient été donnés partout pour qu'il fût bien reçu, parce que les pachas et les chefs des tribus l'ont accueilli en grand seigneur, menacés qu'ils étaient de perdre la tête s'ils y manquaient, sa belle âme, qui ne sait pas soupçonner le mal, s'est laissée prendre à ces dehors et s'est éprise d'admiration pour les mœurs orientales. Cependant le mal n'est pas sans remède, car ce n'est que l'exagération d'une bonne qualité. D'ailleurs le livre ne renferme pas une apostasie formelle. Mais il est évident que le ciel de Palestine s'est reflété avec toutes ses ardeurs dans l'âme limpide du poëte. Le temps effacera ce qu'il y a d'impur dans cette image. Au reste, il y a aussi dans ce même ouvrage des choses admirables, surtout toutes les fois que le père se montre, tenant entre ses mains cette pauvre Julia qui va mourir au pied des montagnes de Jérusalem.

Tous les Lyonnais ici présents t'envoient leur bon souvenir ; il m'est impossible de les nommer tous.

XXVIII

À M. X...

Paris, 16 mai 1835.

Mon cher ami,

Je vous en veux de m'avoir si peu parlé de vous dans votre dernière lettre, et de m'avoir si longuement parlé de moi : ce que je fais est bien peu de chose. J'ai beaucoup de peine à travailler ; les idées que j'exprime laborieusement ne sont pas les miennes. J'essaye de me faire l'écho des jeunes chrétiens au milieu desquels je vis. Mais combien cet écho est faible, combien sont froides ces paroles lentement combinées, en comparaison de cette foi lumineuse, de cette charité brûlante, de cette courageuse espérance, qui palpitent dans des âmes comme la vôtre, comme celles de plusieurs qui vous ressemblent! Si vous saviez comme je suis faible! comme ma bonne volonté est facilement brisée par le choc des circonstances! comme je passe de la présomption ambitieuse au découragement et à l'inaction! quelle vanité dans mes pensées, quelle impuissance dans mes œuvres ! Oui, j'ose le dire, la Providence m'a entouré de tant de sollicitude, elle m'a si bien ménagé les bienfaits de l'éducation, elle m'a prodigué de si bons parents, de si sages précepteurs, des amis si exemplaires, que souvent je me prends à croire qu'elle voulait de moi quelque chose de plus qu'une vertu vulgaire ; et cependant mon âme est comme un sable stérile que les pluies du ciel inondent sans le féconder.

Et toutefois, aux jours où nous sommes, il faudrait de grandes vertus et des hommes forts. Sans doute l'empire du mal commence à être miné de toutes parts, et les temps approchent où la vérité sera saluée de nouveau reine du monde. Mais tant que durera la vie terrestre du genre humain, le mal ne saurait disparaître du milieu de lui : le mal est toujours quelque part sur la terre, tantôt comme tyran, tantôt comme esclave. Jamais il ne fait de si redoutables efforts que lorsqu'il voit sa tyrannie lui échapper ; pour ressaisir son sceptre qui tombe, il réunit toutes ses forces : à toute réaction religieuse correspond nécessairement une réaction contraire de l'impiété. Ainsi, tandis que le désert se fait autour des idoles du xviiie siècle, tandis que la solitude de nos temple se peuple de nouveau, tandis que l'indifférence s'anéantit, et que M. Lacordaire fait tonner la parole de Dieu sur un auditoire de six mille hommes à l'étroit dans la grande nef de Notre-Dame ; le rationalisme n'est point oisif ; il multiplie ses revues périodiques, il organise une propagande séductrice autour des jeunes gens, il entoure de ses émissaires, il assiége nos hommes les plus illustres, il provoque la défection de ceux qui naguère étaient nos gloires, il détrône l'abbé de la Mennais de ces hauteurs où son génie et sa foi l'avaient placé, il nous fait trembler pour la muse virginale de Lamartine.

Ces choses sont tristes, mais elles sont vraies. Nous sommes punis, catholiques, d'avoir mis plus de confiance dans le génie de nos grands hommes que dans la puissance de notre Dieu. Nous sommes punis de nous être enorgueillis en leur personne, d'avoir repoussé avec quelque fierté les affronts de l'incrédule et de lui avoir montré, pour nous justifier à ses yeux, nos philosophes et nos poëtes au lieu de lui montrer l'éternelle croix. Nous sommes punis de nous être appuyés sur ces roseaux pensants, quelque mélodieux qu'ils fussent : ils se sont brisés sous notre main. C'est plus haut désormais que nous devons chercher notre secours ; ce n'est point un bâton fragile qu'il nous faut pour traverser la terre : ce sont des ailes, ces deux ailes qui portent les anges : la foi et la charité. Il faut remplir ces places qui sont devenues vides. A la place du génie qui nous fait défaut, il faut que la grâce nous conduise, il faut être courageux, il faut être persévérant, il faut aimer jusqu'à la mort, il faut combattre jusqu'à la fin. Ne comptons pas sur une victoire aisée : Dieu nous l'a faite difficile, afin de faire plus glorieuses nos couronnes.

Hélas! mon cher, je ne sais si vous éprouvez ce que j'éprouve ; mais je me sens parfois tant d'abattement et de mollesse, que j'ai besoin d'écrire ainsi des exhortations et des résolutions fortes pour me relever ; je suis comme les enfants qui grossissent leur voix quand ils ont peur. Je me sens meilleur, quand je viens de m'épancher dans le cœur d'un ami qui vaut mieux que moi. Ainsi sans le savoir, vous me faites du bien ; et ces lignes que vous lirez dans quelques jours, ces lignes dont vous êtes l'objet, avant de vous parvenir, auront un peu raffermi mon cœur, et m'auront donné de l'énergie pour quelque temps.

Adieu, je porte cette lettre à votre ami, je voudrais qu'il pût vous porter avec elle quelques-uns des sentiments de profonde et de chaleureuse amitié que je nourris pour vous.

XXIX

M. ANDRÉ-MARIE AMPÈRE A FRÉDÉRIC OZANAM.

Vanteuil, près la Ferté-sous-Jouarre,
19 septembre 1835.

Mon cher et excellent ami,

Par un quiproquo presque inexplicable, les lettres qui m'avaient été adressées à Guéret ne m'ont pas été remises à mon passage dans cette ville et ne m'ont été renvoyées à Paris que lorsque j'y étai déjà depuis trois semaines. Ce n'est qu'alors que j'ai reçu la vôtre, que j'ai su que l'article n'était pas imprimé, que le tableau n'était pas encore composé; j'en ai profité pour y insérer quelques améliorations pour les vers relatifs à l'embranchement des sciences politiques dont je n'étais pas content.

...... J'ai lu et relu en arrivant ici une épreuve du tableau où je trouve encore bien des fautes typographiques. Je le reporterai dans quelques jours à l'imprimerie dans l'état définitif où le tableau ne pourra plus être susceptible d'aucune sorte de changements.

Mais où trouverai-je des expressions qui puissent rendre toute ma reconnaissance de votre article auquel j'attache un prix inestimable et qui m'offre en outre l'occasion de publier mon tableau comme il doit rester? Je vous prie d'agréer l'expression de cette reconnaissance qui durera autant que ma vie, et d'offrir à monsieur votre père et à madame Ozanam mes plus respectueux hommages.

Mille fois tout à vous, cher et excellent ami.

A. AMPÈRE.

XXX

A M. L...

Villefranche, près Lyon, 23 septembre 1835.

Mon cher ami,

Plus d'un mois s'est écoulé depuis que nous nous sommes fait nos adieux et que nous nous sommes promis de nous visiter par lettres de temps à autre ces vacances. En attendant votre visite, je viens vous faire la mienne, impatient que je suis de savoir de vos nouvelles, et quelles sont vos occupations pour le présent, et quelles sont vos idées pour l'avenir. D'ailleurs, vous n'ignorez pas que l'amour du silence n'est pas ma vertu favorite, que mon bonheur est d'épancher dans l'âme d'un ami tout ce que je pense, tout ce que je sens, toutes les fantaisies de mon imagination, tous les rêves de mon esprit; et transporté depuis cinq semaines sous d'autres cieux, j'ai vu, senti et pensé une foule de choses que j'ai besoin de vous dire.

Et d'abord ce sont les plaisirs du retour : plaisirs qui n'ont pas été obtenus sans peine. Vous sa vez que j'étais parti de Paris le 12. Je tenais à arriver à Lyon le 15, fête de ma mère ; je ne tenais pas moins à avoir la messe ce jour-là, fête de la sainte Vierge. Il me fallut donc le matin m'arrêter à Mâcon, à douze lieues de chez moi, pour assister au saint sacrifice ; espérant trouver ensuite une voiture qui m'emmènerait dans la journée ; j'avais compté sans mon hôte : je ne trouvai d'autre voiture que celle dont tous les fils d'Adam sont pourvus dès leur naissance, et il me fallut passer tout ce grand jour de l'Assomption à cheminer à pied sur la route poudreuse ; enfin, à quelques lieues de Lyon, je trouvai une mauvaise carriole qui m'amena à huit heures du soir à la maison, au moment où toute la famille assemblée pour fêter maman s'affligeait de mon retard. Père, mère, frères, oncle, tante, cousines, tout était là : je vous laisse à penser la joie du premier embrassement.

Toutefois à ce premier embrassement s'est bien mêlée quelque tristesse. Les inquiétudes que j'avais eues sur la santé de ma bonne mère n'avaient été que trop fondées. Vous vous souvenez de ce jour de chagrin et de cette lettre charmante que je vous communiquai : ce chagrin et ces alarmes, mon père et mes frères les avaient partagés ; maman avait été saisie pendant plus de deux mois d'une faiblesse et d'une langueur dont on ne prévoyait pas la fin ; des accidents assez graves s'étaient joints à cette indisposition, et les craintes qu'on avait eues à Lyon n'étaient point au-dessous de celles que j'avais éprouvées à Paris. Heureusement à mon retour une grande amélioration s'était faite ; ma bonne mère n'était plus souffrante, mais elle portait les traces de ses souffrances passées, et en la baisant j'ai été effrayé de la maigreur de son visage. Tranquille pour le présent, je suis encore bien tourmenté pour l'avenir ; je vois que cette santé qui m'est si chère s'est véritablement affaiblie, que sa sensibilité est devenue extrême, que peu de chose suffit pour la chagriner, la désoler ; que sa vertu et sa bonté angéliques sont toujours en lutte avec son organisation maladive et nerveuse ; avec cela elle redouble de bonnes œuvres, et s'impose des fatigues devant lesquelles moi, jeune et fort, je reculerais ; j'ai bien du souci pour l'hiver prochain. Mon cher ami, si vous avez deux places à me donner dans vos prières, donnez-en une pour la santé de ma mère et l'autre pour moi ; si vous n'en avez qu'une, qu'elle soit pour ma mère ; c'est prier pour moi que de prier pour elle ; à sa conservation dans ce monde est peut-être attaché mon salut dans l'autre.

Outre des sollicitudes domestiques, j'ai trouvé à Lyon une impression de terreur générale. Le choléra, qui frappait des coups si terribles sur les provinces du Midi, semblait s'avancer vers nos portes. Il avait remonté le Rhône, jusqu'à quinze lieues de notre ville, chassant devant lui des multitudes de fugitifs qui venaient apporter parmi nous d'épouvantables récits, et une frayeur plus grande encore que le mal. Notre population ardente et impressionnable s'était profondément émue. Tandis que les esprits abrutis et grossiers commençaient à s'entretenir de bruits d'empoisonnement et se préparaient à répondre à l'invasion du fléau par des émeutes et des violences ; une foule religieuse assiégeait Notre-Dame-de-Fourvières et s'agenouillait en plein air sur le parvis de l'église pour chanter des cantiques de douleur ; en même temps, nombre de personnes dévouées se présentaient pour servir les pauvres, au moment où viendrait l'épidémie : plus de quinze cents de ces personnes s'étaient fait inscrire d'avance.

Enfin, Dieu a une seconde fois glorifié sa sainte Mère et consolé notre pauvre ville ; une seconde fois la main qui menaçait s'est ouverte pour bénir. La plus antique église des Gaules, l'église de Lyon est toute fière, heureuse et reconnaissante du magnifique privilége qui lui a été accordé. Le nom de Notre-Dame-de-Fourvières n'excite plus un sourire sur les lèvres de l'impie qui ne peut se défendre de penser qu'à sa protection peut-être il doit la vie.

Enfin nous respirons : je ne saurais vous dire combien je suis heureux de ce repos momentané de toutes mes inquiétudes, de n'avoir plus à me préoccuper ni des approches d'un examen, ni de la

venue du choléra, ni surtout de la maladie de ma
mère. Je trouve dans ma famille bien des consolations et des jouissances. Mon frère aîné est mon
ange gardien. Depuis longtemps nous projetions
d'aller ensemble faire un pèlerinage à la Grande-
Chartreuse; nous l'avons accompli, nous avons fait
à pied une course de soixante lieues à travers le
Dauphiné. Là, dans les montagnes qui forment le
marchepied des Alpes, au milieu d'une nature magnifique, au bout d'un vallon entrecoupé de torrents et de cascades, bordé d'une végétation luxuriante et majestueuse, au milieu d'un creux de
rochers, les uns sombres et arides, les autres couverts de mousse et de fleurs, au pied de pics élevés
et couverts de neige, se trouve la Grande-Chartreuse, le chef-lieu général de l'ordre fondé en ce
lieu même par saint Bruno. Là, soixante-huit
moines, moines véritables, descendant sans interruption de leurs saints fondateurs, soumis à une
règle austère, passent le jour dans le silence de la
méditation et une partie de leurs nuits dans le
chant des psaumes. Là, on ne se souvient plus du
tumulte du monde et de la lutte des systèmes. Il
règne un parfum du vieux christianisme, de prière,
de sainteté, de quiétude. Religieux contemplatifs,
on les a accusés d'égoïsme et d'oisiveté; mais s'ils
ne contribuent pas au bien social par une action
directe et immédiate, ils y contribuent par leurs
vœux, leurs supplications, leurs sacrifices. Ce que

la froideur et la faiblesse de nos prières ne pourraient obtenir de Dieu, leurs oraisons et leurs larmes pieuses l'achètent pour nous ; et lorsque la rosée tombe sur nos champs, ou qu'une bonne pensée s'élève dans notre âme, sans que nous sachions d'où elle vient, c'est peut-être du haut de ces montagnes sacrées qu'elle nous est venue. J'ai assisté aux matines chantées à onze heures du soir dans leur chapelle solitaire, j'ai entendu ce concert de soixante voix innocentes et j'ai songé à tous les crimes qui se commettent à cette heure-là dans nos grandes villes ; je me suis demandé si véritablement il y avait là assez d'expiation pour effacer tant de souillures, et je me suis souvenu des dix justes à la présence desquels Dieu eût accordé le salut de Sodome. Je suis donc revenu l'espérance au cœur, et avec un souvenir qui restera dans moi et pourra peut-être me servir quelquefois d'encouragement dans les jours mauvais : peut-être en jaillira-t-il quelque inspiration vertueuse qui un jour me fera devenir meilleur.

Pour le présent, je suis toujours le même, le même que vous connaissez bien, toujours abondant en paroles et pauvre en œuvres, toujours souffrant de mon impuissance et de ma misère et ne pouvant me relever, agité de beaucoup de pensers et de sentiments divers et prenant peu de résolutions fortes, en accomplissant moins encore ; pétri d'égoïsme et de pusillanimité, marchandant avec Dieu et avec moi-même, comptant par sous et deniers, me décidant à peine à faire un pas vers le bien et après l'avoir fait craignant toujours d'avoir fait mal ; plein de langueur et d'inquiétude ; ballotté continuellement entre les tentations de l'imagination et celles de la vanité, sans cesse mécontent de moi-même et ne sachant point détruire les causes de ce mécontentement, ne trouvant de force, de repos que dans l'amitié, les leçons et les exemples d'autrui. La Providence n'a pas voulu que ce secours me manquât ; elle m'a donné des amis excellents ; vous en connaissez plusieurs, et si je souffre quelque chose en ce moment, c'est de leur absence. Cependant j'ai mon frère qui me soutient et qui m'aide beaucoup. Je l'ai entendu lui et un autre ecclésiastique dont j'estime la sagesse, parler de l'apostolat des laïques dans le monde d'une manière tout à fait rassurante pour nous.

Si vous venez dans mon pays, aux vacances prochaines, vous trouverez des amis nombreux, sans me compter, moi qui suis et serai toute ma vie votre dévoué.

XXXI

A M. HENRI PESSONNEAUX.

Lyon, 24 septembre 1835.

Mille remercîments, mon cher Henri, pour les services que tu m'as rendus, pour ta bonne lettre et les nouvelles intéressantes qui y sont contenues. L'histoire de M. *** nous a grandement réjouis. Je me défie des vocations qui parlent si haut et si longtemps à l'avance; ce qui enrage ne dure pas. Des vocations silencieuses et discrètes sont beaucoup plus sûres. Il paraît que nous sommes parvenus à cet endroit de la vie où le chemin se divise en deux, et où l'on fait un choix irrévocable; voilà plusieurs de nos amis qui s'enfoncent dans la voie étroite du séminaire; en voilà beaucoup qui descendent dans la large carrière du mariage. Je te payerai la monnaie de ta pièce en t'annonçant que C..., à l'âge de vingt et un ans, s'apprête à allumer incessamment les torches de l'hymen avec quelques billets de cent mille francs. C'est une bénédiction; la fin du monde annoncée par les esprits sombres de notre époque est ajournée jusqu'à nouvel ordre,

Le dernier numéro de la *Revue* contient une poésie
de Francheville, laquelle ressemble fort à un épi-
thalame, et il y est question de choses que la vertu
reconnue du jeune homme me commande de regarder comme un préliminaire de mariage. Telles sont
les nouvelles qu'il m'est permis de publier ; que
serait-ce si je pouvais révéler tout ce qui m'est dit
à l'oreille !

Pour me fortifier contre la contagion de l'exemple
et me retremper dans l'amour de la solitude et de
la liberté, je suis allé avec mon frère en pèlerinage
à la Grande-Chartreuse. Il va sans dire que nous
sommes allés à pied et que nous ne sommes pas morts
de tristesse en route. Le premier jour, nous avons
fait plus de douze lieues, ainsi je suis désormais
ton égal. Je ne te dirai pas ce que nous avons vu,
parce que tu as déjà fait le même pèlerinage. Tout
ce que je puis dire, c'est que j'ai trouvé là une nature que je n'aurais pas le talent de décrire et des
hommes que je n'aurais pas la force d'imiter. Toutefois l'impression que ce voyage a produite sur moi
diffère beaucoup de l'idée que je m'en étais faite à
l'avance. Je n'avais entendu parler que de sublimes horreurs, de torrents, de précipices, de dé-
serts, d'effrayantes austérités ; et je n'ai vu qu'une
solitude délicieuse, une végétation magnifique, de
riches prairies, des forêts où la verdure du hêtre se
mêle à la noirceur du sapin, des rochers entremê-
lés de rosiers, des ruisseaux tombant en élégantes

cascades sur un lit de gazon et de mousse; de tous côtés des touffes de campanules bleues, de larges et gracieuses fougères semblables à des palmiers nains, de grands troupeaux sur les montagnes, des oiseaux dans les bois, et là dans le vallon, le monastère majestueux et grandiose, les moines au vêtement antique, au visage serein, exprimant dans tous leurs traits le bonheur et la quiétude ; les chants s'élevant à toutes les heures du jour, avec force, avec harmonie ; les hymnes de la nuit montant vers le ciel à l'heure où les crimes se multiplient et où les vengeances de Dieu se préparent ; enfin les charmantes chapelles de Notre-Dame à *Casaliban*, et de Saint-Bruno, avec leurs fontaines et leurs souvenirs de sept cents ans. Je ne sais si cette idée n'est point bizarre, mais la Chartreuse, ainsi placée dans ce creux des montagnes, me semblait comme un nid solitaire où des âmes saintes rassemblées et couvées sous les ailes maternelles de la religion grandissaient paisiblement pour s'envoler un jour au ciel.

La religion, mère pleine de condescendance et de bonté, a réuni autour de ce nid sacré toutes les harmonies de la nature, toutes les grâces de la création. Et c'est chose remarquable que les anachorètes et les moines de tous les temps, en se retranchant les jouissances artificielles de la société, en s'exilant du tumulte et des plaisirs des villes, en traitant durement leur chair, aient toujours recherché pour le lieu de leur solitude, des positions pittoresques, de grands aspects, des paysages magnifiques, et ne se soient jamais refusé le plaisir des yeux. C'est une remarque qui se vérifie à chaque instant en Italie : toutes les sommités des montagnes y sont couronnées de monastères. Il en était de même dans la vieille France. S'il était quelque part une montagne hardiment suspendue, une vallée riante, une forêt aux mélancoliques ombrages, le voyageur était sûr d'y voir s'élever un clocher surmonté d'une croix et d'y rencontrer dans les pieux sentiers la trace des sandales des cénobites.

La nature dans sa simplicité, dans sa virginité, est profondément chrétienne; elle est remplie de solennelles tristesses et d'ineffables consolations; elle ne parle que de morts et de résurrections, de chutes passées et de glorifications futures. Les montagnes surtout disent beaucoup de choses à l'âme dont elles sont en quelque sorte l'image : richesse et nudité, hauteurs sans mesures, abîmes sans fond, tableaux innombrables et divers, désordre immense, traces d'antiques bouleversements, élancements, efforts pour atteindre le ciel, toujours impuissants, toujours renouvelés! N'est-ce point là l'image de notre pauvre existence? Les montagnes avec leur variété ressemblent à la nature humaine, comme la mer avec son immensité ressemble à la nature divine. C'est ainsi que sur le globe que nous foulons aux pieds sont écrites en caractères ineffaçables les leçons d'une philosophie sublime, et cette philosophie n'est autre que celle écrite en caractères non moins ineffaçables dans les pages de l'Évangile.

De la Grande-Chartreuse nous sommes allés visiter le Grand-Som, montagne très-élevée d'où l'on domine tout le Dauphiné, une partie de la Savoie, et d'où l'on découvre toute la chaîne des Alpes. Nous avions de la neige jusqu'aux genoux, et les traces des loups étaient fraîchement empreintes tout à l'entour. Nous sommes ensuite descendus à Grenoble par le Sapey ; et pendant une journée entière nous avons encore joui des plus admirables points de vue. Dans cette partie du Dauphiné, les vignes sont suspendues aux arbres comme en Italie, la terre y est aussi fertile qu'en Piémont, la population y paraît belle, riche et fort religieuse, à en juger par la quantité de gens qui saluaient mon frère l'abbé le long des chemins, ou qu'on voyait à l'église le dimanche. Grenoble est une jolie ville, assise au bord de l'Isère et environnée de fortifications inaccessibles. Cependant Lyon vaut mieux, surtout quand on y a sa famille et ses amis.

Sous ce dernier rapport tu me fais ici un grand vide. Où sont nos longues conversations, nos jérémiades faites en commun et qui se terminaient toujours par quelques paroles d'encouragement et d'espérance? Où sont nos promenades du soir, nos châteaux en Espagne, nos folies d'étudiants? Ici les vacances présentes ne ressemblent point aux vacances passées. La crainte du choléra avait glacé les esprits à notre arrivée; on est resté isolé et sauvage; point de dîners d'amis, point de parties de campagne.

Adieu, en attendant l'accolade fraternelle, reçois de moi la promesse tant de fois renouvelée d'être toute ma vie ton fidèle ami.

XXXII

A M. X...

Lyon, 29 octobre 1835.

Mon cher ami,

Recevez mon compliment sur la fécondité poétique de votre pays. Les fleurs aiment le soleil, et le génie s'épanouit plus brillant et plus fort sous le climat vivifiant du Midi. Mais si la poésie prend facilement racine dans votre sol natal et y pousse de vigoureux rameaux, il paraît que la charité y germe aussi sans peine : car le grain de sénevé que vous avez planté l'année dernière commence à croître, et bientôt, je l'espère, il deviendra un grand arbre et les pauvres se réjouiront sous son ombre. Vous n'êtes que douze, vous n'êtes unis que depuis six mois, et déjà, par vos soins, plusieurs mariages sont devenus légitimes ; la grâce est descendue avec la bénédiction nuptiale sur sept familles, et les générations nombreuses qui en sortiront vous devront, avec le bienfait de pouvoir nommer leurs pères, la prospérité et les vertus que Dieu ne manque pas de répandre sur les alliances contractées selon sa loi. L'œuvre que vous avez faite est bien grande ; elle suffirait pour honorer votre vie. Vos aînés de Paris en seront jaloux ; hélas! leurs succès sont bien loin d'égaler les vôtres. Il est vrai que d'une part nous n'avons pas les avantages de position que vous avez; nous n'avons pas non plus, comme vous, affaire à un peuple ardent, passionné, profondément sensible, accessible par là même aux émotions morales et religieuses. Nos pauvres gens sont d'une froideur et d'une indifférence désespérantes. Ce sont des natures usées par la civilisation matérielle, qui n'offrent plus de prise à la religion, qui n'ont plus le sens des choses invisibles ; qui tendent la main pour recevoir le pain, mais dont les oreilles demeurent presque toujours closes à la parole que nous leur annonçons. Oh! que souvent nous souhaiterions de rencontrer des gens qui nous reçussent à coups de bâtons, pourvu que nous en trouvassions d'autres qui nous écoutassent, et qui nous comprissent! Mais non ; ce sont des âmes énervées, qui nous reçoivent toujours de même, toujours avec la même réserve au bout d'un an qu'au premier jour, qui se garderont bien de contredire une seule de nos paroles, mais qui ne changent rien à leurs actions. Cependant il se fait de temps à autre quelque bien.

Le bien se fait surtout parmi nous, qui nous soutenons et nous encourageons mutuellement.

Nous ne sommes encore qu'à notre apprentissage dans l'art de la charité. Espérons qu'un jour nous deviendrons des ouvriers habiles et laborieux; alors, sur les différents points où la Providence nous aura placés, nous rivaliserons à qui fera naître le plus de bonheur et le plus de vertu autour de soi ; alors, quand vous nous ferez part de vos succès, nous vous répondrons par les nôtres, et de tous les points de la France s'élèvera un harmonieux concert de foi et d'amour à la louange de Dieu.

La grande action que vous méditez en ce moment ne servira qu'à redoubler votre zèle et votre force. « Quand deux ou plusieurs s'assembleront en mon nom, dit le Sauveur, je serai au milieu d'eux. » C'est en ce nom divin que vous allez vous unir à une sage et pieuse épouse : la promesse s'accomplira sur vous. En donnant votre amour à une personne qui vous sera si justement chère, vous ne le retirerez point aux pauvres et aux malheureux que vous avez aimés les premiers. L'amour tient en ceci de la nature divine, qu'il se donne sans s'appauvrir, qu'il se communique sans se diviser, qu'il se multiplie, qu'il est présent en plusieurs lieux à la fois, et que son intensité augmente à mesure qu'il gagne en étendue. Dans votre épouse vous aimerez d'abord Dieu, dont elle est l'admirable et précieux ouvrage, et ensuite l'humanité, cette race d'Adam dont elle est la pure et aimable fille; vous puiserez dans sa tendresse des consolations aux jours mauvais, vous trouverez dans ses exemples du courage dans les temps périlleux; vous serez son ange gardien, elle sera le vôtre. Désormais vous n'éprouverez plus ces faiblesse, ces découragements, ces terreurs dont on est saisi à certaines heures de la vie : car vous ne serez plus seul. Vous ne serez plus jamais seul, vos vertus vous en donnent le légitime espoir, l'alliance que vous allez contracter sera une alliance immortelle : ce que Dieu a uni, ce qu'il a défendu à l'homme de séparer, il ne le séparera point lui-même, et au ciel il investira d'une même gloire ceux qu'il fit ici-bas compagnons d'un même exil.

Mais je balbutie une langue que je ne sais point encore; je parle de choses qui ne me sont point révélées. Chez moi l'imagination s'est développée de bonne heure, la sensibilité a été plus tardive; bien que mon âge soit celui des passions, à peine en ai-je senti les premières approches. Ma pauvre tête a déjà bien souffert, mais mon cœur n'a pas encore connu d'autres affections que celles du sang et de l'amitié. Cependant il me semble que j'éprouve depuis quelques temps les symptômes avant-coureurs d'un ordre nouveau de sentiment, et je m'en effraye; je sens en moi se faire un grand vide que ne remplissent ni l'amitié, ni l'étude; j'ignore qui viendra le combler : sera-ce Dieu? sera-ce une créature? Si c'est une créature, je prie qu'elle ne se présente que tard, quand je m'en serai rendu digne ; je prie qu'elle apporte avec elle ce qu'il faudra de charmes extérieurs pour qu'elle ne laisse place à aucun regret ; mais je prie surtout qu'elle vienne avec une âme excellente, qu'elle apporte une grande vertu, qu'elle vaille beaucoup mieux que moi, qu'elle m'attire en haut, qu'elle ne me fasse pas descendre, qu'elle soit généreuse parce que souvent je suis pusillanime, qu'elle soit fervente, parce que je suis tiède dans les choses de Dieu, qu'elle soit compatissante enfin, pour que je n'aie pas à rougir devant elle de mon infériorité. Voilà mes vœux, voilà mes rêves ; mais, comme je vous l'ai dit, rien ne m'est plus impénétrable que mon propre avenir.

Vivez heureux, vous dont la route est maintenant toute tracée : « *Vivite felices, quibus est fortuna peracta.* » Mais, quand au milieu de vos jouissances vous aurez un moment de libre, priez pour moi qui ne sais encore où je vais.

XXXI

A M. L...

Lyon, 10 novembre 1835.

Mon cher ami,

Votre lettre bien attendue m'est arrivée enfin : je vous remercie non pas de m'avoir écrit, mais de m'avoir écrit de la sorte, d'une manière si bonne et si amicale. Je crains, au contraire, que la lettre que je vous ai écrite à Joigny ne vous ait fait quelque peine : vous vous êtes aperçu, je suis sûr, qu'elle avait une certaine tendance à me faire valoir auprès de vous, à vous faire sentir mon amitié. Si vous vous en êtes aperçu, vous ne vous êtes pas trompé. Je vous l'avoue, mon cher ami, malgré tous mes efforts, je sens toujours au fond de mon cœur l'aiguillon de l'égoïsme. Je tiens infiniment à l'estime et encore plus à l'affection d'autrui. Vous savez combien de fois à Paris, causant avec vous, je mendiais pour ainsi dire des éloges ; plus souvent encore, j'ai mendié indirectement quelques paroles de bienveillance de votre part : je vous harcelais dans votre silence, parce que je le prenais pour de la froideur. Bien des fois, cependant, vous m'avez donné des témoignages qui ont surpassé mon attente. Un soir, par exemple, vous me dites que vous priiez tous les jours nominativement pour moi, et ces mots depuis ne sont pas sortis de mon cœur : en vous écrivant donc, je voulais provoquer quelque témoignage pareil de votre amitié pour moi, et vous m'en avez comblé. J'ai eu tort, j'ai manqué de confiance, pardonnez-le-moi, je vous en prie : j'essayerai d'être désormais plus désintéressé dans mon affection pour vous.

Que vous avez raison dans ce que vous dites des combats intérieurs ! Hélas ! j'ai le malheur de parfaitement comprendre ces combats douloureux. Au milieu des jouissances qui me sont prodiguées, une inquiétude vague et multiforme ne me quitte pas. Ma conscience a eu de terribles orages à souffrir : maintenant qu'elle est assez calme, c'est le tour de l'esprit, l'ambition d'agir me dévore : j'ai mille choses devant les yeux qui toutes me sollicitent et dont je ne puis saisir aucune.

J'ai travaillé un mois à mon *Saint Thomas de Cantorbéry* et n'ai encore fait que quelques pages. Pendant ce temps-là de la Perrière a fait achever une église dans le faubourg qu'il habite et l'a fait bénir; il a procuré de la sorte le bienfait de l'instruction religieuse et du saint sacrifice à sept cents âmes qui maintenant le comblent d'actions de grâces. Que les actions valent donc mieux que les paroles et que j'ai honte de mon rôle d'écrivassier, d'ailleurs si mal soutenu !

Je pense toujours partir du 25 de ce mois au 3 du mois prochain, sans pouvoir rien décider encore parce que mon frère est absent. Quand je serai à Paris, il faudra me mettre dans mes meubles. Vous devez être dans la même nécessité. Ne pourrions-nous pas louer un petit appartement ensemble? Attendez-moi pour cela, si cela vous est possible. La solitude serait fatale à mon repos : mon imagination me dévore. Seul, il me semble toujours que quelque démon soit à mon côté. Avec des amis chrétiens, je sens aussitôt l'accomplissement de la promesse de celui qui s'est engagé à se trouver partout où l'on se rassemblerait en son nom. Nous vivrions comme deux frères; je vous prierais de mortifier mon amour-propre indomptable; nous tâcherions ensemble de devenir meilleurs. Nous combinerions nos œuvres de charité, nous mûririons nos projets de travail ; nous nous ferions courage dans nos abattements, nous nous consolerions dans nos tristesses : mais je vois que je fais encore de l'égoïsme.

Adieu.

XXXIV

A M. L...

Lyon, 25 novembre 1835.

Mon cher ami,

Votre bonne lettre que j'ai reçue, il y a environ un mois, m'a été d'une grande consolation ; rien n'est en effet plus consolant que le souvenir de ceux auxquels on est étroitement attaché par le cœur. Je crois vous l'avoir déjà dit : les douceurs de la famille sont bien précieuses, le sang a des droits innés et imprescriptibles ; mais l'amitié a des droits acquis et sacrés, des jouissances qui ne se suppléent pas ; les parents et les amis sont deux sortes de compagnons que Dieu nous a donnés pour faire la route de la vie, la présence des uns ne peut faire oublier l'absence des autres. Faut-il donc que nous ne puissions avoir de bonheur sans mélange, ni de plaisirs sans regrets ? Que nous ne puissions nous rapprocher de ceux qui nous sont chers qu'en nous séparant d'autres qui nous sont chers aussi ? Dieu veut-il par ces séparations continuelles nous faire faire un apprentissage de la mort ? Nous ne pouvons passer nulle part sans y laisser quelque lambeau de nos affections, comme les agneaux qui laissent leur laine aux épines. Durant le court voyage que je fis il y a deux ans en Italie, j'éprouvai bien cette fatalité de notre nature. Toutes ces belles choses que je contemplai me causèrent moins de joie à la première vue que de tristesse au moment du départ. J'entrai à Rome en bâillant, j'en sortis les larmes aux yeux. Rome, Florence, Lorette, Milan, Gênes, tous ces endroits ont gardé quelque chose de moi-même, et, toutes les fois que j'y songe, il me semble que je dois y retourner prendre ce quelque chose qui est resté. Or, si des monuments, des souvenirs, des paysages, ont ainsi divisé et captivé mon âme, que ne doivent pas avoir fait sur elle de bons et excellents amis, dont les sympathies l'ont tant de fois consolée, dont les exemples l'ont soutenue, qui l'ont empêchée d'être seule et de se perdre? C'est pourquoi je m'attriste en songeant que cette année prochaine sera la dernière que je passerai à Paris. Je suis heureux auprès de mes parents, il me semble qu'ils ont besoin de moi, je sens que j'ai besoin d'eux, je ne pourrai me décider à les abandonner dans leur vieillesse; et cependant il me sera dur, il me sera cruel de quitter le lieu de mon exil, de dire adieu à ceux qui me l'ont rendu supportable, de dire adieu à nos réunions fraternelles, mais par dessus tout à vous et à Pessonneaux.

Vous m'avez donné une preuve de votre profond et cordial attachement en prenant un intérêt si vif à ce que je vous disais de ma mère. Peut-être le dois-je à la ferveur de vos prières, elle est maintenant beaucoup mieux et ne me donne plus d'inquiétude. Mes sinistres pressentiments se sont enfuis, et j'espère conserver longtemps encore celle de qui j'ai reçu tout ce qu'il peut y avoir de bon en moi. J'espère la conserver longtemps, et la payer selon mon pouvoir des peines, des sueurs et des larmes que je lui ai coûtées. Que je vous plains d'être privé d'un tel bonheur !

Mais, si mon ange gardien est sur la terre, le vôtre est au ciel ; si le mien est plus près de moi, le vôtre est plus près de Dieu. Ce que je dois à ses conseils, vous le devez à ses intercessions. Vous savez le grand mystère de la communion des saints. Vous savez que ce mystère ne nous permet point de nous croire seuls ici-bas, et qu'il nous environne des âmes les plus excellentes et les plus chères comme d'autant de témoins et de patrons glorieux, afin que le cœur ne nous défaille pas dans nos épreuves. Et puis la vie est bien courte ; et bientôt viendra l'heure où, selon le langage de la sainte Écriture, nous irons rejoindre notre peuple, ce grand peuple qui nous a précédés dans les sentiers de la foi et de l'amour. Oh ! soyons bons pendant dix, vingt, trente ou quarante ans encore, et alors se lèvera pour nous le jour du rendez-vous éternel.

Mon cher ami, je vous dois beaucoup de remercîments pour avoir bien voulu vous charger de l'ingrat office de corriger mes élucubrations. Je sais combien il est ennuyeux de revoir des épreuves, et plus encore celles d'autrui. Vous aurez su quelles ont été mes lenteurs dans l'élaboration de cet interminable article. Mais ce que vous n'avez pu savoir, ce sont les peines, c'est le travail qu'il m'a demandé. J'avais grandement raison de reculer devant la difficulté du sujet. Il s'est trouvé que l'histoire de saint Thomas de Cantorbéry avait été traitée par trois ou quatre auteurs modernes, entre lesquels Hume, Thierry et Michelet, qui l'ont défigurée chacun dans l'intérêt de son système, et il a fallu rétablir contre eux la vérité. Il s'est trouvé que la querelle du Saint et du roi d'Angleterre roulait sur plusieurs points de droit canon, et qu'il a fallu s'initier au droit canon dont on n'avait pas la moindre idée. Il s'est trouvé que cette histoire particulière se liait à l'histoire générale de l'époque, et il a fallu bouleverser les anciennes chroniques d'Angleterre, les *Annales* de Baronius, etc. Enfin j'avais à craindre de tomber, tantôt dans un style ascétique que les gens du monde n'eussent pas compris, tantôt dans des idées mondaines, dans des idées philosophiques ou politiques qui eussent peut-être scandalisé les gens de bien. Je ne pouvais donc faire un pas en avant sans m'entendre crier : *Gare!* Je suis resté des jours entiers dans ma chambre sans pouvoir écrire une ligne. D'autres fois je passais de longues heures avec ma mère et mon petit frère occupé à faire l'enfant, et j'oubliais mon rôle austère d'écrivain.

Enfin, Dieu merci, je suis arrivé au terme, et hier j'ai envoyé la fin. Je crains d'avoir mutilé, abîmé une histoire magnifique, pleine d'utiles leçons pour le siècle présent. Ce n'était pas un article qu'il fallait faire sur saint Thomas, c'était un livre (1). Mais pour cela il fallait que le livre fût bon.

Dieu sait du moins que j'ai eu l'intention de bien faire, et que deux fois, étant allé à Fourvières, je me suis agenouillé devant l'autel de saint Thomas de Cantorbéry et lui ai demandé, avec le peu de ferveur dont je suis capable, de m'assister dans un travail entrepris à sa gloire. Dans tous les cas, ce travail ne me sera pas sans fruit ; j'espère que ce ne sera pas en vain que j'aurai vu de si près un grand Saint, que je serai descendu en quelque sorte jusque dans ses entrailles, j'espère que j'en aurai rapporté quelque souvenir qui ne me sera pas inutile dans les combats de la vie. J'aurai appris, d'un autre côté, combien la science est insuffisante pour conduire l'homme à l'accomplissement de ses destinées immortelles.

(1) *OEuvres complètes de A.-F. Ozanam*, t. VII.

Adieu, cher ami, ma mère désire extrêmement vous connaître. Nous comptons sur votre visite pour les prochaines vacances. J'ai une jolie chambre à deux lits; il y en a un pour vous.

XXXV

A M. DE LA NOUE.

Lyon, 24 novembre 1835.

Mon cher ami,

Votre petite visite épistolaire m'a été bien douce. Votre souvenir est un des plus chers souvenirs qui m'accompagnent chaque année au départ et qui ne me quittent point pendant mes longues vacances. C'est bien aimable de votre part, élégant Parisien, gracieux poëte, de venir frapper ainsi à la porte d'un lourd provincial, de vous risquer à travers la brumeuse atmosphère et les rues boueuses de notre cité commerçante. Il faut, pour une si généreuse démarche, qu'il y ait en vous autre chose que la politesse du monde, autre chose que la poésie, il faut qu'il y ait de la charité. Je vous en garde une sincère reconnaissance.

Après les remercîments les excuses. Vous avez dû vous plaindre de ma lenteur à vous répondre. Si vous voyez du Lac ou Lallier, ils vous en auront dit la cause. Au moment où je reçus votre charmante épître, j'étais enfoncé dans les profondeurs du moyen âge ; j'achevais cette Vie de saint Thomas de Cantorbéry que j'avais tant promise et tant fait attendre. Avant-hier seulement j'ai terminé ce travail, et à l'heure qu'il est mon Saint court la poste se rendant à Paris pour passer par les mains des imprimeurs de la place Sorbonne. Or, mon cher ami, quelque respect que je professe pour vous, j'ai cru devoir en finir avec un personnage aussi grave que saint Thomas avant de m'occuper de vos propositions. Maintenant je vous donne audience et suis tout à vous.

Vous venez donc m'annoncer que vous avez bien voulu accepter pour moi un titre et vous me demandez ma ratification. En même temps vous m'apprenez la fondation d'une société dont le but est de glorifier la religion par les arts, et de régénérer les arts par la religion. Voici bientôt cinq ans qu'une pareille idée s'est emparée de moi et ne m'a point quitté. La puissance d'association est grande, car c'est une puissance d'amour. Au siècle passé une réunion d'hommes jura d'écraser l'*infâme*, et ils conduisirent le christianisme jusqu'aux portes du tombeau : jusqu'aux portes seulement, car depuis que Notre-Seigneur est sorti du sépulcre, il n'y peut plus rentrer. En même temps ils avilirent la philosophie, l'éloquence, la poésie et tous les arts ; car ils leur mirent de la boue dans les mains pour la faire jeter sur le christianisme, et leurs mains ont gardé trace de cette souillure. Il me paraît qu'à notre époque une alliance d'hommes chrétiens pourrait travailler avec succès à la réhabilitation de toutes ces choses saintes déshonorées. Ce but serait rempli par la fondation d'une société qui embrasserait dans un triple cadre : les artistes, et dans ce nombre je comprends tous ceux qui aiment les arts ; les gens de lettres, et sous ce titre je réunis tous ceux qui, par goût ou par état, s'occupent d'études religieuses, philosophiques, historiques, littéraires ; et les savants, et je rassemble dans cette catégorie tous ceux qui se livrent à l'investigation de la nature. Une société pareille aurait pour but général de développer l'intelligence humaine sous les auspices et pour la gloire du christianisme et pour buts spéciaux : 1° de réunir tous les croyants qui s'occupent d'arts, de lettres, de sciences dans une encourageante fraternité ; 2° de procurer par des fondations de prix ou par d'autres moyens la composition d'un grand nombre d'ouvrages beaux et religieux ; 3° soutenir les jeunes artistes, littérateurs et savants en leur fournissant les moyens de cultiver les talents que Dieu leur a départis, et de les empêcher ainsi de se précipiter dans de fausses routes ; 4° assister ceux qui tombent dans la misère ou l'affliction, afin qu'on ne voie plus des Camoëns, des Gilbert mourir à l'hôpital ; afin de sauver du suicide quelque nouveau Chatterton ou quelque nouveau Léopold Robert ; 5° exercer un prosélytisme actuel sur toutes les âmes qui se présentent jeunes et bonnes dans la carrière et d'attirer ainsi sous l'étendard catholique l'élite intellectuelle ; 6° enfin, quand une législation plus large le permettra, établir des collèges, des académies, des universités catholiques.— Mais, quelque beaux que ces rêves aient été, je n'ai jamais eu la prétention de les réaliser moi-même et j'ai toujours espéré que Dieu se chargerait de faire l'œuvre, pourvu qu'on y aidât. Je crois fermement que les institutions solides ne sont point celles que l'homme fait à sa guise, de propos délibéré, avec les éléments de sa création, mais celles qui se font toutes seules avec des éléments qui existent déjà. Ainsi, quand j'ai vu se former nos petites sociétés d'histoire, de droit, et notre petite société de charité, je me suis réjoui, espérant que de cet humble noyau sortirait peut-être un jour un grand arbre. Je me réjouis également de la nouvelle que vous m'annoncez, et la formation d'une association religieuse pour les arts m'est le garant d'une association semblable pour les lettres et pour les sciences.

Je concevrais des espérances encore plus grandes si je voyais à la tête de cette institution un homme très-capable. Mais qu'importe? Dieu se sert souvent d'instruments faibles et fragiles pour exécuter de grandes choses. Il faut être appelé à une mission providentielle, et alors les talents et les défauts disparaissent pour faire place à l'inspiration qui guide.

Mais, d'un autre côté, s'il y a eu présomption, si on est venu sans être appelé, si par sa faute l'œuvre manquait, ce serait un grand malheur. Une œuvre manquée est souvent discréditée pour toujours, il est plus facile de bâtir sur un terrain neuf que sur des ruines.

Je crois donc qu'il faut réfléchir mûrement et voir si l'œuvre naissante a des garanties de durée et de succès. Il faut savoir surtout si elle se propose un but pratique. Car il ne suffit pas de réunir un certain nombre de noms et de dresser un tableau divisé en six sections. Ce n'est même point assez de fonder un journal : il y a tant de journaux et ils vivent si peu! Y aura-t-il des réunions entre les membres, des conférences, quelque lien de charité? Sera-ce une association simplement religieuse dans le sens le plus étendu, ou positivement chrétienne, orthodoxe? Soyons sûrs, mon cher ami, que l'orthodoxie est le nerf, la force de la religion, et que sans cette condition vitale toute association catholique est impuissante. Il est doux de rêver, mais quand on rêve on dort, et quand on dort on n'agit point. Pour agir, il faut voir d'un œil imperturbable, d'une conviction assurée, le but sacré vers lequel on marche.

Voilà des généralités : maintenant parlons de moi, puisque c'est de moi qu'il s'agit dans votre bonne lettre. Je pars dans huit jours pour Paris. Cette année sera la dernière de mon séjour, et mon temps sera pris tout entier par les épreuves que j'aurai à subir pour prendre les grades de docteur en droit et de docteur ès lettres. J'ai calculé d'avance que pour remplir mes plans il faudra un travail opiniâtre et de longues veilles ; il ne me restera donc guère de loisir pour satisfaire aux obligations de la société dont vous me parlez, encore bien moins pour y remplir une charge de vice-président. Il n'y a rien de si triste que d'être membre mort. Ensuite dans sept ou huit mois je repartirai pour ma province, dont peut-être je ne sortirai plus. Dès lors à quoi vous serai-je bon ? Enfin, j'aime beaucoup les arts, mais je les connais bien peu : à peine suis-je initié à ces études difficiles désignées sous le nom d'esthétique.

En somme, mon cher ami, vous avez trop bien présumé de moi en acceptant en mon nom la dignité dont vous me parlez. Il faut vous dédire. Vous avez agi sans mandat ; savez-vous que moi, avocat, je pourrais vous faire un mauvais procès ? Quand je serai à Paris, nous causerons de cela ; et, si je ne suis pas trop occupé, j'accepterai volontiers le titre de simple membre, pour avoir dans les réunions de cette société un point de contact de plus avec vous.

Mais, dites-moi, pourquoi cette retraite à Auteuil et dans la rue de Boileau ? Serait-ce un symbole de retour à la vie classique, êtes-vous allé chercher des inspirations dans les jardins du ci-devant législateur du Parnasse ? Ou bien avez-vous résolu de vous séparer de vos amis et de les éloigner de votre porte par la longueur des distances ? Pour moi, je suis très-casanier, surtout pendant l'hiver, et je ne sais trop comment je pourrai aller vous voir si vous ne m'envoyez votre Pégase, ou si le génie de l'amitié ne me porte légèrement sur ses ailes jusqu'au seuil de votre Ermitage. Allons, je compte sur le génie de l'amitié, et je pense que cet hiver nous ne vivrons pas étrangers l'un pour l'autre. Vous êtes si bon, que je ne doute pas de votre affection pour moi, et vous êtes si aimable, que vous ne pouvez douter de celle que j'ai et que j'aurai toujours pour vous.

Adieu, souvenez-vous de moi dans vos pensées, dans vos rêveries et dans vos prières.

XXXVI

A M. DUFIEUX.

Paris, 8 février 1836.

Mon cher ami,

J'ai reçu, il y a peu de jours, votre bonne lettre, et je vous en remercie de grand cœur. Ces quelques lignes, tracées par une main amie, viennent si bien renouer la chaîne entre deux âmes que la distance des lieux a séparées ! Quand deux hommes cheminent ensemble, c'est assez leur coutume de marcher du même pas, ils partent en même temps du pied gauche et, pendant un certain temps, ils gardent d'une façon intinctive ce mouvement égal ; cependant, peu à peu l'un se ralentit ou bien l'autre se presse ; et alors il faut que d'un regard ils se remettent en harmonie, et que de nouveau ils régularisent leur marche. Il en est ainsi de deux âmes sœurs qui s'avancent ensemble dans le chemin de la vie ; il faut que de temps à autre une parole, un regard échangé harmonise leurs mouvements et rétablisse leur concert. Surtout si de ces deux l'une est moins forte et plus facile à décourager, plus impatiente des aspérités de la route, elle a besoin d'un appui charitable, et tel est celui que je trouve, mon cher ami, dans votre correspondance. Que je voudrais pouvoir m'en montrer digne en vous écrivant, comme vous le demandez, fréquemment et longuement. Mais je suis écrasé sous le fardeau de mes devoirs de cette année, je désespère presque de pouvoir accomplir la tâche que je me suis prescrite ; le temps s'échappe et me trahit, il ne m'en reste point assez pour satisfaire à la fois aux devoirs de l'étude et aux devoirs de l'amitié.

Si j'avais une volonté énergique, elle parviendrait aisément à marquer les heures et les jours en laissant à chaque occupation sa place naturelle, à faire se succéder les travaux et les jouissances, je trouverais une place pour l'étude et une place pour le plaisir. Mais bien des fois, je vous l'ai dit, mes résolutions les meilleures sont toujours restées inaccomplies, jamais je n'ai pu réaliser cette économie du temps si nécessaire pour un bon emploi de notre vie passagère. Aujourd'hui je trace une règle, demain je vais l'enfreindre. Je travaille par élans, par efforts en réunissant toutes mes forces sur un seul point. Je ne sais point agir avec méthode, avec calme ; mener de front deux ou plusieurs études ; et c'est surtout là ce qui me désole.

Autrefois je me berçais de l'idée consolante que ma vie se pourrait diviser en deux parts, l'une pour l'action, l'autre pour l'étude ; l'une pour le tumulte des affaires, l'autre pour la paisible culture des lettres ; et maintenant je me vois fatalement poussé dans la douloureuse alternative d'abandonner l'un ou l'autre de ces deux avenirs que j'avais pensé pouvoir joindre. Ma pauvre tête n'est pas assez vaste pour qu'une pensée y loge sans expulser toute pensée rivale. Voici environ un mois que j'ai travaillé quelque peu, soit à un examen de droit, soit à ma thèse de littérature que je prépare, et cependant pour avoir voulu me partager de la sorte j'ai fait très-peu de chose.

Jamais les lettres ne pourront m'être un délassement : vous avez vu par vos yeux ce qu'il m'en coûte pour écrire. Et cependant, soit amour-propre, soit tout autre motif, je ne puis me résoudre à dire un éternel adieu à ces amies si sévères, qui me font payer si cher leur familiarité. D'un autre côté, je considère que si j'eusse consacré à l'étude exclusive du Droit les facultés que Dieu m'a données, et les cinq années de séjour à Paris que m'ont données mes parents, j'aurais pu acquérir au barreau un rang que maintenant je ne puis espérer d'atteindre. Toutes ces réflexions m'agitent et me tourmentent, et la prochaine nécessité où je vais me trouver de prendre une position définitive, m'accable. J'ai peur de causer bien des peines à mes chers parents, et cependant vous savez s'ils méritent d'être aimés. Ici bien des gens qui me veulent du bien semblent par leurs suggestions vouloir redoubler mes agitations et mes ennuis. Il est certain que je quitte Paris pour toujours dans cinq ou six mois. Mais que ferai-je à Lyon? Voilà le point sur lequel portent toutes mes incertitudes. On voudra me faire beaucoup plaider, et pourtant il me paraît qu'il me serait bien dur de rester confiné dans l'étroite sphère du forum. Est-ce orgueil? Est-ce vocation? Est-ce inspiration d'en haut ou tentation d'en bas? Tout ce que j'ai fait depuis cinq ans, est-ce raison, est-ce folie? O mon cher ami, priez pour que le bon Dieu réponde à toutes ces questions que je m'adresse chaque jour. Il me semble que je suis résigné à faire sa volonté, quelque humble rôle, quelque douloureuse mission qu'il me prépare. Mais que cette volonté me soit connue! que je ne sois plus, comme je le suis depuis cinq ans, divisé contre moi-même, c'est-à-dire faible, impuissant, inutile. Hélas! il m'a été fait des grâces si nombreuses, qu'elles me sont un sujet d'effroi ; chaque année de ma vie a reçu du ciel plus de bienfaits que d'épreuves, et cependant je vous l'assure, si ce n'était le sentiment de mon indignité morale, je désirerais beaucoup que cette vie finît bientôt, et que le jour succédât à ce crépuscule nébuleux dans lequel je marche enveloppé sans savoir sur quelle pierre mon pied se pose ni vers quel but ma course se dirige.

Pardon si je vous ai entretenu de mes tristesses.

C'est que vous avez connu des tristesses semblables, c'est que vous avez traversé ce brûlant désert dans lequel je fais mes premiers pas. Pour vous la vie s'explique et je vois avec joie quelle solution vous allez donner à ce dangereux problème. Oui, vous serez heureux de tout le bonheur qui se peut connaître sur la terre ; oui, vous serez récompensé de tant de sacrifices et de tant de résignation. Vos belles facultés vont pouvoir se développer en paix et en liberté, elles reviendront fortes parce qu'elles ne seront plus esclaves. Vous comprenez admirablement la poésie qu'il faut aux hommes de nos jours ; vous la sentez mieux encore. Ce ne sont plus des chants intimes, solitaires entretiens de l'âme avec la nature et avec Dieu. Ce ne sont plus des soupirs stériles et des plaintes sans échos. Ce sont des hymnes fraternels, intelligibles, populaires, tout imprégnés des couleurs de l'histoire, tout vivifiés par le souffle intérieur de la tradition, tout remplis de ces trois grandes choses : Foi, Espérance, Charité. Quand l'homme s'est abandonné aux séductions du monde extérieur, le premier mouvement que la grâce lui inspire, c'est un retour sur lui-même. Mais ce mouvement n'est point le dernier ; si l'homme s'oubliait dans la contemplation de soi-même, il ne serait jamais qu'un philosophe, c'est-à-dire peu de chose. Il faut que de soi il remonte à Dieu, et que de Dieu il redescende à ses semblables. De l'amour du Créateur émane l'amour chaste et vertueux des créatures. Le second commandement est pareil au premier. C'est pourquoi les religieux contemplatifs eux-mêmes, tout exilés qu'ils sont de nos sociétés bruyantes, ne se croient point seuls. De la méditation paisible de leur cellule ils sortent pour prier, et, quand ils prient, ils prient pour tous, ils répètent les prières que nous répétons ici ; ils ne disent point à Dieu : Mon Père, ils lui disent : Notre Père. — La poésie doit faire de même. Au milieu des orgies païennes auxquelles elle s'était abandonnée, un rayon d'en haut l'a frappée, elle a rougi, elle s'est retirée pour gémir au désert. Vous avez entendu, dans les *Méditations* et dans les *Harmonies*, ses mélodieuses douleurs. Mais dans cet isolement elle s'est complu en elle-même, elle a cru pouvoir communiquer avec Dieu sans interprète et sans voile ; elle est devenue individuelle, rationaliste, et nous l'avons vue avec chagrin s'arrêter à moitié chemin sur la voie de la vérité. Il faut cependant qu'elle se remette en marche, que quelqu'un la prenne par la main, qu'il la ramène dans la société des hommes, dans la société des croyants, qu'au baptême qui la fit chrétienne se joigne la communion sainte qui la fasse catholique, et que, s'appuyant sur la Religion, elle s'avance à la tête des générations nouvelles et les guide par ses chants vers une glorieuse éternité.

Je ne sais trop ce que je vous écris, car j'ai la

tête fatiguée. Au reste nous causerons de tout cela ensemble lorsque nous nous verrons ici. Tâchez que ce soit au mois d'avril. Venez avec les fleurs, poëte. Je suis allé chez M. de Lamartine, il y a peu de temps. Entouré d'hommes politiques, il ne m'a presque rien dit; mais, en revanche, madame de Lamartine m'a témoigné une extrême bonté. Mes visites à Montalembert n'ont pas si bien réussi ; je n'ai pas encore pu le rencontrer : quand je le verrai, je ne vous oublierai pas.

Je vous prie de nouveau de vouloir bien m'envoyer vos observations et toutes celles que vous pourrez recueillir sur mes deux articles, surtout les critiques qui pourraient porter sur des points de religion. Saint Thomas avant d'être archevêque n'était pas prêtre, il est vrai, mais il était diacre, archidiacre même ; engagé par conséquent dans les Saints Ordres et dans la hiérarchie ecclésiastique. Cependant il est bien probable que la grâce du sacerdoce et de l'épiscopat opéra dans cette grande âme. J'essayerai d'insister là-dessus.

Notre ami Lallier va bien et vous fait ses compliments. Nous sommes ici une troupe de Lyonnais qui vous aimons tous.

XXXVII

A M. DE LA NOUE.

Paris, 11 juin 1836.

Mon cher ami,

Je suis bien reconnaissant de la confidence poétique que vous voulez bien me faire. Votre idée me paraît fort belle, et je crois que vous avez tout ce qu'il faut pour la développer d'une manière puissante. Quant à moi, je ne pourrai vous donner des lumières sur le point obscur que vous me désignez. Outre ma propre insuffisance, il y a là des ténèbres que nul œil n'a jamais sondées. On ne sait rien, je crois, sur le monde antédiluvien, hormis ce que révèle la Genèse. Les deux races de Caïn et de Seth, leurs luttes primitives, leurs unions fatales, une nature plus vigoureuse et plus grande, des vies de plusieurs siècles, l'alliance de la force, de la science et du péché, tous trois à un état gigantesque : voilà les images qui se pressent imposantes entre la porte fermée de l'Éden et les cataractes ouvertes du déluge. Évoquez ces images, poëte, et elles vous obéiront ; elles se poseront lumineuses sur la scène que vous leur avez préparée. Le silence de l'histoire est la liberté de la poésie.

J'irai vous voir dans quelques jours ; mais demain dimanche, à une lieue et demie de chez vous, une foule toute composée de vos amis se trouvera réunie pour faire cortége à la procession de Nanterre. Venez les rejoindre, mon cher de la Noue, venez passer avec nous ces quelques instants de foi et d'amour ; venez jeter les fleurs et l'encens de vos pensées sur le passage du Dieu Sauveur. Ensuite, nous aurons le temps de converser ensemble, cette journée se passera fraternellement, elle nous sera douce, elle ne sera point inutile même à vos travaux : vous trouverez des inspirations à ce rendez-vous de la charité.

XXXVIII

A M.. L...

Lyon, 5 novembre 1856.

Mon cher ami,

Mardi soir j'avais commencé à vous écrire. C'était le jour solennel de la communion des Saints. Peut-être, et la supposition n'est point injurieuse, peut-être est-ce pour cela que, par un singulier échange, au moment où je terminais la première page de ma lettre, il m'en arrivait une de vous. Ainsi vos pensées venaient tout à point pour s'entretenir avec les miennes, comme dans ces soirées des dimanches où nous nous rencontrions chez du Lac ou de la Perrière. Mais jamais une cloche ne répondit à une autre cloche sur un ton si différent que votre épître la bienvenue, à la mienne inachevée. Encore tout préoccupé des nouvelles un peu tristes que la Perrière avait reçues de vous, je plaignais et je blâmais en même temps votre mélancolie ; et je m'étais livré sur ce sujet à de longues considérations qui se ressentaient, je le soupçonne, du prône de M. le curé sur l'évangile du jour. Et voilà que, dans un de ces moments de gaieté où vous entrez souvent à la suite de vos périodes d'ennui, vous m'écrivez mille choses joyeuses, et devisez à l'avenant comme un homme sans soucis et sans affaires. Force m'a donc été de mettre au feu la page que j'avais griffonnée à l'usage de vos tristesses, et de tracer d'autres lignes plus assorties à la couleur présente de votre esprit.

...... Je suis complétement de votre avis, et je professe que c'est folie de consumer ses jours à accumuler ce dont on ne jouira point, folie même d'entasser pour ses enfants. Car les enfants qui voient se former derrière eux un monceau d'or sont furieusement tentés de s'y asseoir et de se croiser les bras; et leur préparer une fortune, c'est bien souvent les convier au péché de paresse. Et puis les enfants ne sont quelquefois qu'un respectable prétexte; soulevez le voile, et vous verrez l'égoïsme, l'égoïsme qui trouve dans la propriété un moyen d'étendre et de prolonger en quelque sorte la personnalité, qui est bien aise d'avoir beaucoup autour de soi dans le présent, et de laisser beaucoup après soi dans l'avenir. Heureusement ceci ne s'applique à personne de ceux auxquels je dois amour ou respect, bien qu'à Lyon ce vice soit commun.

J'ai envie de rendre grâces à Dieu de m'avoir fait naître dans une de ces positions sur la limite de la gêne et de l'aisance, qui habituent aux privations sans laisser absolument ignorer les jouissances ; où l'on ne peut s'endormir dans l'assouvissement de tous les désirs, mais où l'on n'est pas distrait non plus par les sollicitations continuelles du besoin. Dieu sait, avec la faiblesse naturelle de mon caractère, quels dangers aurait eus pour moi la mollesse des conditions riches ou l'abjection des classes indigentes. Je sens aussi que cet humble poste où je me trouve me met à portée de mieux servir mes semblables. Car si la question qui agite aujourd'hui le monde autour de nous n'est ni une question de personnes ni une question de formes politiques, mais une question sociale ; si c'est la lutte de ceux qui n'ont rien et de ceux qui ont trop, si c'est le choc violent de l'opulence et de la pauvreté qui fait trembler le sol sous nos pas ; notre devoir, à nous chrétiens, est de nous interposer entre ces ennemis irréconciliables, et de faire que les uns se dépouillent comme pour l'accomplissement d'une loi, et que les autres reçoivent comme un bienfait ; que les uns cessent d'exiger et les autres de refuser ; que l'égalité s'opère autant qu'elle est possible parmi les hommes ; que la communauté volontaire remplace l'impôt et l'emprunt forcés ; que la charité fasse ce que la justice seule ne saurait faire. Il est heureux alors d'être placé par la Providence sur un terrain neutre entre les deux partis belligérants, d'avoir dans tous deux ses voies ouvertes et ses intelligences ; sans être contraint, pour se porter médiateur, ni de monter trop haut, ni de descendre trop bas.

Et cependant, en écrivant ceci, il me semble que je me fais quelque violence, et les ratures nombreuses qui se rencontrent dans ces dernières lignes rendent témoignage qu'une pensée contraire me distrait. Tout en reconnaissant dans le passé de ma vie cette conduite providentielle que je ne me lasse pas d'admirer, je ne puis m'empêcher de jeter un regard défiant et un peu sombre sur l'avenir. Le moment de se choisir une destinée est un moment solennel, et tout ce qui est solennel est triste. Je souffre de cette absence de vocation qui me fait voir la poussière et les pierres de toutes les routes de la vie, et les fleurs d'aucune. En particulier celle dont je suis le plus près maintenant, celle du barreau, m'apparaît moins séduisante. J'ai causé avec quelques gens d'affaires; j'ai vu les misères auxquelles il faudrait se résigner pour obtenir d'être employé, et les autres misères qui accompagneraient l'emploi. On a coutume de dire que les avocats sont les plus indépendants des hommes; ils sont au moins aussi esclaves que les autres; car ils ont deux sortes de tyrans également insupportables : les avoués au commencement, et la clientèle plus tard. Assez, mon cher ami, assez de mes murmures, assez de ces inquiétudes d'homme de peu de foi; et, si vous voulez que ce ne soit point une faute de vous les avoir communiquées, recevez-les comme une sorte d'aveu qui sollicite des conseils, des exhortations amicales, des reproches au besoin.

Ne croyez point toutefois que ces fâcheuses préoccupations remplissent toutes mes heures ; les heures se sont écoulées pour moi douces et variées depuis quelque temps. J'ai fait avec mon frère aîné deux charmants petits voyages, l'un à Saint-Étienne où j'ai vu des miracles d'industrie, l'autre en Mâconnais et en Beaujolais où j'ai trouvé l'hospitalité de M. de Maubout, la société de M. de Lamartine, une belle nature d'automne, des populations étonnantes par leur fidélité à la foi et aux pratiques religieuses. J'ai travaillé un peu à l'organisation de notre petite conférence de Saint-Vincent de Paul. J'ai ramené ma mère de la campagne ; mais en revanche j'ai vu partir mon frère aîné pour ses missions, mon petit frère pour sa pension.

Il se peut qu'à Joigny vous ayez encore à apprendre de moi deux événements littéraires, qui sans doute sont déjà vieux à Paris, mais qui laissent chez moi une durable amertume : je veux parler de la mise à l'index de *Jocelyn*, et de l'apparition du nouvel ouvrage de M. de la Mennais. Rome fait preuve de courage en frappant le premier, et elle ne craint guère le second ; elle n'a pas peur du génie, parce qu'elle a pour elle plus que le génie, l'Esprit-Saint qui l'inspire toujours. Mais il est douloureux de voir le génie déserter solennellement, et passer transfuge dans le camp opposé ; transfuge inutile, car en abdiquant la foi il abdique son passé, et par conséquent sa gloire et sa force, double sujet de deuil pour ceux qui l'aimaient. Et maintenant, qui remplira la place que ceux-ci laissent vide ? Où sont les Ambroise, les Jérôme, les Augustin, qui viendront s'asseoir sur le siége désert de Tertullien ? Qui osera ramasser la lyre tombée dans la poudre, et achever l'hymne commencé ? Je sais que Dieu, que l'Église, n'ont pas besoin de poëtes ni de docteurs ; mais ceux qui en ont besoin, ce sont les faibles croyants que les défections scandalisent ; ce sont ceux qui ne croient pas et qui méprisent notre pauvreté d'esprit ; c'est nous-mêmes qui avions besoin parfois de voir devant nous des hommes plus grands et meilleurs, dont le pied frayât notre sentier, dont l'exemple encourageât et enorgueillît notre faiblesse. Nous ne pouvons pas, jeunes gens chrétiens, penser à remplacer ces hommes ; mais ne pourrions-nous pas en faire la monnaie, et combler par le nombre et le travail la lacune qu'ils ont laissée dans nos rangs ?

Cette question à laquelle mon amour-propre trouve bien un peu son compte est pourtant posée surtout dans votre intérêt. Souvent j'ai admiré en vous un humble sentiment de vous-même, un mépris des choses terrestres dont je déplorais ensuite les conséquences excessives. Dante fait dire quelque part au diable qu'il est un habile logicien ; et c'est vrai. Des plus louables principes, il sait déduire les plus funestes résultats, et c'est par là qu'il trouve prise sur les âmes sérieuses et justes. De l'humilité il fait l'abattement; de l'abnégation il forme le dégoût de la vie. A la méditation il fait produire la rêverie, et à la rêverie l'ennui, le marasme et l'inaction.

Oui, nous sommes des serviteurs inutiles, mais nous sommes des serviteurs, et le salaire n'est donné qu'à la condition du travail que nous ferons dans la vigne du Seigneur en l'endroit qui nous sera assigné. Oui, la vie est méprisable, si nous la considérons dans l'usage que nous en faisons, mais non si nous voyons l'usage que nous en pouvons faire, si nous la considérons comme l'œuvre la plus parfaite du Créateur, comme le vêtement sacré dont le Sauveur a voulu se couvrir : la vie alors est digne de respect et d'amour. Prions l'un pour l'autre, mon bien cher ami, défions-nous de nos ennuis, de nos tristesses, de nos défiances. Allons simplement où la miséricordieuse Providence nous conduit, contents de voir la pierre où nous devons poser le pied, sans vouloir découvrir toute la suite et toutes les sinuosités du chemin.

Vous savez s'il me sera dur d'être privé de vous cette année; franchissons souvent la distance par la pensée, écrivons-nous, conseillons-nous, soutenons-nous. Je crois que vous devez en avoir besoin, puisque vous êtes homme; mais j'en ai plus besoin encore.

Soyez mon interprète auprès de tous nos anciens amis. Veuillez donner à ceux qui les demanderont mes thèses dont vous avez le dépôt. Ne négligez pas si vous pouvez de voir un peu N..., vous lui serez utile. Faites-moi savoir quelque chose de nos petits apprentis.

Tous vos amis d'ici se recommandent à votre souvenir. Mon père et ma mère vous rendent en affection ce que vous me chargez de leur offrir en respects.

Adieu, mon cher L..., puissé-je bientôt vous revoir!

XXXIX

A M. JANMOT.

Lyon, 13 novembre 1836.

Mon cher ami,

Voici tantôt deux mois que j'ai reçu ta bonne lettre, et tu m'adresses peut-être de vifs reproches pour mon retard. Je trouve pourtant mon excuse dans tes lointains pèlerinages, qui me laissaient complétement ignorer où je pourrais te prendre. Ta mère elle-même, pendant un mois, s'est trouvée sans nouvelles. Enfin il y a peu de jours on a appris ton retour à Rome, et aussitôt je me suis mis en mesure de t'y rendre visite. Pauvres visites que celles qui se ont ainsi à la hâte et à tâtons : sottes conversations où l'on parle tout seul, où l'on répond à des paroles déjà oubliées de l'autre interlocuteur, où l'on moralise avec celui qu'il faudrait faire rire, où l'on rit quand on le devrait consoler. L'amitié est pourtant obligée de se tenir contente de cette dernière ressource qui lui reste, c'est à elle de deviner les impressions de l'heure présente et de mettre les cœurs en rapport et les discours en harmonie.

Je pense donc qu'au moment où te parviendront ces lignes tu seras encore sous l'influence durable du beau voyage que tu viens de faire à travers l'Ombrie. C'est bien, si je ne me trompe, une des plus admirables contrées de l'admirable Italie. La majesté des grandes montagnes couronnant de douces et riantes vallées. Les climats contraires disposés comme en amphithéâtre pour donner place à toutes les richesses de la végétation, depuis le pin et le chêne jusqu'à l'oranger et l'aloès. Les cités assises ou suspendues çà et là dans des attitudes superbes : et chaque cité, chaque colline, chaque ruisseau, chaque pierre où le pied se pose, remplis de souvenirs. Spolète dont les humbles portes se fermèrent devant Annibal, tandis que celles de Capoue s'ouvraient au seul bruit de ses pas; et le lac Trasimène où deux peuples géants se portèrent des coups si terribles, que durant le combat un tremblement de terre renversa des villes et ne fut pas senti; Orvieto et ses antiquités étrusques, héritage d'une civilisation morte sans avoir laissé d'histoire; le lac désolé de Bolsena et l'île où une reine mourut de faim. Et puis les traditions chrétiennes qui ont purifié, embaumé tous ces lieux. Ici le miracle de Bolsena éternisé par Raphaël; ailleurs la merveilleuse légende de sainte Marguerite de Cortone ; mais par-dessus tout doit planer la grande mémoire de Saint François. Je ne me rappelle pas bien si c'est à Foligno qu'on montre le rosier sur les épines duquel il se coucha pendant une nuit entière, et qui depuis est resté chargé de fleurs toujours renouvelées. C'est au mont d'Alvernia que les glorieux stigmates s'imprimèrent sur ses mains et ses pieds. C'est dans ces chemins par lesquels tu as passé, qu'il allait conviant les petits oiseaux du ciel à chanter les gloires du Seigneur, et rachetant du prix de son manteau l'agneau que les bouchers menaient à la tuerie. Mais c'est Assise surtout qui doit être pleine de lui ; Assise et son cloître qui renferma jadis six mille moines, et ses deux églises, symbole des deux vies du saint, l'une terrestre et mystérieuse, l'autre immortelle et resplendissante, ses deux églises où la bonne et pieuse peinture du moyen âge s'est développée depuis son berceau jusqu'à sa maturité, depuis Cimabuë et Giotto jusqu'au temps de Pérugin et de son disciple. Car il semble que la nature et l'histoire n'eussent pas encore assez fait pour cette contrée bénie, et que l'art y ait voulu briller pour l'environner d'une troisième et non moins brillante auréole. L'école ombrienne avec celle qui peignit le Campo-Santo me paraît bien, comme à toi et sauf les méprises où mon ignorance peut m'entraîner, avoir marché dans la véritable voie qui fut délaissée depuis à l'époque de la Renaissance.

Tu n'auras point franchi le seuil des sanctuaires d'Assise sans lire la magnifique histoire de saint François au XI° chant du *Paradis* de Dante :

> Fertile costa d'alto monte pende...
> Di quella costa là dov' ella frange
> Più sua rattezza, nacque al mondo un sole,
> Come fà questo tal volta di Gange.
> Però chi d'esso loco fa parole
> Non dica Ascesi, che direbbe corto,
> Mà oriente, se proprio dir vuole (1).

Dante doit être là, le commentateur nécessaire de Giotto, son contemporain et son ami. Quels hommes, quels pinceaux, et quelles voix pour célébrer le nom d'un pauvre, d'un mendiant, qui fut tenu pour fou ! C'est que, selon la parole de M. Lacordaire, il était celui-là, il était fou d'amour. Son immense charité embrassait Dieu, l'humanité, la nature; et considérant que Dieu s'était fait pauvre pour habiter la terre, que le plus grand nombre dans l'humanité est pauvre, et que la nature elle-même au milieu de ses magnificences est pauvre, puisqu'elle est sujette à la mort, il avait voulu être pauvre lui aussi. Le propre de l'amour

---

(1) « Là s'élève une montagne aux coteaux fertiles.....

« De ces coteaux, et du lieu où la pente s'adoucit, naquit un soleil pour éclairer le monde, comme l'autre soleil semble naître quelquefois des bouches du Gange.

« Si quelqu'un donc veut parler de ce lieu, qu'il ne l'appelle point Assise, ce serait trop peu dire : qu'il l'appelle Orient, s'il veut user du terme propre. »
(*Paradis*, chant XI, versets 15, 17, 18.)

est de s'assimiler autant qu'il est en soi aux choses aimées.

Et nous, mon cher ami, ne ferons-nous rien pour ressembler à ces saints que nous aimons, et nous contenterons-nous de gémir sur la stérilité de la saison présente, tandis que chacun de nous porte dans le cœur un germe de sainteté que le simple vouloir suffirait à faire éclore? Si nous ne savons pas aimer Dieu comme ceux-là l'aimaient, sans doute ce nous doit être un sujet de reproche; mais encore notre faiblesse peut y trouver quelque ombre d'excuse; car il semble qu'il faille voir pour aimer, et nous ne voyons Dieu que des yeux de la foi, et notre foi est si faible ! Mais les hommes, mais les pauvres, nous les voyons des yeux de la chair, ils sont là et nous pouvons mettre le doigt et la main dans leurs plaies, et les traces de la couronne d'épines sont visibles sur leur front; ici l'incrédulité n'a plus de place possible, et nous devrions tomber à leurs pieds et leur dire avec l'Apôtre : *Tu es Dominus et Deus meus* : « Vous êtes nos maîtres et nous serons vos serviteurs, vous êtes pour nous les images sacrées de ce Dieu que nous ne voyons pas, et ne sachant pas l'aimer autrement, nous l'aimons en vos personnes. »

Hélas! si au moyen âge la société malade ne put être guérie que par l'immense effusion d'amour qui se fit surtout par saint François d'Assise; si plus tard de nouvelles douleurs appelèrent les mains secourables de saint Philippe de Néri, de saint Jean de Dieu et de saint Vincent de Paul ; combien ne faudrait-il pas à présent de charité, de dévouement, de patience, pour guérir les souffrances de ces pauvres peuples, plus indigents encore que jamais, parce qu'ils ont refusé la nourriture de l'âme en même temps que le pain du corps venait à leur manquer ! La question qui divise les hommes de nos jours n'est plus une question de formes politiques, c'est une question sociale, c'est de savoir qui l'emportera de l'esprit d'égoïsme ou de l'esprit de sacrifice ; si la société ne sera qu'une grande exploitation au profit des plus forts, ou une consécration de chacun pour le bien de tous et surtout pour la protection des faibles. Il y a beaucoup d'hommes qui ont trop et qui veulent avoir encore : il y en a beaucoup plus d'autres qui n'ont pas assez, qui n'ont rien et qui veulent prendre si on ne leur donne pas. Entre ces deux classes d'hommes une lutte se prépare, et cette lutte menace d'être terrible : d'un côté, la puissance de l'or ; de l'autre, la puissance du désespoir. Entre ces armées ennemies, il faudrait nous précipiter, sinon pour empêcher, au moins pour amortir le choc. Et notre âge de jeunes gens, notre condition médiocre, nous rendent plus facile ce rôle de médiateurs que notre titre, de chrétien nous rend obligatoire.

Voilà l'utilité possible de notre Société de Saint-Vincent de Paul. Mais pourquoi me perdre en vaines paroles, lorsque toutes ces choses-là, vous avez dû les penser au pied du tombeau des Saints-Apôtres ; lorsque vous dormez sur le cœur de l'Église mère des Églises et que vous ressentez la chaleur de plus près et que vous respirez ses inspirations? Vous avez déjà fait une œuvre excellente en établissant là-bas une conférence, et vous avez été servis par une admirable instinct, quand vous lui avez donné pour objet la visite des pauvres français dans les hôpitaux de Rome : Dieu vous donnera la bénédiction qu'il donna lui-même à ses premiers ouvrages : « Croissez et multipliez. » C'est peu pourtant de croître, il faut en même temps s'unir ; à mesure que la circonférence s'étend, il faut que chacun de ses points communique avec le centre par des rayons non interrompus.

Une conférence, tu le sais, existe à Nîmes ; une autre vient de se former à Lyon, nous sommes quinze, presque tous de tes amis ; nous avons beaucoup de bien à faire et nous en avons peu fait. Il y a cinq conférences à Paris. Il faudrait maintenant une correspondance qui nous ralliât tous. Je ne sais si vous avez le règlement de Paris ; si vous le demandez, je vous le ferai parvenir. En outre, à Paris, il y a des fêtes communes et des assemblées générales : on pourrait s'y associer en assistant à la messe ces jours de fête, et en envoyant un petit compte rendu des opérations faites jusque-là. Nous nous proposons de faire ainsi pour la prochaine fête de l'Immaculée Conception, 8 décembre. Ne pourriez-vous pas en faire autant, et envoyer pour ce jour-là à M. Bailly, rue des Fossés-Saint-Jacques, 11, un court exposé de la formation et de l'état de votre œuvre? Nos confrères de Paris s'en trouveraient bien heureux.

Je suis bien honteux, mon cher ami, de tenir un langage si pressant, lorsque moi-même je suis si froid et si lâche. Tu me demandes ce que je deviens, et j'ai peine à le savoir moi-même. J'ai terminé ma cinquième année de droit et je suis reçu docteur ; maintenant me voici fixé à Lyon où je suis content. Mais je ne trouve ici d'autre carrière que celle du barreau, et la croyant trop pénible pour moi, j'essaye de m'en préparer une autre à laquelle je me sens mieux disposé : je veux parler de l'enseignement. Il pourrait bien se faire qu'on établît ici des chaires de droit ou de lettres. Je tâcherai de m'y tenir prêt, et dans ce moment je m'occupe de mes thèses pour le doctorat ès lettres, que je n'ai pu passer cette année faute de temps, et pour lesquelles je retournerai quelques semaines à Paris.

Je pense t'avoir déjà dit que l'une de mes thèses est sur la philosophie de Dante. Ceci m'a conduit à une longue étude de ce poëte, que j'admire de plus en plus. J'étudie aussi son époque, et, m'efforçant de creuser un peu dans quelques-unes des questions obscures qui s'y rencontrent, je ne puis me lasser d'admirer l'action des papes au moyen âge. Je n'admire pas moins ceux des temps modernes, et j'ai lu un très-bon livre de M. Artaud sur la vie et le pontificat de Pie VII, où j'ai trouvé des choses héroïques que le monde connaît peu.

Heureux ceux dont la vie peut se consacrer à la recherche du vrai, du bien et du beau, et que n'importune jamais la vulgaire pensée de l'utilité pécuniaire! Et cependant, même dans cette recherche, on est quelquefois saisi d'un scepticisme qui paralyse l'intelligence; ainsi m'arrive-t-il quand je considère l'instabilité et la dissemblance des jugements humains en matière de *Beau*. Fénelon comparait les églises gothiques à de mauvais sermons ; tu fais de Saint-Pierre un grand colosse qui n'a pas le sens commun. Profane, que croirai-je, quand les grands prêtres se disputent?

Toutefois jusqu'à nouvel ordre, et sans craindre ni l'épithète d'éclectique, ni le reproche d'incliner aux divisions tripartiques, j'admets trois formes légitimes d'architecture chrétienne : la forme romane des belles églises de l'ancienne Rome et dont pour mes souvenirs le type est Saint-Clément. La forme gothique des cathédrales de Milan, de Lyon et de Paris. La forme moderne des coupoles, forme symbolique qui réalise à sa manière une image du ciel, et qui, essayée pour la première fois à Sainte-Sophie de Constantinople, répétée à Pise et à Venise, s'est élancée plus hardiment à Florence, et s'est posée enfin majestueuse comme une couronne au front de la Ville éternelle. Car de tout Saint-Pierre, c'est bien la coupole seule que j'ai trouvée irréprochable. C'est même, avec celle des Invalides, la seule dont la courbe m'ait paru parfaitement harmonieuse. Quant à la médiocrité apparente du vaisseau de la basilique, ce n'est point là ce que j'admire, mais l'effet qui en résulte et en vertu duquel la grandeur de l'église paraît toujours croissante à mesure qu'on en visite les détails, et l'on finit par se trouver écrasé de son immensité.

Assez sur ce point. Je ne veux pas non plus te chercher dispute au sujet des Italiens. Je pourrais répondre au trait que tu m'as raconté par un autre plus affreux dont Chaurand, la Perrière et moi nous avons été témoins à Paris. Mais à quoi sert de se donner ainsi une mauvaise opinion de l'humanité? Ne faisons pas comme Cham; couvrons au contraire sa nudité douloureuse, et quittons-nous sous de meilleurs auspices, puisque me voici à la fin de cette lettre.

Les amis d'ici t'embrassent, rends-le à nos amis de là-bas. Souviens-toi aussi un peu de moi.

Ton ami.

Une grande partie de cette lettre a eu l'honneur d'être citée par Mgr Dupanloup dans son éloquente et courageuse défense de la Société de Saint-Vincent de Paul, outrageusement persécutée, en 1861, par M. de Persigny, ministre de l'intérieur.

« Je ne résiste pas au bonheur de laisser raconter la formation toute naturelle d'une si belle œuvre, dit l'illustre prélat, par un de ceux que Dieu y a employés, qui n'a pas écrit, — puisqu'il n'est plus, hélas! — pour le besoin d'une cause, que sa mémoire, à défaut de sa parole, protége et recommande. On ne me reprochera pas, j'en suis sûr, la longueur de cette lettre admirable de cœur et de charité chrétienne; elle dit d'ailleurs avec un accent de vérité irrécusable, et dans toute la sincérité d'un familier épanchement, ce qu'est au vrai cette Société de Saint-Vincent de Paul si méconnue, si calomniée en ce moment, et ce qu'est ce conseil général brisé par la circulaire (1). »

(1) *Les Sociétés charitables et les Francs-Maçons*, et la circulaire du 16 octobre 1861, par Mgr Dupanloup, évêque d'Orléans.

XL

A M. AMPÈRE.

Lyon, 16 février 1837.

Monsieur,

Dans l'humble et douce vie de famille que je mène depuis six mois, je laisse souvent retourner mes pensées au temps où, quittant Lyon pour la première fois, j'arrivais, jeune homme de dix-huit ans, au milieu de la bruyante et dangereuse solitude de la capitale. Alors je me rappelle la maison tutélaire qui s'ouvrit pour abriter mon inexpérience, la famille qui voulut bien m'admettre au nombre de ses enfants; et celui qui, au milieu de ses occupations infinies et de ses honneurs, trouva le temps et ne dédaigna point de me servir de père. Ces souvenirs me laissent toujours dans une sorte d'étonnement, et, tout ému des bontés de la Providence, je me demande avec inquiétude ce qu'elle a pu vouloir de moi en plaçant ma jeunesse sous de si rares auspices.

L'affection que vous-même m'avez plus d'une

fois témoignée, et particulièrement vers la fin de mon séjour à Paris, me fait croire à la prolongation pour l'avenir de cette influence que j'ai éprouvée si heureuse par le passé. Il peut se rencontrer dans les desseins providentiels une action continue de certains hommes sur les destinées d'autrui, et cette action peut être héréditaire. Entre tant de choses meilleures dont vous avez hérité, permettez-moi de compter ce patronage dont m'honorait votre père.

Dans un entretien que j'eus avec vous l'année dernière, je vous fis part des hésitations qui m'étaient communes avec tous les jeunes gens qui passent de la vie studieuse à la vie active ; de mes répugnances pour l'agitation des affaires, de mes goûts paisibles, de mes rêves d'étude, et de la nécessité morale où j'étais toutefois de me rapprocher de mes parents, et de me faire à Lyon une existence laborieuse. Je vous confiai en même temps l'idée qu'on m'avait suggérée et qui semblait concilier les penchants de mon esprit et les exigences de ma position. Il s'agissait d'obtenir du gouvernement l'établissement d'une chaire de droit commercial à Lyon, et ma nomination à cette chaire. Cette pensée, qui eût été téméraire si elle m'avait été personnelle, avait été conçue et adoptée par plusieurs personnes recommandables de notre ville.

Aujourd'hui les choses semblent approcher de

leur accomplissement. La chambre de commerce de Lyon a formé auprès du ministre du commerce une demande qui doit être communiquée au ministre de l'instruction publique.

En vous demandant la favorable intervention que j'aurais demandée à monsieur votre père un an plus tôt, je n'ai cru devoir rien changer à la simple expression de mes désirs, comme rien n'est changé dans celui à qui ils s'adressent. Représentant de son beau génie, vons l'êtes aussi pour moi de sa bonté : et cette occasion ne sera pas la première où je vous devrai de la gratitude.

Je suis, monsieur, en attendant d'avoir mérité le titre d'ami que vous m'avez donné quelquefois,

Votre serviteur tendrement dévoué.

XLI

A M. X...

Lyon, 9 mars 1837.

Cher ami,

Je ne suis point trop content de moi, et cependant je trouve en moi une chose, une seule chose qui ne me déplaît pas : c'est le besoin d'aimer ; d'avoir, de conserver des frères qui m'aiment. Surtout lorsque l'amitié s'est formée pour ainsi dire d'elle-même, par un concours de circonstances imprévues, par la volonté de Dieu, qui s'est servie de ces circonstances pour rapprocher deux hommes, alors cette amitié me semble plus précieuse encore et en quelque sorte sacrée. Telle est celle qui s'est formée entre nous il y a six ans et que le temps et la distance n'ont pas diminuée, n'est-ce pas ?

Il faut cependant convenir que l'amitié, étant une harmonie entre les âmes, ne saurait subsister dans un éloignement prolongé, si elles ne se donnaient d'intervalle en intervalle quelques signes de bon accord ; et ces signes peuvent être de deux sortes : les paroles et les actions. Les paroles portées par le papier fidèle vont apprendre à celui qui oublie qu'il n'est point oublié; elles dissipent les inquiétudes, mettent en commun les chagrins et les tristesses ; c'est vraiment un commerce épistolaire où l'on gagne toujours et ne perd jamais. Toutefois il est des liens plus forts encore que les paroles, ce sont les actions. Je ne sais si vous l'avez observé, rien ne familiarise deux hommes entre eux comme de manger ensemble, de voyager ensemble, de travailler ensemble : or, si des actes purement matériels ont cette puissance, des actes moraux en auront bien davantage, et si deux ou plusieurs s'entendent pour faire ensemble le bien, leur union sera parfaite. Ainsi du moins l'assurait Celui qui dit dans l'Évangile : « En vérité, quand vous serez assemblés en mon nom, je serai au milieu de vous. »

C'est pour cette raison qu'à Paris nous avions voulu fonder notre petite Société de Saint-Vincent de Paul, et c'est aussi pour cette raison peut-être que le ciel a bien voulu la bénir. Vous verrez dans la circulaire ci-jointe, que sous les auspices de notre humble et illustre patron sont déjà réunis dans la capitale deux cent vingt jeunes gens, et que l'œuvre a envoyé bien loin des colonies, à Rome, à Nantes, à Rennes, à Lyon. Ici, en particulier, nos intentions prospèrent et se réalisent ; nous sommes plus de trente, l'argent ne nous manque pas, et la bienveillance des autorités ecclésiastiques, après quelques légers nuages, s'est montrée à nous dans toute sa plénitude. Vous verrez qu'à Paris on désirerait resserrer cette confédération d'hommes de bonne volonté, en établissant entre eux des relations régulières, afin qu'ils se connaissent, s'encouragent, se soutiennent mutuellement par la force de l'exemple et par la force de la prière. La société de Nîmes, la première-née de celles des provinces, ne se refusera pas à cette fraternelle invitation ; ses sœurs seront heureuses et fières d'entrer en communication avec elle.

Ne trouvez-vous pas qu'il est merveilleusement doux de sentir son cœur battre à l'unisson avec les cœurs de deux cents autres jeunes gens épars sur le sol de notre France ? Ne trouvez-vous pas qu'en jetant la bonne œuvre qu'on vient de faire, comme un humble denier dans le trésor commun, on aime à le voir se perdre dans un millier de bonnes œuvres qui viennent d'y être déposées en même temps, et toutes se confondre pour n'être qu'une seule offrande à celui de qui tout bien procède ? Et, indépendamment de la jouissance présente qui résulte de cette communauté de charité, n'y a-t-il pas de grandes espérances pour l'avenir même temporel de la société où cette génération nouvelle va prendre place, et pour l'avenir éternel de chacun de nous, auquel il sera tenu compte de ce que tous auront fait ?

Hélas ! nous voyons chaque jour la scission commencée dans la société se faire plus profonde ; ce ne sont plus les opinions politiques qui divisent les hommes ; c'est moins que les opinions, ce sont les intérêts : ici le camp des riches, là le camp des pauvres. Dans l'un l'égoïsme qui veut tout retenir, dans l'autre l'égoïsme qui voudrait s'emparer de tout : entre deux une haine irréconciliable, les menaces d'une guerre prochaine qui sera une guerre d'extermination. Un seul moyen de salut reste, c'est que, au nom de la charité, les chrétiens s'interposent entre les deux camps, qu'ils aillent, transfuges bienfaisants, de l'un à l'autre ; qu'ils obtiennent des riches beaucoup d'aumônes, des pauvres beaucoup de résignation ; qu'ils portent aux pauvres des présents, aux riches des paroles de reconnaissance : qu'ils les accoutument à se regarder de nouveau comme frères, qu'ils leur communiquent un peu de mutuelle charité, et, cette charité paralysant, étouffant l'égoïsme des deux partis, diminuant chaque jour les antipathies, les deux camps se lèveront, ils détruiront leurs barrières de préjugés, ils jetteront leurs armes de colère, et ils marcheront à la rencontre l'un de l'autre, non pour se combattre, mais pour se confondre, s'embrasser et ne plus faire qu'une seule bergerie sous un seul pasteur : *Unum ovile, unus pastor.*

Adieu, parlez-moi longuement de vos amis, de vous, de votre ville, de votre Reboul, et de tant d'autres choses auxquelles votre amitié saura deviner combien je prendrai d'intérêt.

XLII

A M. PAUL DE LA PERRIÈRE.

Lyon, 10 mars 1837.

Mon cher ami,

J'ai des remercîments à vous faire, soit pour les services que vous m'avez déjà rendus, soit pour ceux que vous m'offrez encore. Tout autre que vous m'embarrasserait fort par de telles complaisances ; mais votre amitié est si désintéressée, qu'elle me tient quitte même de toute formule de gratitude ; j'espère du moins qu'elle compte sur le souvenir du cœur, et en ceci elle ne se trompe pas. Souvent je réfléchis à l'inexactitude de ce qu'on dit des affections d'enfance, lorsque je considère les étroites sympathies qui m'ont si fort attaché à vous et à Lallier, qu'avant mon séjour de Paris je n'avais jamais connus. Dieu, qui rapproche les nuages pour en faire jaillir la foudre, est aussi celui qui rapproche les âmes, quand il lui plaît, pour en faire jaillir l'amour.

Vous intéresserai-je en vous disant deux mots de

la vie que je mène ici ? C'est toujours cette vie bizarre entre des études inconstantes et des occupations importunes. Je compte irrévérencieusement parmi ces dernières les rares plaidoiries qui me conduisent au Palais. La fameuse affaire d'interdiction pendante à l'époque de votre départ a été plaidée deux fois depuis, et se jugera peut-être demain. En deux autres occasions, j'ai dû porter la parole à la barre du tribunal civil et de la police correctionnelle, pour de minimes intérêts. Cette semaine, les assises m'ont donné beaucoup de besogne. Lundi, un pauvre homme, défendu par moi, a été condamné à cinq ans de travaux forcés, non pas tant pour un crime qui n'a pas été prouvé, que pour des antécédents détestables qui étaient trop certains. Avant-hier la scène avait changé ; et si, présent en notre bonne cité, votre mauvais génie vous eût conduit à la grande salle de l'hôtel de ville, vous eussiez vu le plus humble de vos serviteurs aux côtés de Pitrat, le directeur de la *Gazette du Lyonnais*, citée pour attaque au gouvernement du roi ; vous auriez entendu une longue harangue du ministère public, requérant contre le chétif journal toute la sévérité de la loi, et le jeune défenseur s'efforçant, selon sa louable coutume, d'occuper une place neutre entre l'accusateur et l'accusé ; et de justifier le second sans irriter le premier. Vous auriez ouï un homme d'État de vingt-quatre ans se prononçant avec une impertur bable audace sur les plus hautes questions du droit constitutionnel, et sur les causes des plus illustres faits contemporains. Je ne sais si, comme la presque totalité de l'auditoire, vous eussiez, après les débats, compté sur un verdict d'acquittement; mais je sais fort bien que, n'étant pas sourd, vous auriez entendu prononcer une condamnation qui, pour n'être point trop sévère, n'en a pas moins désappointé le défenseur et le défendu. On m'a vraiment complimenté sur mon discours; mais, vous le savez, mes pauvres paroles ont ce bonheur d'obtenir des félicitations quelquefois, des convictions presque jamais. Voilà, mon cher ami, la plus mémorable scène de cette vie du barreau, laquelle j'ai l'avantage de mener depuis quatre mois. Jugez du reste.

Je pensais écrire aujourd'hui à N..., mais voici qu'aujourd'hui finit, puisque minuit sonne. N'ayant pas le temps de lui écrire demain, qui n'est plus demain, je vous prie de lui communiquer ce qui pourra l'intéresser dans cette lettre, et de faire *ensemble avec lui*. En particulier je le prie de ne point trop prendre cette habitude d'écrire sans penser qu'il trouve si douce et qui est commune maintenant à beaucoup de gens qui ne sont pas *clercs*. Je ne le presse pas pour mon article, mais je lui en fais conscience dans l'intérêt de son propre génie, qui a besoin d'un peu d'exercice, s'il ne veut pas s'endormir dans la vapeur des requêtes et des jugements. Ne voilà-t-il pas qu'il se croit un grand homme pour *faire le palais!* Heureusement l'année s'avance, et j'espère que notre ami ne tombera pas en récidive ; faites vos efforts pour le sauver de sa paresseuse humilité.

Présentez mes respects, je vous prie, à M. Bailly.

Si vous voyez M. de Kerguelen, chargez-le de dire deux mots d'amitié pour moi aux petits apprentis Marius et Blondeau. Ici tous vos amis vous demeurent très-tendrement attachés ; mettez au premier rang.

Votre dévoué.

XLIII

A M. X...

Lyon, 1er juin 1837.

Mon cher ami,

Parmi toutes les voix consolatrices qui sont venues de loin pour témoigner sympathie à mon malheur, la vôtre a été la première et n'a pas été la moins douce. Vous savez, vous aussi, quelle solitude fait dans une famille la perte d'un de ses chefs; si la mort d'une mère est plus déchirante pour ses fils, celle d'un père est plus accablante : elle fait peut-être verser moins de larmes, mais elle laisse après elle une sorte de terreur. Comme un jeune enfant, habitué à vivre à l'ombre d'autrui, si on le laisse pendant une heure seul dans une maison, pénétré du sentiment de sa propre faiblesse, s'effraye et se met à pleurer; de même lorsqu'on vivait si paisible à l'ombre de cette autorité paternelle, de cette providence visible en qui l'on se reposait de toutes choses, en la voyant disparaître tout à coup, en se trouvant seul chargé d'une responsabilité inaccoutumée au milieu de ce monde mauvais, on éprouve un des plus douloureux sentiments qui aient été préparés depuis le commencement du monde pour châtier l'homme déchu. Il est vrai que ma mère est encore là pour m'encourager de sa présence et me bénir de ses mains; mais abattue, souffrante, me désolant par les inquiétudes que sa santé me donne. Il est vrai que j'ai d'excellents frères; mais, quelque bons que soient ceux dont on est entouré, ils ne peuvent suppléer à l'absence de ceux dont on était protégé; moi surtout, d'un caractère irrésolu et craintif, j'ai besoin non-seulement d'avoir beaucoup d'hommes meilleurs que moi autour de moi, mais d'en avoir au-dessus de moi ; j'ai besoin d'intermédiaires entre ma petitesse et l'immensité de Dieu : et maintenant je suis pareil à celui qui, demeurant dans une région orageuse, sous l'abri d'un large toit, en lequel il aurait mis sa confiance, le verrait brusquement s'écrouler et resterait perdu sous la voûte infinie des cieux.

Je ne sais si je vous fais comprendre mon genre principal d'affliction; joignez-y le spectacle de l'affliction de ma famille, la rapidité du coup qui nous a frappés, les affaires d'une succession importunément mêlées aux tristesses d'un deuil, et tant de choses trop longues à dire.

Du reste, nous éprouvons un grand soulagement à penser que la piété de mon père, retrempée depuis ces derniers temps par un usage plus multiplié des sacrements, les vertus, les travaux, les chagrins, les périls de sa vie, lui ont rendu facile l'accès du séjour céleste, et que bientôt, si nous sommes bons, nous le retrouverons au rendez-vous éternel, où ne sera pas la mort. Plus se multiplie dans ce monde invisible le nombre des âmes qui nous furent chères et qui nous ont quittés, plus puissante se fait sentir l'attraction qui nous y entraîne. Nous tenons bien moins à la terre quand les racines par lesquelles nous y étions attachés sont brisées par le temps.

A quoi me servirait, mon cher ami, de vous entretenir de mes douleurs, si je ne devais que vous attrister de mes récits : et quel plaisir cruel y aurait-il à faire de l'amitié une communauté de chagrins ? Mais, quand on verse ces chagrins dans un cœur aimant et religieux à la fois, on en fait jaillir la prière, et cette prière monte agréable vers le ciel, qui l'exauce toujours. C'est donc devant Dieu que je désire que vous vous souveniez de mes maux et des besoins de ma famille entière. Vous avez d'ailleurs d'autres préoccupations plus douces et qui ont plus de droits sur votre esprit. Vous êtes père, et si cette joie est mesurée à la tristesse qu'on éprouve à cesser d'être fils, elle doit être bien grande. Jouissez du bonheur que Dieu vous fait pour vos mérites, d'autant plus excellents que vous semblez les moins comprendre. Vous croyez devoir quelque chose à la connaissance que nous fîmes ensemble il y a six années ; et moi je suis sûr d'y avoir trouvé beaucoup. Je ne sais si ma compagnie dans une grande ville pouvait vous être de quelque profit ; je sais que la vôtre me révélait la possibilité de certaines vertus dont je ne croyais pas que la jeunesse fût capable ; aussi j'ai accueilli avec une vive reconnaissance l'hôte aimable (1) que vous m'aviez envoyé pour être, disiez-vous, l'interprète de votre gratitude. Deux choses surtout m'étonnent dans cet homme : une énergie qui n'est pas de son siècle, et un choix de style, une érudition habituelle, une abondance d'allusions savantes qui accuse les lectures multipliées au delà des rares loisirs d'une profession manuelle.

Je voudrais converser avec vous davantage, mais le temps me manque, et le courage même des longs entretiens me manque aussi depuis mon malheur; je vous prierais donc d'être patient. Dites à du Lac de prier pour mon père, pour ma mère et pour moi : je lui écrirai bientôt.

A Dieu, mon cher ami, à lui seul qui rapproche les distances, console l'absence, et sait réunir tôt ou tard ceux qu'il a fait s'aimer.

(1) Reboul.

Ce fut pendant une absence qu'Ozanam eut le malheur de perdre son père; il était parti à Pâques pour Paris, afin d'y préparer ses thèses de doctorat. Mais il fut rappelé par la plus terrible nouvelle : son père avait fait une chute qui devait être mortelle; il arriva trop tard et ne le revit pas. Il en eut une profonde douleur et conserva religieusement le souvenir de tout ce qu'il devait à ce père excellent que nous voudrions faire connaître au lecteur.

Jean-Antoine-François Ozanam, né à Chalamont, le 9 juillet 1773, était fils de Benoît Ozanam, l'un des douze châtelains des Dombes, et d'Élisabeth Baudin, descendante de la famille de la Condamine et de l'ancienne maison de Saillans, dont le dernier périt, en 1792, à la tête de vingt mille hommes, dans le mouvement royaliste du camp de Jalès.

Il était petit-neveu de Jacques Ozanam, le célèbre mathématicien, membre de l'Académie des sciences, et auteur d'un grand nombre d'ouvrages.

Jean-Antoine fit de fortes études classiques au collége des Oratoriens de Lyon, et il en conserva le goût des lettres qu'il sut plus tard inspirer à ses fils. En 1793 il entra comme soldat dans le régiment des hussards de Berchiny. Après avoir assisté aux batailles de Millesimo, Mondovi, Pavie, Lodi, Castiglione, Arcole, Rivoli, il arriva en cinq ans au grade de capitaine. Doué d'un rare courage, il reçut cinq blessures, fut envoyé comme parlementaire près du général Souwarow, dont il obtint tout ce qu'il était chargé de demander, et se fit distinguer par la prise de la personne du général napolitain le prince de la Cattolica, qu'il emmena prisonnier à Bologne, et par la prise de l'étendard des hulans de Krazinsky, qu'il présenta à Bonaparte.

On raconte de lui ce trait d'une incroyable intrépidité : campé dans le Dauphiné pendant les plus tristes jours de la Terreur, il apprend que son père est arrêté et conduit dans les prisons de Bourg. A l'instant il monte à cheval, et, sans que rien puisse l'arrêter, il entre, deux pistolets aux poings, dans la salle où délibéraient les membres du comité révolutionnaire, les menace de leur casser la tête et les force à signer un ordre d'élargissement qu'il emporte, courant bride abattue vers Bourg. Par malheur, Chalamont était sur la route, il passe devant la maison de sa mère : comment ne pas lui dire que son père est sauvé ! Mais il perd un moment. Le comité, revenu de sa frayeur, le fait poursuivre, et l'ordre de l'arrêter lui-même le devance. Il ne peut plus que s'enfuir ventre à terre jusqu'à son régiment, où, dans ces temps de désordre, on ne s'était pas aperçu de son absence.

Jeune, riche, fort agréable de sa personne, aimable, spirituel, aimant le monde et d'une intarissable gaieté, Jean-Antoine quitta le service à l'avénement de l'empire, et se maria à Lyon à Marie Nantas, fille d'un riche et honorable négociant. Il vint s'établir à Paris ; là, ayant, par bonté et imprudence, donné sa signature pour un parent, il perdit toute sa fortune.

L'empereur, qui ne l'avait pas oublié et qui formait à ce moment un régiment de gardes du corps, lui envoya avec de vives instances un brevet de capitaine ; mais Jean-Antoine refusa cette offre. La fermeté de son caractère ne se laissa pas abattre par la pauvreté ; il partit pour Milan avec sa jeune famille, et, tout en donnant des leçons, il étudia la médecine, et s'en allait à pied à Pavie passer ses examens. Il lui suffit de deux ans pour devenir médecin, et médecin distingué. Il écrivit en italien, contre la doctrine de Rasori, un livre qui eut deux éditions et qui n'est point oublié, et entretint une correspondance scientifique avec le savant comte Moscati, avec Locatelli et Scarpa. Lorsqu'en 1813 le typhus fit des ravages effroyables à Milan, Jean-Antoine Ozanam alla s'établir dans l'hôpital militaire, dont les deux médecins venaient de succomber, et, seul, y soigna trois cents malades jusqu'à la fin du danger. L'empereur lui envoya à cette occasion la décoration de la Couronne de fer. Ce fut le 23 avril de cette même année que naquit son fils Frédéric.

Le docteur Ozanam revint à Lyon en 1816, ne voulant ni vivre ni élever ses fils sous la domination autrichienne. Sa réputation d'homme de bien l'y suivit. Peu après il était nommé, au concours, médecin de l'Hôtel-Dieu, aimé, estimé et connu par de nombreux mémoires, par des découvertes curieuses et par un grand ouvrage sur les *Épidémies*. Ces études constantes et une clientèle considérable ne l'empêchèrent jamais de veiller avec une infatigable activité à l'éducation de ses fils et de donner toujours le cinquième de ses soins aux pauvres. Sa dernière visite fut pour eux. C'est en descendant l'escalier d'un indigent qu'il tomba et mourut quelques heures après, le 12 mai 1857.

XLIV

A M. AMPÈRE.

Lyon, 2 juin 1837.

Monsieur et ami,

L'année dernière à cette époque, vous aviez perdu un excellent père, la France une de ses gloires, et moi un patronage qui honorait et encourageait ma jeunesse. Mon deuil se confondait avec le deuil général qui devait être une des consolations du vôtre. Toutefois vous voulûtes bien m'admettre d'une manière plus intime à partager vos douleurs. Je me souviens d'un jour où vous vîntes me visiter dans ma petite chambre : tous deux nous avions les larmes aux yeux ; je vous disais combien je me sentais pressé de retourner dans ma famille, de profiter de toutes les heures que le ciel accorderait à mes vieux parents. L'exemple de votre malheur me faisait penser en frémissant à la possibilité d'un malheur semblable.

Aujourd'hui, vous le savez, ces tristes pressentiments se sont réalisés, et les sévérités de la Providence se sont aussi appesanties sur moi. Moi aussi, pendant une courte absence, j'ai reçu une alarmante nouvelle : je suis arrivé, il était trop tard ; je suis arrivé pour embrasser ma mère et mes frères seulement : mon père les avait quittés ; il n'était plus là ; il n'y devait plus être ; je ne lui avais dit qu'un adieu de trois mois, et je m'en trouvais séparé de tout l'intervalle de la vie. Ceux qui ne l'ont pas éprouvé ne peuvent dire quel vide fait la privation d'un seul homme, quand tant de respect et d'amour l'entourait, quand on avait coutume de faire tant de choses à cause de lui, et de se reposer sur lui de tant de choses ; quand il était vraiment parmi les siens la présence visible de la Divinité. Mon père n'avait point obtenu dans la science une illustration de premier ordre, son nom n'était point célèbre dans de lointaines contrées : mais ses travaux et ses vertus l'avaient fait aimer et estimer de ses collègues, de ses concitoyens et surtout des pauvres au service desquels il est mort. Les regrets publics ne lui ont point manqué. Il ne vous était point connu ; mais vous me connaissiez, moi son fils ; et, si jamais votre bienveillance a trouvé en moi quelque chose qui ne vous déplût point, c'était de lui, de ses conseils, de ses exemples, qu'elle me venait. Ainsi l'affection que vous m'avez toujours témoignée m'assure d'avance que cette année aussi il y aura eu entre nous communauté d'afflictions : on se trouve presque heureux de ne pas souffrir seul.

Désormais les devoirs de famille me fixent à Lyon plus impérieusement encore que par le passé. Cependant j'espère dans quelques mois passagèrement revoir Paris et y terminer enfin les épreuves auxquelles je me préparais et qui pour la seconde fois se trouvent interrompues. Quant à l'affaire dont je poursuivais la décision, les circonstances où je me trouve m'obligent d'en désirer plus vivement que jamais la réussite. Auprès de ma mère et de mes frères, la chaire de droit commercial qu'on a demandée me donnerait une position sûre, honorable, paisible.

XLV

A M. HENRI PESSONNEAUX.

Paris, 19 juin 1837.

Mon cher ami,

Pardonne si je suis demeuré si longtemps sans répondre à vos bonnes lettres, et particulièrement à celle de ton père.

Vous m'avez fait cependant un nouveau devoir de vous aimer par l'intérêt que vous avez pris à mon malheur. Les témoignages de sympathie sont d'autant plus précieux que la douleur est plus grande, et, à mesure que Dieu nous retire nos parents les plus proches, nous sentons le besoin de nous rapprocher davantage des parents plus éloignés. Ma bonne mère est toujours bien souffrante : la tristesse lui dévore le cœur, et un mal intérieur n'abandonne jamais sa tête. Cependant son intelligence est parfaitement saine, et sa vertu, pieusement résignée, fait l'admiration de tous ceux qui l'environnent.

Heureux l'homme à qui Dieu donne une sainte mère ! Mais pourquoi faut-il qu'à mesure que l'auréole de sainteté entoure plus brillante cette tête chérie, l'ombre de la mort semble s'en approcher? Pourquoi dans les langues des hommes la perfection est-elle synonyme de la fin? Pourquoi Dieu ne donne-t-il rien ici-bas et ne fait-il seulement que prêter? Mon cher ami, prie avec moi pour que ma mère me soit conservée, qu'elle soit conservée à mes frères, qui ont aussi tant besoin d'elle; pour que cette maison que tu as connue heureuse et pleine d'amour ne soit pas désolée, remplie de deuil, vide de toute jouissance, donnée en spectacle comme un exemple des vicissitudes humaines, devenue un scandale pour les impies, qui en voyant si durement traitées les familles chrétiennes, se demandent insolemment où est le Dieu en qui elles avaient espéré : *Ubi est Deus eorum?*

Pour moi, c'est toujours en lui que j'espère, et jusqu'à présent je suis résolu de suivre les indications qu'il me donne dans les circonstances inégales de la vie.

Je continue par lettres les démarches qu'à Paris je faisais par moi-même. En attendant, je n'abandonne point les travaux littéraires, qui sont pour moi une des plus salutaires consolations terrestres. Je m'occupe toujours un peu de Dante.

Adieu. Je t'embrasse tendrement.

XLVI

A M. LETAILLANDIER.

Lyon, 21 août 1837.

Mon cher ami,

Vous avez dû vous étonner de mon silence. Croyez pourtant que des affaires impérieuses et continuelles ont seules pu m'empêcher de vous répondre. Quelque douloureuses que puissent être depuis trois mois mes préoccupations ordinaires, et quelque heureux que soit l'événement dont vous m'avez fait part, ce contraste n'aurait point dû empêcher l'échange de nos pensées, parce que, pour nous chrétiens, les événements les plus contraires de la vie se voient à la même lumière, se rapportent au même principe, qui est Dieu. Devant lui, il n'y a point de douleurs inconsolables, il n'y a point non plus de joies sans mélanges : il n'y a point de cœurs souffrants ni d'âmes satisfaites qui ne puissent s'entretenir dans cet admirable langage que la religion nous a fait. Comme vous avez partagé mon deuil au milieu de vos riants projets, moi aussi, au milieu de mes tristesses, j'ai souri à votre prochain bonheur ; car votre bonheur à vous n'est pas celui que rêvent les hommes vulgaires : il doit être sérieux, cherché dans un ordre de jouissances où se rencontrent beaucoup de sacrifices ; il doit s'attacher à des vertus nouvelles que vous allez pratiquer. La bénédiction du ciel sera sur votre tête, mais des soucis inconnus jusqu'à ce jour pèseront sur votre front. La paternité est aussi une sorte de royauté, une espèce de sacerdoce. Votre vocation est difficile, mais elle est belle, mais elle est grave, mais elle est certaine. Vous êtes fortuné de toucher ainsi au terme de ces agitations qui tourmentent un si grand nombre d'entre nous, inquiets, mal assurés de la destinée qu'en ce monde la Providence leur prépare : *Vivitis felices quibus est fortuna peracta.*

Hélas ! mon cher ami, il n'y a que deux ans, nous habitions ensemble comme des frères ; et le souvenir de ce temps m'est doux, nos deux vies se confondaient ; et à un si petit intervalle, voyez comme il s'est déjà fait une effrayante divergence. Vous allez avoir deux familles, toutes deux prospères, toutes deux pleines d'espérance. Et moi, je vois se dissoudre la seule que j'avais, le vide se fait autour de moi, ma pauvre mère est malade, mes deux frères me manquent durant la plus grande partie de l'année. Vous abordez un avenir que tout vous promet brillant; et moi, la perte de celui qui soutenait mes pas m'arrête au seuil de la carrière, et me laisse hésitant, chancelant, livré à mes propres conseils. Pourtant je ne suis point jaloux: Que Dieu soit béni d'avoir semé des roses sur votre chemin! et, s'il a mis des épines dans le mien, qu'il soit encore béni! pourvu que de part et d'autre son œil veille sur nous, que sa charité nous accompagne! pourvu qu'il nous fasse nous ressouvenir souvent l'un de l'autre, ici-bas, qu'il nous fasse nous retrouver ailleurs un jour!

Vous avez ici beaucoup d'amis qui se réjouissent de votre heureuse alliance, mais qui murmurent en même temps de se voir enlever l'espoir qu'ils nourrissaient de vous attirer auprès d'eux. Je parle spécialement de Chaurand, de la Perrière, d'Artaud; car, si je voulais nommer tous ceux qui vous sont attachés, il faudrait dire toute la Conférence de Saint-Vincent de Paul; car la Conférence de Lyon est bien étroitement liée avec la Société de Paris; cette union fait notre force, et cette force s'augmente chaque fois qu'une nouvelle conférence se forme quelque part, comme dans ces derniers temps à Dijon et à Toulouse. Ne ferez-vous rien au Mans? ne nous donnerez-vous pas des frères, vous qui fûtes un de nos pères, vous qui fûtes, je m'en souviens, le premier auteur de notre société? Voyez, ne faites pas comme d'autres à qui la famille fait oublier tout le reste. Vous avez dans le cœur assez d'amour pour le répandre au dehors même de votre foyer domestique : vous aurez besoin de beaucoup plus de grâces que par le passé; ce ne serait pas le cas de faire moins de bonnes œuvres. Puisse chacun de nous, en vieillissant en âge, vieillir aussi en amitié, en piété, en zèle pour le bien ! Puisse notre vie entière se passer sous le patronage de ceux à qui nous avons consacré notre jeunesse : Vincent de Paul, la Vierge Marie, et Jésus-Christ notre Sauveur !

Adieu. Je vous aimerai toujours tendrement.

XLVII

A M. L...

Pierre-Bénite, près Lyon, 5 octobre 1837.

Mon cher ami,

Puisque vous le voulez, je vais vous tenir au courant de mon existence depuis l'époque où je vous ai quitté.

Vous n'ignorez pas ce qu'il y a de durable dans certaines douleurs. Quand viennent à se replier les ailes sous lesquelles nous avons vécu si longtemps, que l'ombre à laquelle s'abritait notre tête nous manque tout à coup, et que seuls nous portons le poids de la chaleur, est-il étonnant que le chagrin soit désormais de tous les jours ? Ce vide immense que fait dans l'âme de tous les hommes l'absence de Dieu, s'agrandit pour nous de l'absence d'un père ou d'une mère; et je ne doute pas, mon cher ami, que ce ne soit là l'une des causes de ce deuil intérieur que nous portons tous deux.

La santé de ma mère, qui est menacée de perdre lentement la vue, est aussi pour moi une grande-

affliction. J'ai eu d'autres tribulations de famille, qu'il serait trop long de vous énumérer. Toute l'administration de notre petite fortune pèse désormais sur moi, et mon inexpérience m'appesantit encore le fardeau. Excepté des querelles entre frères, nous avons eu tous les ennuis d'une succession où il y a un mineur. Indépendamment de ces soucis communs à toute la famille, j'ai ceux de ma profession. J'ai plaidé cette année environ douze fois ; trois fois seulement au civil où j'ai gagné toujours, et notamment dans une question d'opposition à mariage et d'interdiction qui avait été agitée avec beaucoup d'opiniâtreté de part et d'autre. Les émotions de la plaidoirie ne sont point pour moi sans charme, mais les émoluments ne rentrent qu'avec difficulté, et les rapports avec les gens d'affaires sont si pénibles, si humiliants, si injustes, que je ne puis m'y plier. La justice est le dernier asile moral, le dernier sanctuaire de la société présente ; la voir entourée d'immondices, c'est pour moi une cause d'indignation à chaque instant renouvelée. Ce genre de vie m'irrite trop, je reviens presque toujours du tribunal profondément ulcéré ; je ne puis pas plus me résigner à voir le mal qu'à le souffrir.

Cependant je suis loin de vouloir abandonner une profession dont les circonstances actuelles me font plus que jamais une nécessité ; après les vacances, je ferai une leçon de droit à trois jeune gens dont j'espère voir les écus et qui se trouvent trop grands seigneurs pour s'aller asseoir sur les bancs de l'école.

Là ne se borne point l'horizon de mon avenir; mais, s'il est plus large, il est passablement orageux. Le conseil royal de l'instruction publique ayant renvoyé la demande (1) au ministre du commerce, ce dernier est disposé à encourager pécuniairement l'institution de la chaire, si la chambre de commerce et le conseil municipal en veulent faire les principaux frais, et maintenant se discutent les quotités pour lesquelles la chambre, le conseil et le ministère contribueront. L'institution et la dotation une fois décidées, il s'agira de la nomination. Alors je me présenterai avec l'entourage de ceux qui me veulent du bien, et il faudrait une chance singulièrement malheureuse pour me faire échouer. Quand ces négociations n'auraient pas d'autres effets, elles auraient toujours celui de m'avoir prouvé l'affection de tous mes amis; car les vœux des uns ne m'ont pas plus manqué que les efforts des autres.

Au reste, en tout ceci, je me tiens passif. J'éprouve une sorte de respect religieux, peut-être superstitieux, pour l'incertitude actuelle de ma destinée. Je m'en suis remis aux soins de la Providence, je crains d'y mettre la main. Il me semble

(1) Demande faite par la ville de Lyon pour la fondation d'une *chaire de droit commercial.*

que le succès heureux ou malheureux de cette affaire décidera si je demeurerai dans le monde ou si j'en sortirai quand les événements me rendront libre. Vous apercevez là quelle est la témérité de mes rêveries, et sur quel terrain sacré elles osent se porter. Mais, en vérité, j'envie le sort de ceux qui se dévouent entièrement à Dieu et à l'humanité. Et d'un autre côté, cette question de mariage se représente souvent à mon esprit; jamais elle n'en sort sans y laisser d'incroyables répugnances. Je suis plus faible que beaucoup d'autres, et les égarements de mon imagination auraient pu entraîner bien loin mon cœur. Et toutefois je sens qu'il y a aussi une virginité virile qui n'est pas sans honneur et sans charmes, et dans l'union conjugale il me semble qu'il y ait une sorte d'abdication. Il peut se faire qu'il y ait là-dedans quelque injuste mépris pour les femmes. Cependant la sainte Vierge et ma mère et quelques autres me font pardonner bien des choses à ces filles d'Ève. Mais je déclare qu'en général je ne ne les comprends pas. Leur sensibilité est quelquefois admirable, mais leur intelligence est d'une légèreté et d'une inconséquence désespérantes. Avez-vous jamais vu conversation plus capricieusement interrompue, moins suivie que la leur? Et puis s'engager à une société sans réserve, sans fin, avec une créature humaine, mortelle, infirme, misérable, si parfaite qu'elle soit ! C'est surtout cette perpétuité de l'engagement qui est pour moi une chose pleine de terreur, et c'est pourquoi je ne puis m'empêcher de verser des larmes quand j'assiste à un mariage, comme lorsque je me trouve à une ordination ou à une prise d'habit. Je ne conçois pas la gaieté que l'on a coutume de rencontrer dans les noces.

Vous voyez que la vie ne m'apparaît pas semée de roses, et, si votre ciel est sombre, le mien ne l'est guère moins. Je vous dirai, pour ne vous rien taire, que des images encore plus noires s'y montrent quelquefois. Il y a un peu plus d'une semaine que la méditation prolongée de mes misères intérieures et extérieures m'avait si fort bouleversé l'esprit, que j'étais arrivé à une impossibilité absolue de penser et d'agir. J'avais la tête en feu, tournée en tous sens par des idées désolantes, et la plus désolante de toutes était peut-être l'idée même de mon état actuel. L'excès du mal me fit recourir au médecin, au médecin veux-je dire qui a le secret des infirmités morales et qui a le dépôt du baume de la grâce divine. Or, après que j'eus exposé avec une énergie qui en ces occasions m'est peu commune, mes tristesses et les sujets de mes tristesses à l'homme charitable que j'appelle mon père, que pensez-vous qu'il me répondit? Il me répondit par ces mots de l'Apôtre : *Gaudete in Domino semper*. N'est-ce pas là pourtant une étrange parole? Voilà un pauvre homme qui vient d'avoir le plus grand des malheurs dans l'ordre des choses spirituelles, celui d'offenser Dieu ; le plus grand des malheurs dans l'ordre des choses de la nature, celui de devenir orphelin ; il a une mère âgée et malade dont il épie tous les mouvements, tous les regards, tous les traits chaque jour, pour savoir combien de temps encore il la conservera ; il se voit détaché par l'absence ou par la mort de plusieurs amis auxquels il était tendrement attaché ; et d'autres séparations encore plus douloureuses le menacent. Il est de plus dans toutes les angoisses d'une destinée indécise, accablé de sollicitudes et d'affaires dont les plus heureuses ne laissent pas de le froisser ; s'il se replie sur lui-même pour fuir les spectacles affligeants du dehors, il se trouve rempli de faiblesses, d'imperfections, de défauts ; et les humiliations et les souffrances secrètes qu'il se cause à lui-même ne sont pas les moins pénibles de toutes. Et l'on vient lui dire, non point de se résigner, non de se consoler, mais de se réjouir : *Gaudete semper !* Il faut bien toute l'audace, toute la pieuse insolence du christianisme, pour parler de la sorte. Et cependant le christianisme a raison.

La tristesse a ses dangers : elle se confond souvent avec la paresse, et même elle occupe la place de cette dernière dans les anciennes énumérations des péchés capitaux. J'ai sous les yeux un passage de saint Grégoire le Grand qui s'en exprime en des termes bons à connaître et à retenir :

« *Initium omnis peccati superbia. Primæ autem ejus soboles, septem nimirum principalia vitia, ex hâc virulentâ radice proferuntur : scilicet, inanis gloria, invidia, ira, tristitia, avaritia, ventris ingluvies, luxuria... De tristitiâ, rancor, malitia, pusillanimitas, desperatio, torpor circa præcepta, vagatio mentis circa illicita nascitur* (1). ». Ne sont-ce pas bien là les effets, et la cause n'est-elle pas aussi heureusement indiquée? Il y a, selon moi, deux sortes d'orgueil : l'un plus grossier et auquel on échappe aisément ; c'est le contentement de soi-même ; l'autre, plus subtil, plus facile à se glisser inaperçu, plus raisonnable, se cache dans le déplaisir qu'on a de ses propres misères, déplaisir qui, s'il ne se tourne pas en contrition, se tourne en dépit; nous sommes désolés de ne point pouvoir nous reposer en nous-mêmes, notre conscience est un témoin à charge que nous entendons malgré nous, nous enrageons d'être si peu de chose, parce que nous avons hérité du premier sentiment coupable du premier père, et que nous voudrions être des dieux. Dans cet état, nous nous reprochons surtout les imperfections qui dépendent le moins de notre volonté ; nous aimons mieux nous désespérer

---

(1) « L'orgueil est le commencement de tout péché. De cette source empoisonnée sortent les sept vices capitaux; ces premiers nés de l'orgueil, à savoir : la vaine gloire, l'envie, la colère, la tristesse; l'avarice, la gourmandise, la luxure... De la tristesse naissent l'aigreur, la malice, la pusillanimité, le désespoir, la négligence dans l'accomplissement des préceptes, les complaisances de l'imagination autour des choses illicites. »

que de nous condamner. Nous nous en prendrions volontiers au Créateur de ne nous avoir pas plus avantageusement doués ; nous sommes presque jaloux des facultés et des vertus d'autrui. Ainsi l'amour s'affaiblit, et l'égoïsme se cache sous cette trompeuse austérité de nos regrets : nous ne nous déplaisons si fort que parce que nous nous aimons trop. Et en effet remarquez combien on se complaît dans la mélancolie : premièrement, parce que c'est une manière de s'occuper de soi ; secondement, parce qu'à défaut de mérites que l'on voudrait trouver en soi pour les admirer, on est heureux d'y montrer du moins le chagrin de ne les pas avoir. C'est un sentiment d'apparence honorable, c'est une sorte de justice, c'est presque une vertu. Et puis il est plus commode de rêver que d'agir : les larmes nous coûtent moins que la sueur ; et ce sont nos sueurs que la sentence inexorable nous demande.

Ce peut donc être le commencement de la sagesse de faire rentrer l'homme en lui-même, et en effet la sagesse antique et païenne avait connu ce précepte; mais, si l'on ne veut pas que l'homme ainsi rentré en soi y meure de honte et de découragement, il faut faire descendre dans la prison un rayon d'en haut. Il faut quelque chose qui ne soit pas humain, qui vienne cependant visiter l'homme dans la solitude de son cœur, et qui l'en fasse sortir pour entrer en action : ce quelque chose, c'est la charité ; c'est elle seule qui change le remords en pénitence, qui féconde la douleur et lui fait germer de généreuses résolutions ; c'est elle qui fait la confiance, et par la confiance, le courage ; car elle fait disparaître cette vue de nous-même qui nous confond devant la vue de Dieu, dont elle nous investit, dans lequel elle nous fait sentir, être et mouvoir : « *In ipso movemur et sumus ;* » qui nous éclaire de sa lumière et nous fortifie de sa force. Dans ces hautes régions, tout change d'aspect, et, contemplés dans l'économie des volontés divines, les plus funestes événements s'expliquent, se justifient, et laissent voir en eux un signe consolateur. Ainsi ces maux du dedans et du dehors dont nous souffrions naguère n'affectent plus désormais que notre sensibilité, le bas étage de notre âme ; sa partie la plus haute s'élève au-dessus ; des préoccupations meilleures y résident ; une joie sérieuse, mais véritable, l'environne ; et le prodige est accompli, et le précepte de l'Apôtre s'est réalisé : *Gaudete semper*, parce que c'est Dieu même qui est la cause de cette joie inconnue à la nature : *Gaudete in Domino*.

Peut-être, mon cher ami, cela tient-il beaucoup du sermon. Et cependant quel emploi plus digne de l'amitié que celui de chercher ensemble le remède à des maladies qu'on pense avoir communes ? Je crois donc qu'il y a trois sortes de genres de vie entre lesquels il faut opter : la vie externe, qui se perd dans les jouissances matérielles, et qui est celle des païens et de la classe infime de l'humanité : *Epicuri de grege porci ;* la vie interne et réfléchie, qui se concentre dans la méditation des infirmités et des besoins de l'âme, mais qui est stérile et nulle si l'on s'y arrête comme les philosophes de l'antiquité et plusieurs esprits débiles de nos jours; la vie supérieure et chrétienne, qui nous tire de nous-même pour nous conduire à Dieu, où nous trouvons désormais le point de vue de toutes nos pensées et le point d'appui de toutes nos œuvres.

Maintenant, s'il fallait vous en croire, on devrait vous ranger avec moi dans la seconde catégorie, dont il est facile de déchoir dans la première, si l'on ne s'élève pas à la troisième. Aidons-nous donc, mon cher ami, de conseils et d'exemples; tâchons que la confiance en la grâce égale notre défiance de la nature, et cela non-seulement dans l'ordre des vertus religieuses, mais même dans nos occupations temporelles. Faisons-nous forts, car la maladie de ce siècle est la faiblesse. Songeons que nous avons déjà vécu plus du tiers de notre existence probable, que nous avons vécu par le bienfait des autres, et qu'il faut vivre le reste pour le bien des autres. Faisons ce bien tel qu'il s'offre, sans reculer jamais par une fausse humilité.

Et, vous particulièrement, mon cher ami, ne trompez pas nos espérances. Vous savez combien nous sommes à qui vous en avez donné. Votre main a été faite heureuse à traduire les pensées de votre esprit, facile à s'ouvrir pour les misères que comprend votre cœur. Sans abandonner votre profession vous ferez de bons écrits et de bonnes œuvres. Vous cultiverez cette science d'économie pour laquelle il vous a été donné une aptitude spéciale : plus tard peut-être vous serez appelé à en réaliser les théories régénérées, votre bienfaisance particulière sera chargée de représenter et de diriger la bienfaisance publique. Préparez-vous à l'une ou l'autre de ces missions.

Notre petite Société de Saint-Vincent de Paul est devenue assez considérable pour être regardée comme un fait providentiel, et ce n'est pas sans quelque raison que vous y occupez une place qui a de l'importance. Ne vous y trompez pas, secrétaire général, vous êtes, après M. Bailly, l'âme de la Société. C'est de vous que dépend l'union des diverses conférences, et de l'union la vigueur et la durée. Voyez donc que de grands devoirs vous sont imposés, et l'activité est le premier de tous.

Soyez souvent présent aux assemblées particulières ; voyez de temps à autre les présidents ; tenez la main aux réunions du conseil de direction ; stimulez quelquefois le calme trop grand du président général ; ne négligez pas la correspondance avec les conférences de province. Si vous m'en croyez, lorsqu'une conférence a manqué d'écrire à l'époque fixée, vous lui écrirez vous-même un peu avant l'époque suivante pour l'engager à être plus fidèle au rendez-vous. Ne laissez pas non plus attendre trop longtemps les circulaires. Celle que vous m'adressâtes il y a deux mois était fort bien et répondait à un besoin urgent ; la visite des familles n'est point si facile qu'on se l'imagine ; les instructions à ce sujet sont d'une extrême utilité, il serait bon d'y revenir. Vous aurez lu dans l'*Université catholique* quelques lignes de ce pauvre M. de la Morvonnais, qui me semble opposer avec beaucoup d'avantage le système des secours à domicile à celui des dépôts de mendicité. Peut-être en conviendra-t-on un jour, et une meilleure organisation des bureaux de bienfaisance résoudra la question si agitée des formes que doit prendre la charité publique. Méditez ces points, mais ne me demandez pas de lumières ; car, pour mon compte, j'aperçois bien les inconvénients, mais fort peu les ressources. Entre la prudence dans les matières religieuses et la pusillanimité, entre la réserve extrême et l'extrême familiarité, il y a un milieu difficile à tenir.

Nous avons ici des conférences qui ont admirablement réussi à obtenir dans leurs familles un empire salutaire ; d'autres qui ont été victimes de leur excessive bonté. Quelques exhortations de votre part leur seront profitables ; ce qui vient de Paris jouit d'une grande autorité : *Major a longinquo reverentia*. Je n'approuve pas moins votre intention de nous entretenir dans une prochaine lettre, non point précisément du sermon de charité, qui est une question toute parisienne, mais de l'esprit extérieur de la société, de l'absence du secret, et de la nécessité de rester obscur. Il serait bon de poser d'abord ce principe : que l'humilité est obligatoire pour les associations comme pour les individus, et l'appuyer, par l'exemple de saint Vincent de Paul, qui reprimanda sévèrement un prêtre de la Mission pour avoir nommé la Compagnie : *notre sainte Compagnie*. *Servi inutiles sumus*, tel est le témoignage que doivent se rendre ceux qui s'unissent pour servir Dieu et les hommes. Il faudrait ensuite insister sur les caractères de l'humilité et montrer comme elle doit exclure cet orgueil collectif qui se cache souvent sous le nom d'amour de corps, et ces manifestations imprudentes à l'égard des étrangers sous prétexte d'édification et de prosélytisme. D'une autre part, on remarquerait que le secret n'est point la forme nécessaire de l'humilité véritable, que souvent même il lui est contraire, car on ne tait guère que ce que l'on croit important, et l'on se dédommage entre soi de l'admiration que l'on ne peut pas rechercher au dehors.

Ainsi : *ne point se faire voir, mais se laisser voir*, telle pourrait être notre formule, et c'est à peu près celle qu'on rencontre parmi les maximes d'un grand apôtre de la charité, saint François de Sales. Nous avons eu lieu ici surtout d'appliquer et d'apprécier cette doctrine, entourés que nous étions de deux sortes d'écueils. D'une part, la rivalité de quelques autres sociétés pieuses, et, de l'autre, le zèle un peu expansif de quelques associés qui allaient répandre partout les louanges de notre œuvre naissante. L'exagération de leurs rapports nous rendait suspects aux uns et ridicules aux yeux des autres. On nous prophétisait que la publicité serait notre mort ; mais, grâce à Dieu, les prophètes de malheur ont menti, nous nous sommes faits petits, nous avons fait pitié, on nous a laissé vivre : notre nombre a grandi et aussi nos aumônes ; un peu de bien moral s'est fait par notre entremise et nous a distingués des associations purement philanthropiques.

Je vous parlerai, dans une lettre que j'adresserai à M. Bailly pour le conseil de direction, d'une œuvre que nous avons entreprise sans préjudice de la visite des familles, et qu'il serait désirable de voir s'établir partout où existent des conférences. Il s'agit de la propagation de l'instruction chrétienne parmi les soldats des garnisons. Nous avons monté ici une bibliothèque et une école de lecture, d'écriture et de calcul pour les militaires, et déjà les résultats sont consolants. Nous avons plusieurs jeunes amis à vous envoyer après les vacances passées.

Je ne finirais pas si je voulais nommer tous ceux qui vous aiment. Mon frère aîné veut être inscrit des premiers, et Charles veut aussi une place sur la liste. Pour ma mère, elle me charge de vous dire qu'elle compte sur votre retour à Lyon et qu'elle veut vous trouver femme. Et moi, leur interprète à tous, veuillez me croire, quand je vous parle pour mon compte et que je me nomme en vous embrassant, votre ami tendrement dévoué.

XLVIII

A. M. L...

Lyon, 7 février 1838.

Mon cher ami,

Janmot ne partira pas sans vous porter quelques lignes de moi, non dans son intérêt, vous savez trop combien nous l'aimons tous pour qu'il ait besoin d'être rappelé à votre mémoire, mais dans le but de m'acquitter de la dette que je contractai naguère avec vous en vous écrivant une si courte et si brusque lettre.

L'affaire dont je vous parlais marche à sa conclusion. Le conseil municipal n'attend que l'approbation du budget de la ville par le ministre de l'intérieur pour procéder à la nomination des candidats. J'ai fait plus de soixante visites, j'ai vu trente-quatre conseillers municipaux, et, grâce aux bontés de bien des gens, j'ai acquis la certitude presque entière d'être présenté. Je ne sais pourquoi, je me sens pressé à vous mêler dans cette affaire, ou plutôt vous savez déjà de quelle espérance je me flatte. Si je parviens à ce poste où tout le monde m'annonce la formation d'une clientèle que je ne veux pas exploiter, il ne tiendra qu'à vous de venir partager avec moi l'avantage de cette position. Dans une ville où les réputations percent plus promptement, où vous avez déjà tant d'affections et tant d'estimes acquises, vous vous trouveriez peut-être mieux qu'à Paris.

Cette proposition est sérieuse et consciencieuse de ma part, si intéressée qu'elle puisse paraître. En présence des ruines qui se font dans la famille que la nature m'avait donnée, j'ai besoin que celle que me crée l'amitié ne m'abandonne point. J'assiste tous les jours au plus douloureux des spectacles, la décadence des forces de ma pauvre mère; en même temps que se perd sa vue, s'affaiblit son énergie morale; sa sensibilité semble s'augmenter en proportion avec toutes les inquiétudes, toutes les tristesses qui se peuvent concevoir dans une âme comme la sienne. Au lieu donc de trouver en elle l'appui nécessaire à mon âge et à mes premiers pas dans le monde, il faut que je la soutienne, de la parole comme du bras. Les missions continuelles de mon frère aîné m'ôtent la ressource de ses bons conseils, et peut-être les desseins de Dieu sur lui l'entraîneront-ils encore plus loin de moi. Mais c'est surtout la communication des sentiments et des idées, c'est la sympathie, l'encouragement intellectuel, l'assistance morale, ce sont les offices intimes de l'amitié qui me manquent, et dont la rareté me fait beaucoup souffrir.

Je les rencontre pourtant, mais moins fréquents qu'il ne faudrait dans notre Société de Saint-Vincent de Paul. Ces soirées hebdomadaires sont une des plus grandes consolations que la Providence m'ait laissées. Et particulièrement mes rapports, trop peu multipliés à mon gré, avec Chaurand, Arthaud, la Perrière, me rappellent les meilleurs jours de Paris. Nos œuvres se soutiennent ; mais, si elles s'accroissent, c'est comme l'alluvion : *Incrementum latens*. La division en deux conférences n'a pas eu de fâcheux effets, sans que ses résultats nous aient donné jusqu'ici une bien vive satisfaction. Quatre réunions d'un genre moins sérieux auront lieu cet hiver pour remettre en présence les membres ainsi séparés, pour multiplier les liaisons réciproques, et placer un peu de notre côté cet allié puissant qui se met souvent au service de nos ennemis, le plaisir. Votre lettre a ranimé pour l'œuvre des militaires l'ardeur qui commençait à languir : vous ne sauriez croire quelle magie il y a dans les paroles venues de loin, et dans le suffrage d'un si grand nombre d'amis. Les liens qui nous rattachent à la Société de Paris sont comme ceux qui unissaient ces jumeaux célèbres dont la séparation fit la mort : le sang et la vie y circulent intérieurement.

Courage donc, chers amis ; nos aînés dans la

pratique du bien, soyez toujours nos modèles. Il me semble quelquefois que la Société de Saint-Vincent de Paul, ainsi placée aux portes des écoles, c'est-à-dire aux sources de la génération nouvelle, de cette génération destinée à occuper un jour des positions sociales d'où s'exercent toutes les influences, pourrait donner quelque impulsion heureuse à notre pauvre société française ; et par la France, au monde entier. Il me semble que Lacordaire est le Pierre l'Ermite de la croisade dont il vient si bien de marquer les camps et les bannières. Voyez comme des villes d'Irlande à celles du Rhin les signes de ralliement se répètent ; c'est à nos cités de les répéter à leur tour à l'Espagne, à l'Italie défaillantes. J'aurais voulu une manifestation de la jeunesse parisienne au sujet de l'affaire de Cologne (1). Vous rappelez-vous le jour où Lacordaire

(1) Dans le courant de l'année 1837, un conflit éclata entre le gouvernement du roi de Prusse, Frédéric-Guillaume III et Mgr Clément de Droste-Wischering, archevêque de Cologne. Ce conflit avait pour cause la prétention du gouvernement prussien d'astreindre le clergé catholique à suivre les prescriptions de la loi prussienne en ce qui touche la bénédiction des mariages mixtes entre catholiques et protestants. Quelques prélats avaient cru pouvoir céder à la pression gouvernementale et ne plus exiger des conjoints la promesse d'élever les enfants dans la foi catholique. Mgr de Droste donna le premier l'exemple d'une résistance basée sur les lois canoniques et les obligations de sa charge pastorale, conformément aux règles tracées par le bref du pape Pie VIII, du 25 mars 1830. Pour l'en punir, le gouvernement fit arrêter l'archevêque de nuit dans son palais, et le fit emprisonner dans la forteresse de Minden, d'où il fut ensuite transporté à celle de Colberg, en Poméranie.

« A la nouvelle de cet acte, le pape Grégoire XVI assembla les cardinaux en consistoire, le 10 décembre 1837, et prononça une

demandait à Dieu des Saints? On vous donne des Thomas de Cantorbéry, et vous ne les saluez pas d'un cri d'admiration? Il me paraît pourtant qu'à ce coup les Sarrasins du rationalisme nous avaient fait une belle position pour le combat, et que c'était l'occasion de crier : Dieu le veut!

Il vous appartient, par votre ancienneté et votre charge dans la Société de Saint-Vincent de Paul, de la ranimer de temps à autre par des inspirations nouvelles, qui sans nuire à son esprit ancien, préviennent les dangers d'une trop monotone uniformité. Prenons garde de ne point nous renfermer dans des habitudes trop restreintes, dans certaines limites infranchissables de nombre et de durée. Pourquoi les conférences de Saint-Étienne et de Saint-Sulpice ne peuvent-elles dépasser cinquante membres assidus? Songeons-y.

Adieu, mon cher L..., je me laisse entraîner à une impétuosité qui vous paraîtra peut-être bien juvénile dans un homme que cette année écoulée devrait avoir beaucoup vieilli. Adieu, il faut finir ; mais je ne finis pas, je vous assure, de songer à vous, et de prier pour votre bonheur Celui en qui je suis pour toujours

Votre ami.

allocution où il racontait les différentes phases de la négociation relative aux mariages mixtes, et donnait un témoignage public d'admiration et de sympathie à l'archevêque captif. » (*Œuvres complètes de M. de Montalembert*, t. IV.)

XLIX

A M. L...

Lyon, 9 avril 1838.

Mon cher ami,

J'avais espéré vous porter moi-même la réponse à votre dernière lettre ; mais les retards se multipliant encore et ne me permettant pas de déterminer d'une façon précise l'époque de mon voyage, il faut bien que j'écrive pour ne pas laisser de lacune dans une correspondance qui nous est si chère.

Et d'abord, recevez mes remercîments bien vifs pour les bons offices que vous m'avez rendus. Le conseil municipal ne peut faire sa présentation de candidats qu'après que le budget de la ville, approuvé à Paris, sera revenu apportant implicitement l'approbation du gouvernement pour l'établissement de la chaire de droit commercial. J'espère beaucoup, voyant en ceci quelque chose de providentiel : le plus difficile est fait, et je ne puis assez m'étonner qu'un pauvre garçon comme moi en soit venu à faire créer une chaire. Il reste à prendre garde de n'ajouter point un cinquième vers aux « *Sic vos non vobis* » de Virgile. Si pourtant il en arrivait ainsi, après que tous les moyens humains qui se pouvaient imaginer ont été employés en ma faveur, j'y reconnaîtrais encore une volonté de Dieu, et je m'en consolerais aisément. Toute cette affaire est pour moi une question de vocation : j'en attends la solution avec respect, et j'espère la recevoir avec calme, quelle qu'elle soit.

Il est pourtant vrai qu'un intérêt temporel considérable s'y trouve engagé ; car j'éprouve comme vous les inquiétudes de la « *Res angusta domi,* » et, ce qui est pire, cette inquiétude ne se borne pas à moi seul, elle s'étend à mon petit frère et à ma mère, dont les besoins augmentent à mesure que sa santé s'affaiblit. Et moi qui après tant de sacrifices faits par mon père pour mon éducation, devrais pouvoir le remplacer aujourd'hui et devenir le soutien de ma famille, je ne suis au contraire qu'une charge de plus. Une leçon de droit que je donne tous les jours est le plus positif de mes revenus. La clientèle me laisse de larges loisirs. A l'exception de deux affaires d'assises qui m'ont servi à faire un peu de bruit et point d'argent, deux procès que j'ai conciliés, un que j'ai plaidé au tribunal de commerce la semaine dernière, un mémoire assez considérable que j'ai rédigé dans une contestation entre commerçants, un certain nombre enfin de consultations gratuites, voilà toutes les occupations que m'a données depuis cinq mois cette digne profession d'avocat, l'une de celles où l'on fait le mieux fortune à la fin, si l'on n'est pas mort de faim au commencement. Et cependant, je vous avouerai que ces préoccupations si rares me pèsent encore : je ne m'acclimate point dans l'atmosphère de la chicane; les discussions d'intérêts pécuniaires me sont pénibles. Il n'est pas de si bonne cause où il n'y ait des torts réciproques ; il n'est pas de plaidoyer si loyal où il ne faille dissimuler quelques points faibles. Il existe des habitudes d'hyperbole et de réticence dont les plus respectables membres du barreau donnent l'exemple et auxquelles il faut s'assujettir; toutes les figures de rhétorique sont réduites en action devant les tribunaux qui n'entendent plus que ce langage. Il est convenu qu'on doit demander deux cents francs de dommages-intérêts quand on en veut cinquante; que le client ne saurait manquer d'avoir raison en toutes ses allégations, et que l'adversaire est un drôle. Exprimez-vous en termes plus raisonbles, vous passez pour avoir fait des concessions; vous vous êtes avoué vaincu; les confrères vous en font des reproches; le client se prétend trahi ; et si vous rencontrez dans le monde un des juges qui ont siégé dans l'affaire, il vous aborde en vous disant : « Mon cher, vous êtes trop timide ! »

Mais il me semble que je retourne à un chapitre que vous avez toujours dû trouver long dans mes lettres, celui de mes chagrins. J'en aurais beaucoup à vous dire : toujours les mêmes tristesses autour de moi et ma mère presque aveugle, toujours les mêmes tristesses en moi et les mécontentements que me donne mon naturel incorrigible. En ce moment je souffre d'un mal qui vous paraîtra singulier dans une ville où j'ai des parents et des amis si nombreux, je veux dire l'isolement. Car d'un côté je ne puis épancher auprès de ma mère, dont l'extrême sensibilité rend les émotions très-dangereuses, tout ce que j'ai de soucis et de pensées affligeantes; je ne puis les décharger dans le cœur de mon frère qui est presque toujours absent et que je ne vois presque jamais seul : si j'en parlais à d'autres parents, ce serait leur demander des conseils qui de leur part seraient des ordres. Mes amis, plus heureux que moi, n'ont pas besoin de sortir de leur famille, ils y demeurent habituellement renfermés, il n'existe plus entre nous cette nécessité d'un rapprochement mutuel qu'on éprouvait à Paris.

Rien ne m'est douloureux comme ces longues soirées du dimanche que ma mère passe chez sa sœur, où je vois des groupes joyeux attirés par le retour du printemps remplir les promenades, tandis que je demeure seul, et, ne connaissant pas de plus maussade compagnie que moi-même, je me renferme avec un journal ou avec un livre. J'apprécie maintenant par la privation tout ce que vaut le commerce de la parole vivante, combien il féconde plus la pensée que la lettre morte des plus grands écrivains. J'ai besoin d'entendre parler, et je ne rencontre guère, soit au palais, soit à l'église, soit dans les sociétés, qu'un langage trivial et mesquin. Je me sens trop jeune encore pour me passer de modèles et de maîtres, et je rencontre rarement des modèles et des maîtres que je voulusse accepter. Mais je m'en passerais encore si j'avais quelque dédommagement dans les entretiens et les sympathies des jeunes gens de mon âge. Qu'il est fâcheux pour moi, mon excellent ami, que vous ne soyez pas Lyonnais!

Une distraction me reste dans les travaux littéraires auxquels je puis encore me livrer, mais avec des interruptions si nombreuses, et une telle difficulté d'exécution, que je crains souvent d'être attaché par l'amour-propre seul à cette plume ingrate qu'il vaudrait peut-être mieux briser. J'ai cependant un service à vous demander. Dans trois semaines environ, j'aurai terminé de copier ma thèse sur Dante qui est devenue un volume. Me permettrez-vous de vous l'adresser, et de vous prier, après l'avoir lue, de la porter chez M. le Clerc, doyen de la faculté des lettres, à l'examen duquel elle doit être soumise? Ainsi je diminuerai d'autant les délais que j'aurai à subir en arrivant à Paris.

La Société de Saint-Vincent de Paul vous doit aussi des actions de grâces pour la promptitude avec laquelle vous lui avez fait parvenir le dernier compte rendu. Cette pauvre Société a bien aussi ses tribulations. Elle en a de la part de ses membres dont l'inexactitude la fait souvent languir ; elle en a surtout du côté du dehors, d'où ne cessent de se renouveler des agressions dont il est difficile de reconnaître les auteurs. Il me faudrait autrement d'énergie et de liberté d'esprit que mon tempérament et mes affaires ne m'en laissent, pour faire tête à tout ; et néanmoins il est des circonstances qui m'empêchent de me démettre d'une présidence si mal remplie. Toutefois nous avons eu des consolations de plus d'un genre. Quatre réunions joyeuses ont réuni cet hiver des membres de la Société autour d'une table fraternelle, où les liens de la charité se sont resserrés, tandis que se relâchaient ceux des bourses.

Notre force morale nous vient surtout des autres conférences de Paris et de la province. Cette solidarité fait notre crédit aux yeux du monde, en même temps qu'elle fait notre confiance. La conférence de Dijon nous a écrit naguère pour des renseignements que nous lui avons immédiatement communiqués sur l'œuvre des militaires. Par contre, une lettre de M. X... m'a appris que la conférence de Nîmes n'avait pas d'espérance de se rétablir. Voyez si vous ne pourriez pas ranimer la mèche qui fume et relever le roseau brisé. L'existence de trois nouvelles réunions à Paris nous a causé beaucoup de joie. Que l'association, mon ami, est une merveilleuse chose, et comme seule elle rassure et console cet isolement dont je me plaignais tout à l'heure! qu'il importe de ne pas en laisser disperser les éléments, ni se ralentir l'attraction qui les rapproche!

C'était pour entretenir la chaleur parmi la jeunesse catholique que je vous proposais une manifestation dans le genre de la souscription ouverte par l'*Univers religieux* pour l'archevêque de Cologne. Je sais bien que ni lui, ni l'Église, ni Dieu, n'ont besoin de nos suffrages. Le plus beau suffrage qu'il eût pu désirer, le glorieux prélat, c'est la rétractation de ses collègues, c'est l'arrestation de l'archevêque de Posen. Voici une heure bien solennelle pour cette catholicité d'Allemagne, dont on annonçait tout haut la perte prochaine. Voici l'Irlande qui donne la main à la Pologne à travers la Belgique et les provinces rhénanes. Je lisais, il y a quelques jours, une énergique protestation de l'archevêque de Tuam contre le système de pervertissement que le protestantisme anglican exerce sur la jeunesse irlandaise. Avant-hier, j'avais entre les mains la lettre de l'archevêque de Posen, et hier je voyais la bulle du Pape à l'archevêque de Malines chargé de la transmettre au clergé prussien. N'est-il pas admirable de sentir s'ébranler tout le Nord, d'entendre le craquement des glaces que le protestantisme y avait amoncelées ! La débâcle est proche. Alors on verra entraînées, broyées, ces superbes et paresseuses existences que s'étaient faites les faux pasteurs, ces autorités usurpées des rois ; on verra ces couronnes qui ont voulu devenir des tiares, ces crosses qui ont voulu devenir des épées, flotter en débris sur l'abîme avec les innombrables richesses dont la Réforme s'était engraissée, avec ces millions de livres menteurs ou défigurés dont elle leurrait les peuples. N'est-ce pas aussi un remarquable événement que cette lutte nécessaire, désespérée, entre le souverain pontificat et la monarchie absolue, au moment où des amis insensés ou d'habiles ennemis s'appliquaient à confondre leurs causes? Dans lequel des deux camps est la liberté? Dans celui où se réunissent sous les drapeaux de Frédéric-Guillaume toutes les traditions de Joseph II, de Louis XIV, d'Henri VIII, avec le rationalisme de Kant, de Hégel, de Gœthe? ou dans celui où derrière Grégoire XVI reparaissent les grandes figures de Pie VII, d'Innocent XI, d'Innocent IV, de Grégoire VII ; avec la foi de saint Ambroise, de saint Jean Chrysostome, de saint Thomas? Pour nous, Français, esclaves des mots, une grande chose est faite : la séparation de deux grands mots qui semblaient inséparables, le trône et l'autel. Le vieux royalisme, que pense-t-il de ses prophéties, et que ne donnerait pas M. de la Mennais pour retirer les siennes? Oh ! que Dieu se rit de notre sagesse et qu'il confond notre impatience !

Mais, mon cher ami, tout serviteurs inutiles que nous sommes, il ne nous est pas permis d'être des serviteurs oisifs. A toutes les grandes œuvres qui se peuvent faire sans nous, malheur à nous si nous ne coopérons pas! Prenons garde que l'humilité ne soit pas chez les gens de bien le prétexte commode de l'indolence. Quand le Sauveur mourut sur le Calvaire, il pouvait avoir à ses ordres plus de douze légions d'anges, et il n'en voulut pas ; il voulut bien cependant que Simon le Cyrénéen, un homme obscur, portât sa croix et contribuât ainsi à la grande merveille de la rédemption universelle.

Ne vous découragez donc point, mon cher ami, et ne vous laissez pas aller à vos abattements ordinaires. N'enfouissez pas le talent du père de famille. Vous vous devez aux jeunes hommes de votre génération qui ont reçu les promesses de vos premiers succès. Vous vous devez à vos amis, qui comptent beaucoup sur vous pour les aider à se conserver croyants et bons dans un siècle dangereux.

Quant à moi, je ne communie jamais sans prier spécialement pour vous.

Adieu, nous nous trouverons, je pense, dimanche prochain au rendez-vous de la sainte Eucharistie.

L

A M. L..

Lyon, 17 mai 1858.

Mon cher ami.

Votre excellente lettre du jour de Pâques sollicitait depuis longtemps une réponse. Le compte rendu et les quelques lignes que je viens de recevoir de vous ne laisseraient pas d'excuse à mon silence. Ou plutôt le besoin que j'éprouve toujours de vous entretenir se réveillant plus vif à mesure que les sujets d'entretien se multiplient, il faut bien que les occupations les plus importunes cèdent et fassent une place de quelques heures aux devoirs de l'amitié.

Car je vous l'assure, Lamache l'a bien dit, et vous l'en remercierez pour moi ; ces amitiés formées sous les auspices de la foi et de la charité, dans une double confraternité de disputes religieuses et d'œuvres bienfaisantes, loin de s'attiédir par l'effet d'une absence prolongée, se recueillent et se condensent en quelque sorte; elles se nourrissent de souvenirs, et vous savez que le souvenir embellit toutes choses, idéalise les réalités, épure les images, et conserve plus volontiers les impressions douces que les émotions pénibles. Aussi toutes ces humbles scènes de notre vie d'étudiants, quand elles me reviennent au demi-jour du passé, ont-elles pour moi un charme inexprimable : les réunions du soir aux conférences de M. Gerbet, qui avaient un peu le prestige du mystère, et dans lesquelles se firent nos premiers rapprochements ; ces luttes historiques, philosophiques où nous portions une ardeur de si bon aloi, où les succès se mettaient en commun de si grand cœur ; les petites assemblées de la rue du Petit-Bourbon-Saint-Sulpice (1), dont la première eut lieu au mois de mai, quoi qu'en dise Lamache, et j'y tiens, dussiez-vous me réputer superstitieux ; et cette fameuse soirée où nous assistâmes aux adieux de l'Académie de Saint-Hyacinthe et revînmes sans désemparer rédiger la pétition à Monseigneur de Quélen ; et cette visite improvisée où nous nous rendîmes en tremblant, où nous soutînmes un si rude assaut, d'où nous sortîmes si émus ; et les premiers débuts de Lacordaire à Stanislas, et ses triomphes de Notre-Dame que nous faisions un peu les nôtres, et la rédaction de la *Revue européenne* dans le salon de M. Bailly, et les vicissitudes de

(1) Société de Saint-Vincent de Paul.

la Société de Saint-Vincent de Paul, cette fameuse séance du dernier décembre 1834 où l'on discuta la division, où Letaillandier pleurait, où la Perrière et moi nous nous traitâmes d'une dure façon, où l'on finit par un embrassement plus amical que jamais en se souhaitant la bonne année du lendemain. Avec cela les réveillons de Noël, les processions de la Fête-Dieu, les églantines qui fleurissaient si jolies sur le chemin de Nanterre, les reliques de saint Vincent de Paul portées sur nos épaules à Clichy, et puis tant de bons offices échangés, tant de fois le trop plein du cœur épanché en des conversations que la complaisance de l'un permettait à l'autre de rendre longues; les conseils, les exemples, les pleurs secrets versés au pied des autels quand on s'y trouvait ensemble; enfin jusqu'aux promenades autour des lilas du Luxembourg, ou sur la place de Saint-Étienne du Mont, quand le clair de la lune en dessinait si bien les trois grands édifices.

Tout cela, mon cher ami, devient pour moi comme le fond du tableau de mes idées; tout cela jette une lumière douce et un peu triste sur mon existence présente qui perd beaucoup à la comparaison. Je crois vraiment comprendre comment l'histoire devient pour l'esprit humain poésie, et pourquoi les peuples gardent avec un attachement si filial leurs traditions. J'ai ainsi mon âge d'or, mes temps fabuleux, ma mythologie, si vous le

permettez ; car la fable s'en mêle nécessairement,
ne fût-ce qu'en effaçant toutes les choses triviales
au milieu desquelles se trouvaient confondues
celles dont j'ai gardé mémoire. Ce qui est véritable, ce qui est plus sérieux, ce qui a jeté des racines
plus profondes non-seulement dans l'imagination,
mais jusqu'au fond du cœur, ce sont les affections
formées durant cette période de la vie. J'en ai surpris la preuve en moi lors de deux pertes récentes,
celle de Serre et celle de la Noue, qui m'ont fait
verser plus de larmes que d'autres, plus capables
selon l'ordre général de m'en arracher. J'en acquiers tous les jours une assurance nouvelle, lorsque m'arrive quelque lettre de vous, quelque article de Lamache dans un journal, quelque nouvelle
de Letaillandier, de Pessonneaux ou d'autres pareils; cela me fait oublier toutes les inquiétudes
du temps actuel, et, s'il n'était ridicule d'user
de cette expression à vingt-cinq ans, je dirais :
Cela me rajeunit.

Je me sens, en effet, un peu vieilli de toutes
manières depuis le jour de notre dernière séparation : c'était le 15 mai, mon cher ami ; il y a un
an. Vous me conduisiez, connaissant le malheur
que j'ignorais, à cette voiture qui m'emmenait fils
désolé, et devait me ramener ici orphelin. Depuis
lors ai-je vécu, ou plutôt n'ai-je fait qu'un long
rêve ? Je ne veux pas vous en redire toutes les angoisses, vous les avez sues; mais elles ne sont point

à leur terme. L'époque de Pâques, celle aussi du changement de saison, a été une épreuve terrible pour la santé de ma mère; je l'ai vue pendant quinze jours sous la menace d'une attaque d'apoplexie. Elle est en ce moment dans une situation beaucoup moins alarmante : mais nous sommes avertis de tout redouter pour l'automne; l'avenir, qui est le lieu commun des espérances, est pour nous le point où se réunissent toutes les craintes. Elle répète souvent que le succès de mes démarches pour le professorat prolongerait ses jours, et je ne sais si ce dernier moyen de la rattacher à la vie me sera donné.

Je vous remercie de tous vos bons services, et particulièrement de l'hospitalité que vous voudrez bien donner à ce pauvre Dante. Il est constant qu'en son vivant, et vers l'an de grâce 1290, il alla passer quelque temps à Paris; il assistait même aux leçons d'un nommé Sigier — le Cousin d'alors — dans la rue du Fouarre. Mais il m'est avis que la capitale a changé un peu depuis ce temps-là, que d'ailleurs le poëte est devenu fort vieux et verrait malaisément à s'y conduire ; ajoutez que la Sorbonne d'à présent ressemble peu à celle de Saint Louis, et que Dante courrait risque de se présenter mal, s'il était seul, à la porte de M. X.., qui n'est pas un saint Thomas d'Aquin.

Si prolongé qu'il ait été par l'embarras des circonstances, ce travail n'aurait pas manqué d'agrément pour moi, si les secours que j'avais à Paris ne m'eussent ici complétement fait défaut. Notre bibliothèque est assez riche, mais notre littérature vivante est singulièrement pauvre, et le petit nombre d'hommes instruits que nous possédons, environnés d'une espèce de défaveur dans la société, obligés de se replier sur eux-mêmes, en contractent des habitudes de sauvagerie qui les rendent inaccessibles. Je n'ai donc pu trouver qu'auprès de M. Noirot, notre ancien professeur de philosophie, les conseils dont j'avais besoin. Du reste, plus rien de cet entraînement, plus de trace de cette chaleur générale, de cette vie extérieure qui à Paris me soutenait et me portait. Je crois que, si l'on était plus fort de constitution intellectuelle, mieux fourni d'études antérieures, ce labeur solitaire aurait son avantage : il conserverait une originalité qui se perd dans l'espèce de contagion de style où l'on est exposé à Paris; il s'y trouverait un peu plus de cette austérité de pensées, de ces convictions consciencieuses, qui s'ébrèchent ou tout au moins s'arrondissent, s'atténuent par le frottement. L'esprit se polit mieux parmi vous, mais c'est à la condition de s'user. Quant à moi, je ne suis point encore de trempe à travailler seul ; je suis de mauvaise compagnie, à ce qu'il semble, car je ne m'ennuie jamais tant qu'avec moi-même. Et encore que les livres se mettent en tiers, au bout de quelques heures, cette parole morte me fatigue. J'ai besoin d'entendre des voix animées, à elles seules il est possible de remuer profondément les âmes. Ce prestige va si loin pour moi, qu'à mérite égal les écrits d'un auteur vivant me frappent infiniment plus que ceux d'une illustration défunte.

Je vous ai des obligations aussi pour l'intérêt que vous avez accordé à mes articles. Ils forment la moitié d'un petit ouvrage que j'avais entrepris sur l'histoire politique du *Protestantisme* (1), auquel j'avais pris beaucoup de plaisir et dont les résultats me séduisaient par un semblant paradoxal. En verité, on ne saurait trop admirer combien est ignorée l'histoire et particulièrement celle des trois derniers siècles ; et par quels miracles d'outrecuidance d'une part et de crédulité de l'autre, les plus impudentes menteries sont devenues choses jugées.

Voilà une lettre qui m'a l'air de devenir mortellement ennuyeuse : non pour moi qui me laisse aller au courant de la plume, mais pour vous qui ne trouverez en tout ceci que des répétitions de choses vingt fois dites entre nous. Aussi ne serait-ce pas la peine de coûter quatorze sous à votre bourse, et une heure de lecture à vos yeux, si je n'avais à vous parler longuement de la Société de Saint-Vincent de Paul.

Il n'est pas possible de se faire illusion, la So-

---

(1) *Du Protestantisme dans ses rapports avec la liberté.* Œuvres complètes d'Ozanam, t. VII.

ciété a rencontré des défiances partout. Si à Lyon elle n'a jamais encouru le blâme de l'autorité ecclésiastique, si même quelques prêtres vénérables l'ont encouragée, elle n'a pas cessé d'être l'objet des vexations de beaucoup de laïques : gros bonnets de l'orthodoxie ; pères de concile en frac et en pantalons à sous-pieds ; docteurs qui prononcent entre la lecture du journal et les discussions du comptoir, entre la poire et le fromage ; gens pour qui les nouveaux venus sont toujours les mal venus, pour qui tout ce qui arrive de Paris est présumé pervers, qui font de leur opinion politique un treizième article du Symbole, qui s'approprient les œuvres de charité comme leur chose, et disent, en se mettant modestement à la place de Notre-Seigneur : « Quiconque n'est pas avec nous est contre « nous. » Vous ne sauriez croire les mesquineries, les vilenies, les arguties, les minuties, les avanies dont ces gens-là, avec la meilleure foi du monde, ont usé contre nous. Les plus estimables ont été entraînés par la foule, et nous avons dû souffrir beaucoup de ceux même qui nous aimaient. Au reste, nous n'avons pas à nous plaindre quand nous avons affaire à un monde où M. Lacordaire est anathématisé, M. de Ravignan déclaré inintelligible et l'abbé Cœur suspect.

Chaurand et moi, comme principaux fondateurs et directeurs de l'œuvre, nous avons été constamment sur la brèche, et ce rôle nous fatigue beaucoup ; il en reste toujours un peu d'aigreur dans l'esprit, et la charité souffre dans les conversations qu'on est obligé d'avoir à ce sujet. D'un autre côté, il y a une responsabilité attachée à nos charges, si modestes qu'elles soient : les fautes que l'on commet sont doublement graves lorsqu'elles peuvent retomber sur les œuvres qu'on dirige. Les chefs des associations pieuses devraient être des saints pour attirer sur elles les grâces de Dieu. Souvent je me demande comment j'ose bien, moi si faible et si mauvais, demeurer le représentant d'un si grand nombre de bons jeunes gens. C'est pourquoi j'aspire à l'époque où il me sera possible de me décharger de la présidence. Si Letaillandier vient ici, nous le porterons à l'unanimité ; car il y a, et c'est peut-être le seul bien positif que nous ayons fait, un attachement extrême des membres lyonnais à leurs amis, même inconnus, de Paris.

Nous lisons maintenant dans nos réunions, au lieu de *l'Imitation de Jésus-Christ*, la *Vie de saint Vincent de Paul*, pour mieux nous pénétrer de ses exemples et de ses traditions. Un saint patron n'est pas, en effet, une enseigne banale pour une Société, comme un saint Denis ou un saint Nicolas pour un cabaret. Ce n'est même pas un nom honorable sous lequel on puisse faire bonne contenance dans le monde religieux : c'est un type qu'il faut s'efforcer de réaliser, comme lui-même a réalisé le type divin qui est Jésus-Christ. C'est une vie qu'il faut continuer, un cœur auquel il faut réchauffer son cœur, une intelligence où l'on doit chercher des lumières ; c'est un modèle sur la terre et un protecteur au ciel ; un double culte lui est dû, d'imitation et d'invocation. C'est d'ailleurs à ces seules conditions, de s'approprier les pensées et les vertus du saint, que la Société peut échapper aux imperfections personnelles de ses membres, qu'elle peut se rendre utile dans l'Église et se donner une raison d'existence,

Saint Vincent de Paul, l'un des plus récents d'entre les canonisés, a un avantage immense par la proximité du temps où il vécut, par la variété infinie des bienfaits qu'il répandit, par l'universalité de l'admiration qu'il inspira. Les grandes âmes qui approchent Dieu de plus près y prennent quelque chose de prophétique. Ne doutons pas que saint Vincent de Paul n'ait eu une vision anticipée des maux et des besoins de notre époque. Il n'était pas homme à fonder sur le sable, ni à bâtir pour deux jours, La bénédiction du quatrième commandement est sur la tête des saints ; ils honorèrent ici-bas leur Père céleste, ils vivront longuement. Une immortalité terrestre leur est décernée dans leurs œuvres. C'est pourquoi les Augustin, les Benoît, les Bruno, les François qui dorment depuis quinze, douze, huit, six siècles dans la poussière ne cessent pas d'avoir leur postérité spirituelle, leurs représentants debout au milieu des ruines du passé.

L'astre de saint Vincent de Paul monté plus tard sur l'horizon n'est pas destiné sans doute à fournir une moins longue carrière. Marchons à sa lueur : honorons aussi notre père en la personne de ce *Patron* si digne d'amour, et nous vivrons longtemps. Nous verrons peut être un jour les enfants de notre vieillesse trouver un large abri sous cette institution dont nous avons vu les frêles commencements. Nous surtout, habitants des provinces, nous tressaillirons de joie de pouvoir assurer à nos fils cette hospitalité parisienne qui rassura nos mères. Autour de nous montera, toujours croissant, le flot de la génération catholique, et nous apercevrons le moment où il se débordera pour inonder et renouveler la face de notre pauvre patrie. Le besoin en est grand. La mauvaise herbe de l'égoïsme ne semble-t-elle pas se multiplier sans cesse? L'avarice ne prend-elle pas, sous le nom d'*économie*, un masque philanthropique? En vérité, je me réjouis de voir, au nom de la philanthropie, fermer les tours et resserrer les portes des hôpitaux. L'usurpatrice se trahit elle-même, elle se dénonce au bon sens public quelque temps abusé ; il faudra bien, tôt ou tard, qu'elle cède la place à sa sœur légitime, la sainte Charité.

Mais pour aider à ces changements n'avons-nous rien à faire, rien à changer en nous, rien à rendre meilleur? — Je ne sais comment ma lettre ne vous est parvenue que le lendemain de l'assemblée. Vous avez pu voir qu'elle était écrite spécialement pour le cas présumé de la présence de monseigneur. Il avait donc fallu se borner à des généralités, et je n'avais pu y placer un certain nombre d'observations que le conseil de direction m'avait chargé de vous transmettre. Je m'en acquitte maintenant :

1° Le sermon de charité, dont vous m'avez si plaisamment raconté l'histoire, a rencontré parmi nous une répulsion générale. Nous avons pensé que des Parisiens comme vous devaient bien s'apercevoir de la banalité dans laquelle le sermon de charité tombait depuis quelque temps. Chose peu productive parce qu'elle est trop fréquente, peu édifiante à cause des amours-propres d'œuvres, de quêteuses, de prédicateurs même qu'elle met en mouvement, peu convenable surtout pour une Société amie de l'obscurité, de la simplicité, humble par devoir et par nécessité de position. Si donc un sermon est prêché pour les pauvres d'une paroisse et que M. le curé confie à la Conférence la distribution des deniers, rien de mieux. Mais faire retentir notre pauvre nom du haut de la chaire chrétienne, c'est à quoi nous ne voulons pas entendre : et, le nom, l'histoire, les mérites de la Société étant des biens communs à tous ses membres, nous ne pensons pas qu'une conférence particulière les puisse exploiter, en dépit de l'opposition des autres.

2° Le règlement, rédigé avant que nous eussions

éprouvé le malheur de perdre quelques-uns de nos amis, n'a aucune disposition en ce qui touche les décès. Cette juvénile imprévoyance de la mort a reçu de tristes démentis. N'y aurait-il pas quelque mesure générale à prendre à ce sujet? Pour nous, considérant que les trois autres assemblées solennelles sont accompagnées d'un service religieux, et qu'en effet il convient de se réunir au sanctuaire en même temps qu'on se réunit autour d'un bureau, nous avons établi qu'une messe de *Requiem* serait célébrée toutes les années le premier lundi de carême, lendemain de l'assemblée, et que tous les associés y assisteraient. Nous ne savons si vous avez le même usage; et, comme il nous paraît convenable, franchement nous vous le proposons.

3° Je suis chargé de vous dire qu'on regrette l'interruption d'une habitude introduite l'an dernier, en vertu de laquelle au compte rendu était jointe une circulaire contenant des instructions sur les points les plus capables d'intéresser la Société. Ces sortes d'épîtres étaient lues avec respect et portaient souvent des fruits dans la pratique : elles tendaient à répandre une heureuse uniformité dans les mœurs des diverses conférences ; elles ne sauraient être suffisamment remplacées par les observations des présidents recueillies dans le compte rendu, mais nécessairement très-abrégées par la rédaction. En conséquence on vous demande instamment la reprise de cette correspondance qui avait quelque chose des temps apostoliques, et que vous avez peut-être suspendue par suite de cette modestie trop grande à laquelle je fais impitoyablement la guerre.

4° Les conférences de Lyon, en perdant deux de leurs membres qui sont allés habiter des villes voisines, sont revenues à une pensée qui les avait déjà plusieurs fois préoccupées ; c'est de chercher à rattacher au centre d'association les associés isolés par la fatalité des circonstances. L'utilité de ces liens est incontestable ; ils empêcheraient de tomber ceux qui ont besoin d'être soutenus : ils prépareraient de loin des éléments pour former plus tard des conférences nouvelles. Deux jeunes gens de Paris vont se fixer à Lille ou à Montpellier : seuls, ils n'y continuent plus l'œuvre de Saint-Vincent de Paul. L'année suivante, deux vont les joindre, et deux autres l'année d'après : ils seraient assez pour s'associer et travailler ensemble si les deux premiers ne s'étaient pas refroidis et relâchés, si quelques relations avec leurs anciens confrères les eussent retenus, s'ils avaient continué à se considérer comme unis d'intention, de prières, de mérites avec les autres. Voyez donc, vous qui êtes à la source, comment on pourrait en multiplier les canaux. Le besoin est signalé, vous avez à le remplir. Pour nous, il nous a semblé qu'il serait possible aux membres isolés : 1° de continuer à faire quelque bien dans le lieu de leur séjour ;

2° de s'unir par la pensée et par la prière en récitant une fois la semaine l'oraison de Saint-Vincent de Paul ; 3° d'écrire une ou plusieurs fois l'an à la Société de Paris pour rendre compte de ce qu'ils ont fait.

D'un autre côté le secrétaire de la Société ferait le dépouillement de ces lettres, et dans un court rapport qui compléterait la lecture des correspondances de province, il rendrait compte des œuvres particulières les plus intéressantes. Toutes les années, à l'époque du 19 juillet, on rédigerait à Paris un sommaire de la situation de la Société soit dans la capitale, soit au dehors, on le ferait imprimer à un petit nombre d'exemplaires, et on l'enverrait aux conférences d'abord, puis aux membres isolés qui auraient écrit et donné de leurs nouvelles. Ainsi il y aurait échange d'idées, de sentiments, de consolations sur tous les points de la France où des fils de Saint-Vincent de Paul se rencontreraient ; on doublerait de force par le nombre, et de mérite par la persévérance ; la Société de Paris ne serait plus un passage d'où l'on sortirait quelque temps après y être entré ; vous n'auriez pas à compter plus de deux cents anciens associés maintenant perdus ; vous seriez le sommet d'une pyramide à large base qui toucherait aux quatre extrémités du pays ; et la jeunesse française du dix-neuvième siècle aurait élevé un monument agréable aux yeux de Dieu sur ce sol que la jeunesse du siècle dernier avait si outrageusement profané.

Enfin, et ici je parle en mon nom personnel, je viens de voir annoncée une pétition qui se signe chez M. de Lamartine contre la suppression des tours. Cette pétition, écrite par M. Guiraud, est catholique. Elle a pour but le rétablissement de l'un des plus miséricordieux ouvrages de saint Vincent de Paul. Ne serait-il pas convenable que tous les jeunes avocats qui font partie de la Société, les jeunes médecins aussi, compétents les uns et les autres en cette matière, se présentassent pour signer la pétition ? N'est-ce pas là un hommage à rendre à la mémoire de notre saint patron en même temps qu'une bonne action à faire ?

Adieu, en voilà bien assez, vous devez me reconnaître à ma prolixité, à mon avidité de choses nouvelles, à mille autres défauts que je sais bien, et que j'ai même l'orgueil d'avouer, de peur de paraître trop sot si je les ignorais. Mon cher ami, qui me délivrera de moi-même, si ce n'est Celui à qui nous demandons de nous délivrer du mal? Demandons ensemble et nous recevrons. Demandez pour moi à ces fêtes prochaines, pour ma mère aussi, et pour tous les miens, et pour mon pauvre père dont nous venons de célébrer l'anniversaire douloureux. Comptez sur une juste réciprocité. Il en est beaucoup ici qui vous aiment.

LI

A M. L...

Lyon, 11 août 1838.

Mon cher ami,

C'est d'abord comme président de la Société de Saint-Vincent de Paul à Lyon que je dois écrire à M. le secrétaire général pour lui rendre compte des opérations du conseil de direction. Interprète de plusieurs opinions que je n'ai pas toujours partagées, je dois être court pour rester impartial.

A la suite de notre dernière assemblée générale du 19 juillet, des inquiétudes de plus d'un genre s'étant manifestées dans le sein de la Société, je crus qu'il y avait lieu de convoquer le conseil. Quelques membres se plaignaient de l'inexactitude d'un grand nombre aux réunions religieuses; ils pensaient qu'il serait bien de stimuler la piété et l'esprit de fraternité chrétienne par des moyens qui préservassent nos conférences de dégénérer en bureaux de bienfaisance. D'autres, au contraire, s'alarmaient de quelques actes de protection ecclésiastique, qui leur semblaient autant d'empiétements, et qui pouvaient assimiler la Société à certaines congrégations religieuses, louables sans doute à tous égards, mais absolument différentes dans leur but. Enfin il s'en trouvait qui témoignaient à la fois ces deux sortes d'appréhensions, et réclamaient un ensemble de mesures capables de donner à notre œuvre un caractère en même temps profondément chrétien et absolument laïque.

Quatre réunions du conseil se sont succédé dans un espace de trois semaines, et je puis attester qu'il ne s'en est jamais tenu de plus graves, soit par le choix des membres qui les composaient, soit par la double préparation de la réflexion et de la prière, soit par la franchise des discussions, soit enfin par la vive charité qui n'a cessé d'y régner. Sans entrer dans le détail des allégations présentées de part et d'autre, je vais seulement rapporter les décisions qui en sont résultées :

1° A dater de la prochaine assemblée générale, la présidence effective de la séance devra être exercée, non pas par M. le curé, mais par le président de la Société. Le procès-verbal s'exprimera en ces termes : « M. le curé honore la réunion de sa présence. » Un local sera cherché, si faire se peut, pour éviter l'inconvénient de siéger dans une sacristie.

2° Les présidents des conférences sont invités à rappeler fréquemment aux assemblées qu'ils président, que le but de la Société est surtout de réchauffer et de répandre dans la jeunesse l'esprit du catholicisme; qu'à cette fin l'assiduité aux séances, l'union d'intentions et de prières, sont indispensables, et que la visite des pauvres doit être le moyen et non le but de notre association.

3° Comme les conférences de Paris jouissent pendant les deux octaves de saint Vincent de Paul d'indulgences dont les conférences de province sont privées, le conseil de direction de Paris est prié de faire solliciter à Rome, dans le plus bref délai, des indulgences applicables à la Société tout entière.

4° Enfin on adjure le conseil de Paris de se donner à lui-même une existence soutenue et plus énergique, de se réunir plus souvent et d'entretenir une correspondance plus active avec les conférences de province, afin de prévenir l'isolement et l'extrême individualité de quelques-unes, de réchauffer le zèle languissant des autres. En ce qui les concerne, les conférences de Lyon protestent que jamais elles ne se permettraient un acte important comme la réimpression du règlement, un sermon de charité, une manifestation tendant à compromettre l'obscurité de la Société de Saint-Vincent de Paul sans s'être assuré l'assentiment du conseil de Paris ; elles comprennent que toute leur force est dans l'union, et que toute la spécialité de leur œuvre est précisément dans son universalité.

Maintenant, mon cher ami, je voudrais pour tout au monde m'entretenir de vive voix pendant deux heures avec vous et vous communiquer mille de ces choses qui se disent et qui ne s'écrivent pas. Les dangers réels que nous pouvons courir à Lyon, et ceux imaginaires qui nous ont peut-être préoccupés davantage ; les défiances et les rancunes *Lamenaisiennes* des uns, l'ardeur un peu cléricale des autres. Mon système mitoyen déplaisant à tous et me suscitant tous les jours des récriminations contraires, sans néanmoins qu'on me permette de donner ma démission : mes craintes par conséquent, et pourtant mes espérances. Car il me semble qu'avec une organisation forte que vous pourriez nous donner aisément, l'œuvre de la régénération de la jeunesse étudiante commencerait à s'accomplir par nos mains. Voyez donc à quel point nous serons responsables du mal que nous ne préviendrons pas, du bien que nous aurons omis de faire! Dieu sait combien d'idées traversent mon esprit, et comme elles feraient mieux, pour obtenir leur exécution, de se loger dans le vôtre!

Vous comprenez sans doute à mes regrets, cher ami, que notre entrevue projetée pour le 15 août.

est renvoyée. Je vous assure que depuis deux ans je fais un dur apprentissage d'une vertu qui ne m'était pas familière : l'abandon de moi-même à la volonté divine. Mes plans se renversent successivement, sans toutefois être assez complétement détruits pour m'empêcher de les rétablir et de m'y attacher encore. Cette fois, par exemple, après avoir voté le traitement de son professeur, le conseil municipal n'avait plus qu'à former la liste de ses candidats; et voilà qu'il y surseoit sans fixer de terme. Ce délai, combiné avec l'avis que vous me transmettez de la part de M. le Clerc, et surtout avec l'état peu brillant de ma santé, me décide à retarder encore mon départ jusqu'aux premiers jours d'octobre. Veuillez donc, en continuant de bons offices dont je ne sais comment vous témoigner ma reconnaissance, suspendre l'impression, reporter mon manuscrit chez M. le Clerc en le priant de vouloir bien le lire pour m'en donner plus tard son avis.

Vous achèveriez d'avoir des droits à mes remercîments sans fin, si, considérant la peine que j'ai à faire mon voyage, vous me veniez chercher vous-même. Si à votre retour de Rouen, après avoir passé un mois dans votre famille où vous avez à régler des affaires, vous vous laissiez descendre le long de cette belle Saône jusqu'à l'île Barbe que je vous ai montrée. Là, dans une petite maison que nous louons, il y aurait assez de place pour vous bien recevoir, comme il y a dans toute ma famille assez d'amitié pour se réjouir longtemps de votre venue. Vous savez qu'un peu plus loin, là où cette même rivière va perdre sa couleur et son nom, une autre hospitalité non moins ancienne vous attendrait. Ainsi balancé au doux courant des eaux, entre nos demeures et nos affections, salué par tant d'autres qui vous aiment ici, accueilli dans nos conférences par ceux mêmes qui ne vous connaissent pas, vous passeriez parmi nous quelques jours ; et je vous reconduirais ensuite, heureux de prolonger notre rapprochement, jusque dans cette capitale qui vous a fasciné et vous retient en dépit de nos désirs.

LII

A M. HENRI PESSONNEAUX.

Lyon, 21 août 1838.

Mon cher ami,

Sois remercié mille fois, puisque cette contagion de l'oubli, si commune à Paris, où plus que partout ailleurs les pauvres absents ont toujours tort, n'a pas gagné ton âme, puisque parmi tant de sollicitudes laborieuses et tant de douleurs domestiques, tu as conservé un souvenir et une larme à l'ami de ton enfance! Sois assuré que je te payais d'une juste réciprocité, et qu'entre les consolations qui devaient rendre mon départ de Lyon moins pénible, je mettais d'abord le plaisir de te revoir.

Mais, d'un côté, les nouvelles lenteurs que mon affaire a subies, et de l'autre, les conseils de M. le Clerc m'ont décidé à renvoyer encore au commencement d'octobre ce fabuleux voyage. Je me berce, comme d'un songe aimable, de l'idée de faire route en ta compagnie, te reconduisant ainsi jusque chez toi, selon notre vieille habitude parisienne. Qui sait si cette idée ne s'évanouira pas comme tant d'autres? J'ai durement appris depuis dix-huit mois, ou plutôt j'ai été mis à même d'apprendre cette science de l'abnégation qui m'a toujours paru si difficile. Moi qui autrefois n'aurais pu fermer l'œil le soir sans avoir dessiné pour le lendemain le plan détaillé de ma journée; moi qui me plaisais à construire, en dehors des étroites limites du présent, le capricieux édifice de mon avenir, maintenant l'incertitude, pareille à nos brouillards d'hiver, me ferme l'horizon à quatre pas. Mes projets se renversent comme les bizarres figures que forment les nuages dans le lointain : je commence à savoir ce que vaut la volonté de l'homme, quand elle n'a pas les circonstances à son service. Plût à Dieu que je susse aussi bien me confier en lui que me défier de moi!

Du reste, hormis mes calculs, en moi et autour de moi peu de choses sont changées. Si, en relisant une de mes anciennes lettres, tu compatissais à mes peines d'alors, peut-être était-ce quelqu'une de ces affinités merveilleuses qui lient les cœurs à distance, et qui t'intéressait à ton insu à mes afflictions actuelles. Ma mère, toujours également souffrante, avec cette chance de plus que des souffrances déjà longues donnent à une terrible catastrophe; mes frères presque toujours loin de moi; la gêne d'une fortune insuffisante; quelques amis, mais bien peu, avec lesquels il y ait complète association de goûts et analogie d'habitudes ; les devoirs de famille et de profession qui divisent et isolent ont pris la place des relations d'études qui nous unissaient. Par conséquent, mes travaux littéraires dénués d'encouragements et de conseils, et cependant trop peu d'affaires au barreau pour me distraire et me détacher des préoccupations qui ont jusqu'ici dominé ma jeunesse : avec cela une santé mal affermie; des sollicitations fatigantes pour obtenir une nomination qu'on me promet certaine et qu'on me fait attendre indéfiniment ; les contrariétés auxquelles la conférence de Saint-Vincent de Paul n'a cessé d'être en butte, et qui toutes retombent sur moi, comme président. Enfin mes infirmités morales, et le perpétuel mécontentement de ma personne. Tu le vois, mon cher ami, c'est une ancienne et monotone histoire : ce sont des chagrins qui n'ont pas même la banale consolation de pouvoir se plaindre, parce qu'ils l'ont déjà trop fait.

Je serais pourtant injuste de ne pas dire les tempéraments que la divine Providence y a bien voulu apporter; et pour être bref, je t'en citerai deux : d'abord le plaisir d'avoir terminé ma thèse ou plutôt mon ouvrage sur la philosophie de Dante ; ensuite le séjour que je fais depuis quelques jours dans une délicieuse petite maison de campagne que nous avons louée à l'île Barbe pour les vacances. Toutefois je m'y plairais moins si je n'étais persuadé que ton infatigable agilité te fera regarder cette distance comme peu considérable et te permettra de venir me visiter souvent.

Je t'ai assez entretenu de moi ; je suis empressé d'apprendre à mon tour bien des choses ; et tes pages amicales sont encore loin de me mettre, comme je voudrais, au courant de ta situation et de tes idées. Nous causerons de cette histoire de saint Louis : c'est, ce me semble, un des plus beaux sujets qui se puissent traiter ; mais six mois te suffiront-ils? Crois-moi, le moyen âge est un peu comme les îles enchantées dont parlent les poëtes : on y aborde en passant et seulement pour quelques heures ; mais on y cueille des fruits, on s'y désaltère à des fleuves qui font oublier la patrie, c'est-à-dire le temps présent ; ou, pour s'exprimer d'une façon plus simple, on y est vraiment captivé par le charme des faits, des mœurs, des traditions ; on est retenu par la multitude des documents.

Pour moi, je sais que mes études sur Dante m'ont fait éprouver quelque chose de pareil à mon voyage de Rome ; cette servitude douce et volontaire, qui enchaîne l'âme parmi les ruines, la fait se complaire aussi au milieu des souvenirs. Et que sont les souvenirs, sinon d'autres ruines plus tristes et en même temps plus attachantes que celles que le lierre et la mousse recouvrent? Et n'est-il pas aussi pieux de s'arrêter aux légendes et aux traditions de nos pères que de s'asseoir sur les débris des aqueducs et des temples dont l'antiquité a semé notre sol ?

Mais à quoi bon répandre sur le papier, en phrases où l'élaboration se trahit toujours, les idées qui s'échapperont bien plus vives et plus spontanées dans nos conversations prochaines? A quoi bon prolonger ma veillée solitaire quand bientôt peut-être nous pourrons en passer tête-à-tête de bien plus douces et mieux remplies? Le flambeau qui m'éclaire m'avertit en baissant d'aller prendre un repos dont mes malaises me font sentir plus fortement le besoin.

Adieu, mon cher ami ; reçois de moi la promesse si souvent renouvelée d'être toute ma vie

    Ton fidèle ami et cousin.

Henri Pessonneaux et Ozanam étaient cousins et de plus unis par une vive amitié qui avait commencé au berceau et dura sans altération jusqu'à la fin. Cette amitié prit bientôt, pour l'un, le caractère d'une sollicitude et d'une protection constantes; pour l'autre, ce fut un culte passionné. Jamais, quand ils étaient dans la même ville, les deux cousins ne passèrent un seul jour sans se voir. Cependant l'un demeura longtemps près de l'Arc de l'Étoile et l'autre près du Panthéon.

Doué d'un caractère chevaleresque, d'une nature essentiellement vertueuse, Henri ne vit et ne comprit jamais le mal. Il était instruit, faisant des vers avec facilité, souvent avec bonheur; son imagination poétique le laissait vivre dans un monde idéal peut-être un peu chimérique, qui le rendait peu propre à se tirer des difficultés de la vie, et à faire ce qu'on appelle son chemin dans ce monde. Mais il pratiquait admirablement les plus belles vertus et il donna des preuves de dévouement, de générosité et d'une abnégation sans exemple.

Il fut un des premiers de la société de Saint-Vincent de Paul. Chrétien fervent, les mains pleines de bonnes œuvres, il rendit à Dieu, avec sérénité, son âme noble et pure le 19 janvier 1869.

LIII

A M. DUFIEUX.

Paris, 18 novembre 1838.

Mon cher ami,

C'est une visite bien inattendue, mais aussi bien douce, que la vôtre, sous ce ciel de Paris où l'on vous a vu si rarement. Vous êtes le bienvenu alors même que vous venez le reproche sur les lèvres. J'ajoute que vous n'avez pas tous les torts de vous présenter ainsi, car mon seul adieu pour vous en quittant Lyon a été un embarras que je vous laissais. Mon silence depuis n'a guère pu manquer de vous sembler répréhensible ; et pourtant, s'il vous était possible, mon cher ami, de vous transporter brusquement au milieu de mes occupations et de mes sollicitudes, je suis sûr qu'à la petite rancune que vous croyez me devoir succéderait un sentiment de généreuse pitié. Mes affaires, assez heureusement engagées d'abord, ont subi de nouvelles complications. Le vote du conseil municipal, qui fixait le traitement du professeur futur de droit commercial, a été approuvé par le ministre de l'intérieur. Ainsi on ne peut point se plaindre des délais, et je vous remercie de vos offres amicales à cet égard. Bien qu'une partie des honnêtes gens qui veulent bien m'appuyer ne se trouvent pas en ce moment à Paris, cependant je demeure assuré de leurs favorables dispositions. Mais l'événement qui m'inquiète est la prochaine et probable retraite du ministre de l'instruction publique. En même temps, je suis disputé par les soins qu'exigent l'impression de mon ouvrage et la préparation de mes thèses : la lenteur désespérante des ouvriers me cause un retard fâcheux, et pour en éviter la prolongation il faut que je les harcèle sans relâche. Enfin l'amitié même, qui m'a conservé à Paris un assez grand nombre de personnes capables de me voir avec plaisir, s'est réservé par là même le droit de prélever un tribut fréquent sur mes heures, et souvent une demi-journée se passe à recevoir et à rendre d'indispensables visites. Je trouve ainsi épreuve et contrariété jusque dans les circonstances qui devraient faire ma consolation et mon bonheur.

Pour vous, mon cher ami, en m'annonçant votre prochain voyage, vous avez singulièrement attristé pour moi la perspective de l'hiver de 1839 ; vous m'auriez causé de graves inquiétudes s'il s'agissait, non de réparer un mal, mais de continuer un bien commencé. Vous allez donc voir ma pauvre Italie ! Vous foulerez cette glorieuse terre dont les souvenirs peuplent encore aujourd'hui mon imagination. Vous mesurerez de l'œil ces monuments où si souvent se réfugie ma pensée. Nous aurons donc plus tard la joie d'en parler ensemble ; un point de contact de plus entre nos cœurs !...

Vous désirez l'indication d'un livre pour éclairer vos pas : c'est dans votre cœur surtout qu'il faudra lire, mon ami. Votre mémoire a sans doute assez retenu les principaux récits de l'histoire ancienne et moderne pour que les lieux vous apparaissent entourés des grandes choses qui s'y sont accomplies. L'itinéraire le plus vulgaire vous indiquera les édifices et les collections à visiter, et vous donnera les renseignements nécessaires pour les comprendre. Du reste, vous verrez, vous jugerez, vous admirerez par vous-même ; vous ne vous référerez pas aux arrêts des ciceroni et des touristes ; vous étudierez surtout avec indépendance ces institutions, ces populations si calomniées, si méconnues.

Si je retournais en Italie, pour charmer les ennuis et féconder les plaisirs de la route, je relirais surtout Tite-Live, Virgile, les Vies de quelques saints, comme saint Charles Borromée, saint François d'Assise, saint Grégoire VII, saint Grégoire le Grand, et les Actes des Martyrs. Ainsi je prendrais cette bienheureuse contrée par les deux côtés qui sollicitent et se disputent notre respect et notre amour.

L'ouvrage de M. Rio, malgré quelques défauts, est d'une importance extrême pour faire connaître toute la partie jusqu'ici négligée, et précisément la partie catholique de l'histoire des arts. Je ne sais trop si vous pourrez, sans son secours, retrouver et apprécier, dans les musées et les églises, les œuvres touchantes et pures des peintres qui précédèrent Raphaël, et que leur disciple, ingrat sans le savoir, a fait oublier. Quoi qu'il en soit, demandez toujours qu'on vous montre dans les monuments et les galeries ce qu'on a de plus ancien, et que malheureusement on cache pour mettre en saillie et en lumière les créations artistiques de la Renaissance, seules honorées des louanges banales des voyageurs.

Mais vous me demandiez des renseignements, et je crois me surprendre à vous donner des conseils ! Excusez ma présomption par mon attachement à cette chère Italie que je crains surtout de voir mal comprise par les gens de bien.

En terminant cette lettre, permettez-moi une plainte dont mon amitié se sent depuis longtemps redevable envers vous. Pourquoi envelopper de tant de précautions vos demandes de services? Si votre délicatesse s'y prend ainsi pour me faire oublier ceux que vous m'avez rendus, elle y réussit mal. Vous m'humiliez profondément avec vos protestations et vos excuses. Ce n'est qu'à titre de fraternité chrétienne que j'ai osé vous déranger si souvent pour moi. Agissez au même titre et avec la même liberté. Ne voyez-vous pas combien de bons offices je vous dois depuis mon dernier départ seulement ? Je compte dans ce nombre les deux visites que vous avez bien voulu faire à ma mère, et dont elle m'a témoigné sa vive reconnaissance ; enfin et surtout la place que vous me garderez dans votre cœur et dans vos prières.

LIV

A M. X...

Lyon, 21 février 1839.

Mon cher ami,

Le conseil municipal, à une majorité de vingt-quatre voix sur trente-six, m'a nommé professeur de droit commercial. Mais cette nomination doit être confirmée par M. le ministre de l'instruction publique. En conséquence, j'ai écrit à M. Cousin qu'en le remerciant de la chaire de philosophie d'Orléans, je me trouvais néanmoins obligé par mes devoirs de famille d'opter pour la chaire de droit de Lyon.

Dites-moi ce que vous pensez de mon choix et ce qu'en pensent mes amis les Parisiens. Ici j'en ai presque été blâmé. On s'accordait à croire que mes véritables intérêts étaient sur les bords de la Loire. Pour moi, j'avoue que j'étais flatté de la perspective d'une carrière exclusivement intellectuelle, d'une existence désormais départagée et par conséquent plus paisible, du voisinage de Paris, mais j'y opposais la dépendance, l'isolement dans une ville inconnue, et, par-dessus tout, la nécessité d'abandonner ma mère six mois de l'année, au péril de recevoir un jour une lettre comme celle du 12 mai 1837, et de voir se renouveler pour moi un de ces tristes voyages, dont votre amitié consolatrice a fait trois fois l'expérience.

D'ailleurs, il y a bien quelque douceur à ne point briser avec ses habitudes et son passé tout entier; il y a place aussi dans ma nouvelle situation pour les illusions de l'avenir. On parle de la fondation d'une École de droit dans ce pays-ci, et vous comprenez que le professeur municipal serait à peu près sûr d'y trouver une chaire, c'est-à-dire inamovibilité, position honorable, et liberté d'agrandir à son gré la sphère de son enseignement. Si Dieu me prête vie et courage, et qu'il me fixe par une vocation définitive dans ces fonctions tranquilles, je croirai bien faire en mettant mes travaux personnels en harmonie avec mes devoirs publics, et en m'occupant d'une *Philosophie* et d'une *Histoire du Droit*, qui, traitées au point de vue chrétien, me sembleraient remplir une lacune bien vaste de la science et suffiraient à utiliser les années que je puis avoir à passer sur la terre. Le temps me dure de sortir des considérations générales, et d'entrer, comme on dit, dans une spécialité. Or, celle que je vous signale me paraît la plus apte à combiner les ressources de mes études littéraires et jurisprudentielles, et à ne rien laisser perdre de mon acquis. Je tiens à tout conserver, parce que je sens que c'est peu. Qu'en pensez-vous? J'ai d'autant plus besoin de vos idées, que le souvenir récent de vos entretiens m'en fait plus vivement ressentir la privation.

Pour le moment, renfermé dans de plus modestes sollicitudes, je tâche de mettre la dernière main à mon travail sur Dante. Quelques cartons sur les passages qui à ma thèse ont subi des critiques raisonnables ; la traduction de plusieurs fragments de saint Bonaventure et saint Thomas, qui contribueront, j'espère, à détruire le préjugé de l'obscurantisme et du servilisme catholiques ; une demi-douzaine de chapitres des œuvres philosophiques de Dante pour la première fois reproduites en français; enfin des notes, des éclaircissements et une dissertation sur les antécédents poétiques de la *Divine Comédie* (1) : c'est bien de quoi nous occuper tous deux. Pardonnez cette association forcée que je vous impose. Mais vous m'avez permis d'espérer que vous surveilleriez l'impression de mes dernières feuilles, et mon amour-propre d'auteur y est trop intéressé pour que je vous en tienne quitte. Si vous avez entendu quelques observations judicieuses sur mon travail, si vous pouvez savoir ce qu'en a pensé Cazalès, je serai fort heureux que vous me le fassiez

(1) *Dante et la Philosophie catholique au treizième siècle* Œuvres complètes d'Ozanam, t. VI.

connaître pour que j'y fasse droit. Ci-incluse est une lettre pour M. Ballanche, où je lui demande ses avis. Veuillez la remettre si vous êtes curieux de causer avec cet homme éminent.

Mon cher ami, en vous parlant de mes intérêts, je n'oublie pas les vôtres, et je me rappelle la gravité des soucis qu'accusait votre dernière lettre. Je suis singulièrement touché des épreuves auxquelles vous êtes soumis. En effet, ce sont à mon gré des épreuves bien sévères que ces incertitudes sur une question d'où la vie entière doit dépendre, et dans de semblables circonstances, l'acceptation illimitée des volontés divines doit être singulièrement méritoire. Vous êtes trop pénétré de ces bons sentiments pour que le parti que vous prendrez ne tourne pas à votre bonheur et à votre salut.

Cependant je garde l'espérance qui m'est douce, de vous voir conserver quelque temps encore votre liberté, votre activité ; de vous voir tarder un peu avant de vous engager à de nouveaux devoirs qui vous captiveraient aujourd'hui tout entier et ne vous laisseraient le loisir ni d'apprendre ni de faire. Sans doute elle est triste et vide, cette existence solitaire que vous menez ; mais le travail peut la remplir, et la religion la consoler. Dieu et la science, la charité et l'étude, n'est-ce donc point assez pour enchanter votre jeunesse ? Et puis, pour vous dire toute ma pensée la virginité n'est-elle une vertu que pour les filles d'Ève ? N'est-ce pas elle au contraire qui fait une des principales gloires du Sauveur? N'est-ce pas elle qu'il chérit surtout dans son disciple bien-aimé? N'est-ce pas la plus belle fleur qui soit cultivée dans le jardin de l'Église? N'éprouvez-vous pas de la peine à la laisser flétrir avant l'heure du midi? Et ne seriez-vous pas heureux de l'emporter au ciel avec vous, si vous y étiez appelé pendant ces années encore dangereuses qui précèdent la maturité parfaite? Avez-vous jamais vu, sans éprouver comme un serrement de cœur, le lendemain d'une noce? Soyez sûr que l'homme abdique beaucoup de sa dignité le jour où il s'enchaîne au bras de la femme. Relisez saint Paul.

Cependant, veux-je donc prêcher le célibat éternel, universel? A Dieu ne plaise! Mais je voudrais qu'on attendît, pour l'union conjugale, l'époque où elle devient nécessaire, et où elle a cessé de pouvoir être funeste; l'époque où l'esprit a atteint son développement, où la volonté a acquis toute son énergie, où l'on est compromis par ses travaux, par ses relations, par ses antécédents de toute espèce, de manière à ne pouvoir plus se dégager; où l'on s'est fait quelque droit aux jouissances de la famille par les labeurs de la solitude; où l'on peut offrir quelque chose, et non point tout recevoir; l'époque enfin où l'on est sûr d'être maître chez soi et libre au dehors.

Vous me parlerez des douceurs de la vie domestique ; mais, mon cher ami, ce bien-être matériel ou sentimental, cet égoïsme à deux, est-il bien de saison? La société est-elle si heureuse, la religion si honorée, la jeunesse chrétienne si nombreuse et si active, ceux qui peuvent travailler au bien général si désœuvrés, que vous soyez en droit, avec le talent que Dieu vous a donné, avec les connaissances et les encouragements dont vous êtes entouré, avec cette voix qui sûrement du fond du cœur vous appelle à l'œuvre, de vous retirer déjà, comme un ouvrier fatigué qui a porté le poids du jour et de la chaleur? N'avez-vous donc jamais pris au sérieux tout ce que vous avez dit, écrit ou fait, tout ce que vos amis ont répété ou tenté avec vous? Désespérez-vous de la régénération du pays, de l'amendement des idées? Ou bien désespérez-vous de vous-même, c'est-à-dire de Dieu, qui vous a créé, racheté, sanctifié? Vous avez de la peine à trouver votre place ici-bas! et qui n'en peut dire autant? Est-ce une raison pour justifier le suicide? et n'est-ce pas un suicide, quand on est ce que vous êtes, d'aller à M... planter des choux?

Je vous en prie, allez voir Montalembert, ou plutôt faites-lui demander quand il est visible. J'ai lieu de penser qu'il vous entretiendra de projets capables de préoccuper votre pensée, et de tempérer un peu le désœuvrement intellectuel où vous êtes. Avez-vous complétement abandonné votre idée d'une *Histoire du droit canon?* J'en serais fâché.

Excusez les sermons d'un homme qui n'en fait que parce qu'il en a besoin lui-même. Envoyez-moi le plus tôt possible le dernier procès-verbal de la Société de Saint-Vincent de Paul. N'oubliez pas les améliorations auxquelles vous aviez songé pour cette pauvre et chère Société. Ne vous fâchez pas de la brièveté et du désordre de cette lettre. Elle est écrite en mauvaise compagnie, je veux parler du mal de tête qui n'a cessé de m'assiéger ce soir. Portez-vous bien : je puis apprécier le mérite de ce conseil et vous le garantir. Croyez-moi pour la vie

Votre ami dévoué.

Nous arrivons à l'époque la plus agitée de la vie d'Ozanam ; les avances les plus flatteuses, les plus décisives lui arrivaient de tous côtés, et cependant des doutes sérieux sur sa vocation troublaient son âme des plus nobles inquiétudes. La ville de Lyon venait de se l'attacher par la création d'une chaire ; M. Cousin faisait de sérieuses instances pour le faire entrer, comme il disait, « dans son régiment ; » d'un autre côté M. de Montalembert le pressait de prendre une part active à la rédaction d'une nouvelle publication qu'il fondait : « Je vous en
« supplie, lui écrivait-il, donnez-nous donc quelques frag-
« ments de vos travaux, quelques éclats du monument que
« vous sculptez ; je vous demande ce service comme à un ami
« et à un frère d'armes sur la sympathie duquel je compte
« comme vous devez compter sur moi. »

Enfin l'abbé Lacordaire le prévenait le 19 février 1839 de

sa détermination d'entrer dans l'ordre de Saint-Dominique, et de son départ pour Rome, en le chargeant d'arrêter les places pour lui et ses deux compagnons. « C'est le jeudi 7 mars, fête
« de saint Thomas d'Aquin, que nous quitterons Paris. Nous
« serons à Lyon le 10, et c'est le 12 que nous nous embar-
« querons pour Milan. Je serai ravi de vous revoir vous et
« tous nos amis, et j'espère que vous nous aiderez à faire les
« pèlerinages que tout fervent catholique ne doit pas omettre
« à Lyon. »

Arrivé à Rome, l'abbé Lacordaire racontait son voyage à Ozanam et ne lui cachait pas les joies de la vie religieuse. Plus tard, il ne cachait pas non plus avoir vivement désiré l'appeler un jour « mon frère. »

Si le lecteur rapproche les lettres qui précèdent et celles qui suivent, il sera en quelque sorte témoin des combats qui décidèrent de la destinée d'Ozanam; il s'était voué dès sa jeunesse à la science et à la religion, il sut les servir toutes deux, au milieu du monde, sans jamais les séparer.

LV

L'ABBÉ LACORDAIRE A FRÉDÉRIC OZANAM.

La Quercia, 26 avril 1839.

Très-cher monsieur,

Vous nous avez fait, à mes amis et à moi, un accueil trop aimable pour que je n'aie pas la pensée de vous en témoigner tout le souvenir que nous en avons gardé. Vous prenez d'ailleurs un si grand intérêt à notre œuvre, qu'il est juste de vous en donner des nouvelles.

Nous sommes arrivés à Rome le lundi de la semaine sainte par le plus beau temps du monde, qui ne nous avait pas quittés depuis Lyon, si ce n'est à Milan pour deux jours seulement. Les Dominicains nous ont reçus avec une fraternité et une ouverture de cœur dont vous n'avez pas idée, et je puis dire avoir vu là, pendant quinze jours, et pour la première fois, ce que c'est que l'amour chrétien, l'union des âmes en Jésus-Christ. Un Dominicain est, à la lettre, un Français, et l'esprit admirable de cet ordre a vaincu en eux, dans la plupart du moins, la nature italienne qui nous va si peu.

Notre *Mémoire* était à Rome depuis quelques jours, et y avait produit un très-bon effet. Nous en avons distribué encore un grand nombre d'exemplaires. Les cardinaux que j'ai vus m'en ont parlé avec satisfaction, et le cardinal Pacca, doyen du sacré collége, s'en était exprimé ouvertement de la manière la plus favorable. Le 4 avril au matin, nous fûmes reçus tous les trois en audience particulière par Sa Sainteté, qui nous parla de notre projet avec un grand intérêt et lui accorda sa bénédiction. Nous avons su positivement que, pendant tout l'hiver, il n'avait cessé de s'en entretenir avec ceux qui l'approchent le plus familièrement. Quelques jours après, le 9 avril au soir, nous avons reçu l'habit des mains du Maître général, dans la chapelle de Saint-Dominique de l'église de la Minerve, en présence de quelques amis et d'un assez grand nombre d'étrangers. L'alliance de la France et de saint Dominique a paru là dans un épanchement si cordial, que les larmes nous en venaient à tout moment aux yeux. Le soir et le lendemain jusqu'à midi, ma chambre n'a pas cessé d'être pleine de Dominicains et de Français. A midi, nous sommes partis pour la Quercia, que nous habitons depuis quinze jours.

La Quercia est un couvent magnifique aux portes de Viterbe, au pied septentrional du mont Cimino, à une douzaine de lieues de Rome. Il a été bâti autrefois par un habitant de Viterbe qui trouva une image de la sainte Vierge entre les branches d'un chêne. L'image et le tronc du chêne, conservés au maître-autel de l'église, sont encore aujourd'hui en grande vénération. C'est de là qu'est venu le nom de *la Quercia* qu'on donne au couvent. Celui qui l'avait bâti, incertain de savoir à quel ordre religieux il le donnerait, alla un matin se mettre à la porte de Viterbe la plus proche, attendant le premier religieux qui passerait pour lui remettre les clefs : ce fut le Général même de notre ordre, qui se rendait en Toscane. La Quercia est un des quatre principaux couvents de notre ordre dans la province de Rome. On a préféré nous y envoyer pour que nous y fussions dans un meilleur air et une plus grande solitude.

Je vous charge, très-cher monsieur, de présenter à madame votre mère l'hommage de mon respectueux souvenir et de nos remercîments communs pour ses bontés ; de tous nos compliments et souvenirs pour l'aimable famille qui nous a reçus le soir de notre départ, pour la Société de Saint-Vincent de Paul, et enfin pour M. de la Perrière, qui m'a conduit à ce collége hors de Lyon.

Pour vous, très-cher monsieur, soyez persuadé que nous ne vous oublions pas, et qu'en particulier je vous conserve de très-vifs sentiments. Parlez aussi de nous à M. votre frère.

LVI

FRÉDÉRIC OZANAM A L'ABBÉ LACORDAIRE.

Lyon, 26 août 1839.

Monsieur,

Lorsque votre lettre de *la Quercia* vint m'apprendre votre heureuse arrivée au terme de votre pèlerinage, l'accueil qui vous avait été fait dans la famille de Saint-Dominique, et le souvenir que vous vouliez bien conserver parmi tant de graves occupations aux associés de Saint-Vincent de Paul, j'hésitai longtemps entre le besoin de vous témoigner ma reconnaissance pour cet honneur inespéré et la crainte de troubler par une indiscrète importunité le laborieux repos de votre noviciat. Mais, durant un voyage à Paris, d'où je suis tout récemment revenu, j'ai su que vos amis n'avaient pas cessé de correspondre avec vous; et, puisque vous n'avez pas dédaigné de me donner ce titre, j'ai cru pouvoir prendre les libertés qui en sont la conséquence.

Il y a trop peu de mois que vous avez quitté

notre grande capitale pour que les impressions d'un voyageur d'hier vous présentent quelque intérêt. Vous le savez, sans avoir besoin de l'entendre répéter encore, le mouvement auquel vous donnâtes du haut de la chaire de Notre-Dame une si puissante impulsion n'a pas cessé de se propager parmi les multitudes intelligentes. J'ai vu de près ces hommes du carbonarisme républicain, devenus d'humbles croyants, ces artistes aux passions ardentes, qui demandent des règlements de confrérie. J'ai reconnu cette désorganisation, ce discrédit de l'école rationaliste, qui l'a réduit à l'impuissance, et qui force ses deux principaux organes, la *Revue française* et la *Revue des Deux Mondes*, à solliciter la collaboration des catholiques, ou, comme dit M. Buloz, des honnêtes gens. En même temps que M. de Montalembert parvient à réunir dans la chambre des Pairs une phalange disposée à combattre pour le bien, M. de Carné assure qu'une cinquantaine de voix s'accorderont bientôt en faveur des questions religieuses à la Chambre des Députés; d'un autre côté la petite société de Saint-Vincent de Paul voit grossir ses rangs d'une façon surprenante. Une conférence nouvelle s'est formée d'élèves des Écoles normale et polytechnique : quinze jeunes gens, composant environ le tiers du séminaire de l'Université, ont demandé comme une faveur de passer deux heures chaque dimanche, leur seul jour de liberté, à s'occuper de

Dieu et des pauvres. L'année prochaine, Paris comptera quatorze conférences, nous en aurons un nombre égal en province : elles représenteront un total de plus de mille catholiques impatients de marcher à la croisade intellectuelle que vous prêcherez.

Les exemplaires du *Mémoire* ont été reçus avec gratitude, lus avec empressement, répandus avec zèle dans le cercle de nos connaissances. Les sympathies mêmes des peu croyants vous sont assurées ; vous ne pouvez avoir de doute sur la légalité de votre établissement : la Providence a permis que l'article 291 du Code pénal fût rédigé de manière à favoriser expressément les monastères et les ordres religieux. Cependant les épreuves, qui sont le sceau des œuvres saintes, ne vous manqueront pas : la piété inintelligente de quelques personnes vous prépare sur plus d'un point de bien douloureuses résistances. Toutefois notre ville ne sera pas, comme vous vous y attendez peut-être, un des foyers les plus vifs de cette déplorable opposition. Il se fait à Lyon un singulier changement dans les esprits. Trois facultés de théologie, des sciences, des lettres, fondées depuis peu, ont réveillé, malgré l'imperfection de leur enseignement, le goût des études spéculatives que semblaient avoir étouffé les préoccupations toutes pratiques de nos concitoyens. Dans le clergé, tous les jours, croît le nombre de ceux qui comprennent que la vertu sans la science ne suffit pas au ministère sacerdotal. Parmi les laïques influents qui, durant ces dernières années, intervinrent si souvent dans nos affaires diocésaines, quelques-uns commencent à s'apercevoir que la foi souffre de cette alliance avec les intérêts et les passions politiques où ils l'avaient compromise. Un des plus considérés d'entre eux, ayant fait dernièrement un voyage à Paris, y fut mis en rapport avec les amis de M. Buchez et de M. Bastide : il admira la pureté de leur religion, il conçut un véritable enthousiasme pour leur personne, et de retour ici, il propagea ses nouveaux sentiments, et voici qu'une douzaine de nos plus dévoués absolutistes sont abonnés au *National*. La nomination de S. É. le cardinal d'Isoard contribuera peut-être à consommer l'œuvre de conciliation entre le passé et l'avenir, la réunion de tous ceux qui croient et qui aiment sous une même bannière où ne brilleront plus les devises d'une école ni les couleurs d'un parti.

Pour moi, humble témoin de tant de choses pleines d'espérance, me voilà fixé probablement au poste que j'avais longtemps désiré. Je suis professeur de droit commercial, et je me réjouis d'une fonction qui me fixe auprès de ma pauvre vieille mère, et qui cependant ne m'arrache point à mes inclinations malheureuses sans doute, mais obstinées pour les travaux philosophiques et littéraires. Malgré l'extrême difficulté d'écrire qui retient ma plume indé-

finiment captive sur les pages où mon œil découvre
de nombreux défauts, en dépit de tous les signes
où je devrais voir peut-être la volonté contraire de la
Providence, l'attachement de l'habitude, l'amour-
propre, l'encouragement de quelques amis, me font
revenir mille fois à des projets mille fois abjurés,
et je crains bien de perdre en efforts inutiles un
temps que je pourrais employer plus modestement
et plus sûrement à mon salut et au service du prochain. Je sens plus que jamais le besoin d'une direction spirituelle qui supplée à ma faiblesse et qui
me décharge de ma responsabilité. Et pour parler
à cœur ouvert, déjà plus d'une fois, en voyant la
maladie de ma mère faire de désolants progrès,
quand la possibilité d'une perte si terrible se présente à mon esprit, je ne vois plus de raison pour
me retenir dans une position que le devoir filial
m'a seul fait solliciter, et l'incertitude de ma vocation se reproduit plus inquiétante que jamais. C'est
ce mal intérieur dont je souffre depuis longtemps
que je recommande à vos charitables prières ; car
si Dieu me voulait bien appeler à lui, je ne vois pas
de milice dans laquelle il me fût plus doux de le
servir, que celle où vous êtes engagé. Je serais
même heureux d'en connaître d'avance les conditions, pour m'aider avec le conseil de mon confesseur à prendre un parti : la règle des Frères-Prê-
cheurs manque à notre bibliothèque ; pourriez-vous
m'éclairer sur les moyens de la découvrir ? Vous

obligeriez de nouveau un de ceux qui vous ont déjà tant d'obligations.

Recevez, avec mes respects, ceux de mes amis lyonnais, dont je suis en ce moment l'interprète envié.

LVII

L'ABBÉ LACORDAIRE A FRÉDÉRIC OZANAM.

La Quercia, 2 octobre 1839.

Très-cher monsieur,

Ma première pensée est de vous féliciter sur le poste si convenable où vous à promu votre mérite. Je suis vraiment heureux de vous savoir à Lyon, près de votre mère et de vos amis, dans une Église qui a si inviolablement conservé la grandeur de sa foi. Ce que vous me dites des modifications qui s'annoncent dans la direction du clergé et dans les opinions de plusieurs hommes qui avaient contribué à lui faire une fausse position, me paraît concourir avec le mouvement plus général qui devient partout visible. Que dites-vous de l'archevêque de Toulouse, demandant en face du duc d'Orléans la liberté d'enseignement *promise par nos institutions fondamentales?* L'archevêque de Toulouse! celui qui a été le promoteur de la censure contre l'abbé de la Mennais et ses amis ! C'est le cas de s'écrier avec Joad :

.Et quel temps fut jamais plus fertile en miracles!

Nous en verrons bien d'autres. Ne voilà-t-il pas don Carlos chassé d'Espagne, et la révolution maîtresse en ce pays, jusqu'à ce que le vent du Seigneur se lève sur les Espagnes comme sur la France? La révolution fera le tour du monde, comme l'a dit Mirabeau, mais ayant derrière elle l'Église catholique. Vous saurez, mon cher ami, car vraiment j'ai ce sentiment pour vous, vous saurez que, dans un livre imprimé au commencement du dix-septième siècle, si ce n'est plus tôt, et traitant de la vie d'une certaine Marine d'Escober, il est dit qu'elle eut une vision où elle vit en même temps *l'Angleterre qui se convertissait et l'Espagne qui se pervertissait.* C'est la même sainte qui a prédit qu'un jour les deux ordres de Saint-Dominique et de Saint-Ignace seraient parfaitement réconciliés et unis.

J'ai vu annoncer dans *l'Univers*, que nous recevons, la réimpression de votre Dante ; cela m'a fait plaisir. Il faut se garder de quitter la plume. Sans doute c'est un rude métier que celui d'écrire : mais la presse est devenue trop puissante pour y abandonner son poste. Écrivons, non pour la gloire, non pour l'immortalité, mais pour Jésus-Christ. Crucifions-nous à notre plume. Quand personne ne nous lirait plus dans cent ans, qu'importe? La goutte d'eau qui aborde à la mer n'en a pas moins contribué à faire le fleuve, et le fleuve ne meurt pas. *Celui qui a été de son temps*, dit Schiller, *a été de tous les temps.* Il a fait sa besogne, il a eu sa part dans la création des choses qui sont éternelles. Que de livres, perdus aujourd'hui dans les bibliothèques, ont fait, il y a trois siècles, la révolution que nous voyons de nos yeux ! Nos pères nous sont inconnus à nous-mêmes, mais nous vivons par eux. D'ailleurs rien, dans ce que vous avez publié, ne doit décourager votre plume. Vous avez un style qui a du nerf, de l'éclat, et une érudition qui s'appuie bien. Je vous engage fort à travailler, et si j'étais le directeur de votre conscience, je vous en imposerais l'obligation.

La fin de votre lettre, où vous me parlez des instincts persévérants qui vous poussent à servir Dieu, m'a bien touché. L'espérance de vous voir un jour des nôtres me serait bien chère. Je ne sais vous dire où vous trouverez nos règles. Il me semble qu'un libraire de Paris vous les procurerait aisément. Du reste, vous y démêleriez difficilement le mécanisme de notre ordre. Je crois qu'en peu de mots vous serez mieux au courant. Le but est la *prédication* et la *science divine*. Les moyens : la *prière*, la *mortification des sens*, l'*étude*. La prière consiste dans la psalmodie, ou plutôt la récitation de l'office canonique, laquelle nous prend chaque jour deux heures et demie environ. Nous ne chantons que les complies, sauf les jours de grandes fêtes, où l'on chante tierce et vêpres en plus. La mortification a lieu par le *maigre continuel*, le *jeûne tous les vendredis* et *du 14 septembre à Pâques*. Mais cette mortification n'étant qu'un moyen d'atteindre un but, le supérieur en dispense qui en a besoin. Il en est de même de la chemise de laine dont on peut être dispensé, si l'on en souffre réellement. Nous n'avons aucune pénitence extraordinaire, et on n'en pratique que selon le besoin qu'on en éprouve, et sur les avis de son directeur. Nous avons pour l'étude huit et neuf heures par jour, et on peut être exempt du chœur, dans certaines circonstances, ce qui augmente ce temps. Les novices réels, c'est-à-dire, entrés dans l'ordre à dix-huit et vingt ans, étudient pendant dix années, sont logés à part, et n'ont droit à la liberté des Pères qu'après être arrivés au sacerdoce, même quand ils n'auraient pas fini leurs études. Nous nous levons à cinq heures, et nous nous couchons entre neuf et dix heures du soir. Quant au gouvernement, il est électif dans tous ses degrés, et d'une liberté admirable. Les fautes contre la règle n'entraînent aucun péché, à moins qu'il n'y ait *mépris de la règle*, ou bien, ce qui est très-rare, qu'il n'y ait un précepte *in virtute sanctæ obedientiæ*. Les fautes sont punies par des prosternations à terre, et anciennement, quand elles étaient graves, elles pouvaient être punies de la discipline sur les épaules donnée en plein chapitre. L'affaiblissement de l'esprit monastique a presque détruit cet usage. Ce peu de mots, mon cher ami, vous apprendra de notre vie tout ce qu'on peut en apprendre quand on ne l'a pas pratiquée. Une semaine passée avec nous, quand nous aurons un noviciat, vous mettra plus au courant que dix volumes. Pour moi, je suis très-content, et je ne regrette ici que l'absence d'une séve et d'une sévérité qui nous sont nécessaires, à nous autres Français (1). Quand nous nous faisons moines, c'est avec l'intention de l'être jusqu'au cou. Ici, c'est une vie grave, spirituelle, mortifiée même, utile, mais où l'on sent un pays qui est calme, du moins à la surface.

Veuillez présenter mes hommages respectueux à madame votre mère et me rappeler au souvenir de tous nos amis de Lyon. Je vous embrasse cordialement, avec un grand désir de vous appeler un jour mon frère et mon père.

(1) Depuis l'époque où cette lettre a été écrite, le P. Lacordaire et le R. P. Jandel, par de nombreuses réformes, ont ramené l'Ordre aux primitives observances dominicaines.

LVIII

FRÉDÉRIC OZANAM A M. L...

Lyon, 12 octobre 1839.

Mon cher ami,

Depuis l'époque où je vous écrivis quelques lignes bien courtes en vous promettant de m'épancher plus à l'aise une autre fois, il s'est passé des choses qui n'ont que trop motivé mon silence.

Des nouvelles inquiétantes de la santé de ma mère m'étaient venues plusieurs fois à Paris. Cependant rien n'annonçait un péril grave, et je dus rester jusqu'à l'entier achèvement de mes affaires, c'est-à-dire jusqu'au 11 du mois d'août. Ce jour-là même, qui fut celui de mon départ, ma mère prenait une crise qui la forçait à se mettre au lit, et le soir de mon arrivée, veille de l'Assomption, je la trouvai versant des larmes à cause de ses excessives douleurs, atteinte d'une fièvre ardente, donnant enfin de vives appréhensions. En même temps, mon frère aîné, sur l'avis du médecin, arrivait en poste d'Autun, où il venait de prêcher, tout souffrant encore de son larynx ; et Charles était là passant de tristes vacances. Que ce retour était triste ! Au bout d'une semaine la maladie changea d'allures, et d'aiguë devint chronique. Nous prîmes un peu d'espérance. Mais bientôt il fallut reconnaître que le mal faisait d'incontestables progrès : on cherchait à se faire illusion, et après quelque temps il fallait avouer que le mieux apparent avait été trompeur ; et de déception en déception on est arrivé, mon cher ami, à ne plus croire une guérison possible. Aujourd'hui, plongée dans un assoupissement sans fin, qu'entretient une fièvre dévorante, elle n'entend plus guère, elle ne répond presque pas, si ce n'est quand on lui parle de ses enfants et de Dieu, vers qui toutes ses pensées continuent de s'élever sans efforts. Elle a reçu les derniers sacrements avec cette piété calme qui évitait les émotions pour nous épargner des sanglots ; elle souffre les remèdes les plus incommodes et les plus pénibles, résignée, douce et presque souriante, non par une contrainte morale dont elle n'est plus capable, mais par habitude de bienveillance et de charité. Jamais sa vertu ne se révéla mieux qu'en ces moments où elle est en quelque sorte devenue instinctive. Et c'est alors que nous commençons à la comprendre et à l'apprécier, que cette pauvre mère nous échappe, et nous laisse tout seuls au monde, mon petit frère si jeune et si exposé, moi si faible et si mauvais.

En voilà bien assez pour que vous sachiez ma

douleur ; mais ce que vous ne sauriez imaginer, c'est le trouble qui l'accompagne. Délaissé par celle qui fut mon ange gardien, il me semble qu'elle emporte avec elle le peu que j'avais de religion ; mon cœur s'aigrit et s'égare dans son deuil ; je me sens devenir moins chrétien qu'autrefois, si la prière de mes amis ne vient à mon aide. Et voilà pourquoi, mon cher L..., je ne puis tarder plus longtemps à vous écrire. J'ai besoin pour moi, pour mes frères, pour ma mère, de votre intercession et de celle des âmes catholiques dont vous pouvez être entouré. Ne me refusez pas un secours si nécessaire.

Comme cette funeste maladie se prolonge depuis plus de deux mois, elle ne me dégage point de l'obligation de songer à mes affaires ; et le monde qui m'excuserait parfaitement de m'enfermer pendant huit jours au chevet du lit de ma mère, ne me permettrait pas d'y demeurer huit à dix semaines. C'est là une nouvelle et non moins cruelle épreuve. La *Propagation de la foi*, mon cabinet, la préparation de mon cours, autant de soucis qui viennent se jeter au travers de mes tristesses. Or, l'événement dont je suis menacé, en déplaçant toute mon existence, ne laisse plus aucun intérêt pour moi à ces différentes occupations. Au moment de choisir un état, voyant mes parents jeunes encore, j'avais accepté, pour leur complaire, la profession du barreau. A peine avais-je pris mes grades, que mon pauvre père me manque et ne peut jouir du fruit de ses sacrifices. Je tente alors une nouvelle carrière pour concilier les exigences pécuniaires de ma position avec les besoins de ma mère que je ne puis quitter ; et lorsque, après deux ans, j'obtiens ma nomination, que je me dispose à m'acquitter de mes nouvelles fonctions, ma mère ne profitera point de ce qui a été fait pour elle. En vérité, ce double et sévère désappointement me consterne, renverse tous mes desseins et me jette à l'égard de ma vocation dans des incertitudes douloureuses dont je n'aperçois pas le terme.

Avant-hier une lettre de l'abbé Lacordaire m'est arrivée. Il est toujours content de l'ordre de Saint-Dominique, toujours rempli de magnifiques espérances.

Où êtes-vous ? Comment vos vacances se sont-elles passées ? La santé règne-t-elle au nouveau ménage ? Espérez-vous réaliser bientôt ce titre de père que notre familiarité vous décernait autrefois ? Êtes-vous content de vos fonctions ? Répondez un peu longuement, vous êtes sûr de ne point ennuyer.

LIX

SILVIO PELLICO A FRÉDÉRIC OZANAM.

Turin, 5 novembre 1839.

Monsieur,

Vous aurez reçu par M. Collombet mes salutations et mes remercîments. Il est temps que je vous prie de m'excuser de ce que j'ai tardé si longtemps à vous exprimer moi-même combien j'apprécie le don aimable que vous m'avez fait. Votre livre sur Dante me plaît ; c'est un bon livre sous tous les rapports. Ce que vous dites de la philosophie toute catholique de ce grand poëte est de la plus exacte vérité. Les malheureux écrivains, contraires à l'Église, qui ont tâché de faire de Dante un de leurs patriarches, étaient pitoyablement aveuglés par leurs préjugés. Votre manière de les réfuter est triomphante. Tous les Italiens doivent se féliciter de la fraternité qui vous unit à eux et qui vous a inspiré une si noble et sainte apologie de leur poëte chéri. Vous nous faites oublier le nombre infini de jugements inexacts qui ont été portés sur notre littérature au delà des Alpes. Mais, à l'égard de Dante, il faut dire que parmi ceux qui l'ont peint sous de fausses couleurs, il y a bien des Italiens.

Je joins à mes actions de grâce pour votre livre l'expression toute particulière de ma reconnaissance pour ce que vous m'adressez d'infiniment bienveillant dans votre lettre. Que Dieu vous conduise toujours et qu'il vous sanctifie ! Vous avez du talent ; employez-le constamment à son honneur, à l'honneur de sa chère Église, notre mère, l'unique dépositaire du vrai. Écrivez, et surtout agissez toujours de façon à édifier les amis et les ennemis. Aspirons sans cesse à nous rendre meilleurs serviteurs et enfants de notre divin modèle, Jésus.

Un de mes amis, Piémontais, le comte Cesare Balbo, a écrit une Vie, aussi très-catholique, de Dante. Cet ouvrage doit vous plaire. Il m'en a donné un exemplaire pour vous, je vous l'envoie par M. Bonafous.

Mille choses affectueuses à M. Collombet. Dites-lui que je le remercie de m'avoir rapproché du bon Boëce. Dites-lui que j'aime ses livres.

LX

FRÉDÉRIC OZANAM A M. REVERDY.

Lyon, 10 novembre 1839.

Mon cher ami,

Votre lettre consolatrice est venue me visiter à la campagne, où mes frères et moi nous nous étions retirés pendant quelques jours pour le besoin de nos santés et pour le repos de nos cœurs. Vos paroles sont descendues dans ma solitude, comme la voix de l'ange qu'entendit Agar au désert : car il y a quelque chose d'angélique, c'est-à-dire de fraternel et de supérieur tout à la fois, dans l'accent d'un ami comme vous. Aux épanchements d'une affection toute cordiale, vous mêlez déjà l'autorité de votre ministère ; vos avis ont cette force bienfaisante qui contraint l'âme à s'ouvrir pour les recevoir, et à se laisser guérir.

Ma mère était bien mal la dernière fois que j'eus le bonheur de vous voir : néanmoins je ne m'attendais pas à une si prompte catastrophe. Je pensais la conserver encore tout l'hiver, et je m'étais attaché avec toute l'opiniâtreté du désespoir à cette suprême illusion. C'est donc avec une angoisse inexprimable que je l'ai vue m'échapper, lorsqu'un accès de fièvre, déterminé par la température orageuse des premiers jours d'octobre, nous a signalé les approches de sa fin. Et cependant les facultés intellectuelles et morales que la maladie avait d'abord abattues semblaient se relever : toutes les fois qu'on lui parlait de Dieu et de ses enfants, elle répondait par quelques mots touchants ; elle comprenait toute la gravité de sa position, et néanmoins elle était calme, sereine, et durant le sommeil le sourire s'épanouissait sur ses lèvres...

Notre excellente mère était si pieuse et si charitable, si exempte même des petites imperfections de son sexe, si éprouvée par des chagrins et des souffrances de toute nature, si admirable dans ses derniers moments, que nous ne pouvons nous empêcher d'avoir beaucoup d'espérance, et qu'à tous les saints Sacrifices offerts à son intention nous avons fait attacher une intention subsidiaire pour nos autres parents défunts. Sans doute elle repose dans le sein de Celui qu'elle aima, et, lorsque du haut de ces splendeurs divines elle nous voit agenouillés encore sous nos crêpes funèbres, et priant afin de lui obtenir la délivrance dont elle jouit déjà, sans doute elle nous pardonne ce deuil et cette erreur, et elle fait retomber en rosée bienfaisante sur des âmes moins heureuses des prières inutiles pour elle. —

C'est dans cette pensée que je viens vous demander de joindre vos vœux aux nôtres : ils ne seront point perdus.

D'ailleurs, nous avons bien besoin de cette aumône spirituelle, nous qui restons. Notre âge semblerait devoir nous rendre, mon frère aîné et moi, plus fermes et plus courageux. Mais nous avons tant vécu de la vie de famille, nous nous trouvions si bien sous les ailes de notre mère, que jamais nous n'avions quitté sans esprit de retour le nid natal. Quand il avait fallu nous éloigner, la privation nous faisait apprécier plus vivement ce qui nous manquait; et l'absence nous avait appris à l'aimer mieux encore. Les maladies et les infirmités qui pouvaient nous préparer à une séparation n'ont fait que nous la rendre plus cruelle. Les soins qu'elles exigeaient avaient fini par prendre dans nos journées une place qui reste vide ou que rien ne remplit de même. Que mes soirées surtout sont sinistres et désolées, quand un ami n'en vient pas distraire la tristesse ! Mais surtout quelle perte pour les intérêts religieux de mon âme ! douces exhortations, puissants exemples, ferveur qui réchauffait mon cœur tiède, encouragements qui relevaient mes forces! Et puis c'était elle dont les premiers enseignements m'avaient donné la foi, elle qui était pour moi comme une image vivante de la sainte Église, notre mère aussi, elle qui me semblait la plus parfaite expression de la Providence. Aussi je crois me sentir à peu près comme les disciples devaient être après l'ascension du Sauveur : je suis comme si la Divinité s'était retirée d'auprès de moi. Il me semble par moment, vous l'avouerai-je, que la foi m'échappe avec celle qui en fut pour moi l'interprète, et que je demeure seul dans mon néant. — Depuis une semaine je travaille beaucoup ; mais le travail qui occupe l'esprit ne peut rien pour le cœur. — Oh ! demandez pour moi au Seigneur qu'il m'envoie comme à ses disciples, orphelins aussi, l'Esprit qui console, le Paraclet ! Je n'ai pas comme eux une mission extraordinaire à remplir : je ne désire pas les dons miraculeux qu'il leur prodigua. Je voudrais seulement obtenir la force nécessaire pour achever mon pèlerinage de quelques années, peut-être de quelques jours, et pour finir, enfin, comme a fini ma sainte mère.

Adieu, mon cher ami, je vous renouvelle, avec mes vifs remercîments pour vous, la prière de me rappeler aux souvenirs de nos amis communs.

Adieu ! que votre mère vous soit conservée longtemps ! Adieu encore.

Votre frère dévoué en Notre-Seigneur.

Marie Nantas, née à Lyon, le 15 juillet 1781, était fille de Matthieu Nantas, marchand de soie et administrateur de l'Hôtel-Dieu. Bien jeune, elle vit toutes les horreurs du siége de Lyon, pendant lequel on la tenait cachée dans les caves avec ses sœurs. Après la prise de cette ville héroïque, son frère, à peine âgé de dix huit ans, fut mitraillé aux Brotteaux avec la fleur de la jeunesse lyonnaise; son père et sa mère furent emprisonnés. Ils échappèrent à l'échafaud par miracle, et toute la famille, avec un vieil oncle, prieur de la chartreuse de Prémol, partit pour l'exil. On s'arrêta dans le canton de Vaux, à Échallens; c'est là que la petite exilée fit sa première communion, dans une pauvre église partagée entre les catholiques et les protestants.

Mariée très-jeune, elle connut d'abord toutes les jouissances du luxe; mais, après les désastres de sa fortune, elle ne faiblit pas devant la pauvreté. Courageuse, elle sut travailler de ses mains, pendant plusieurs mois, pour venir en aide à sa petite famille. Elle avait reçu une éducation très-soignée, dessinait à merveille, écrivait parfaitement sa langue (ce qui est plus rare qu'on ne croit) et tournait fort joliment les vers; il n'y avait pas de bonnes fêtes de famille sans une joyeuse chanson de cette aimable mère.

Sa vie fut remplie de bien des douleurs. Elle perdit une fille bien-aimée, à l'âge de dix-huit ans, douée d'une manière merveilleuse et qui fut la première institutrice de Frédéric.

Unie à son mari par la plus vive tendresse, madame Ozanam dirigea avec lui l'éducation de ses fils. Ils se trouvaient heureux de travailler à ses côtés, et elle les a suivis ainsi dans tous leurs travaux. Quand ils n'eurent plus besoin de son temps, elle le donna aux pauvres, avec les restes d'une santé très-affaiblie. On conserve d'elle les plans, très-remarquables, d'instructions religieuses, qu'elle adressait à des gardes-malades des pauvres.

Elle imprima de bonne heure dans le cœur de ses enfants les sentiments élevés et la piété ardente qui étaient dans le sien. Elle gouvernait ses fils avec une fermeté qui ne fléchit jamais, avec une douceur, et une tendresse qui en fit, jusqu'à son dernier jour, la plus obéie et la plus adorée des mères.

LXI

A M. L...

Lyon, Noël 1839.

Mon cher ami,

Ce beau jour ne s'écoulera pas sans que j'accomplisse un devoir bien cher, retardé jusqu'ici par des obligations plus impérieuses, ou qui peut-être me semblaient telles, précisément parce qu'elles étaient moins douces. Dieu permet sans doute qu'à ces grandes solennités où il nous prodigue les grâces du ciel, nous mêlions un peu du bonheur de la terre : et quel bonheur plus pur que celui de l'amitié chrétienne?

Vous êtes donc venu me visiter aux premiers jours de mon deuil, et vous avez eu le courage si rare de me donner de véritables et sérieuses consolations. Hélas ! que j'en avais besoin, quel ravage cette mort a fait dans mon esprit et dans mon cœur ! ou plutôt je me trompe, ce qui m'a démoralisé, c'est d'abord cette longue maladie dont les progrès journaliers, irrécusables, m'enlevaient une à une mes dernières espérances, et qui, vous le dirai-je? semblait vouloir déshonorer le sacrifice avant de le consommer, en éteignant les facultés intellectuelles, en émoussant les sentiments moraux : cette pensée était horrible, mais elle m'assaillait toujours, je croyais voir mourir l'âme en même temps que le corps ! Heureusement l'épreuve fut abrégée : aux derniers moments l'énergie intérieure s'est ranimée, et le Christ, en descendant pour la dernière fois dans le cœur de sa bien-aimée servante, y laissa la force des suprêmes combats.

Elle demeura, trois jours à peu près, calme, sereine, murmurant des prières, ou répondant par quelques mots d'ineffable bonté maternelle à nos caresses et à nos soins. Enfin vint la nuit fatale : c'était moi qui veillais ; je suggérais en pleurant à cette pauvre mère les actes de foi, d'espérance et de charité, qu'elle m'avait fait bégayer autrefois tout petit. Vers une heure, de nouveaux symptômes m'effrayèrent : j'appelai mon frère aîné, qui reposait dans la chambre voisine. Charles nous entendit, et se leva : les domestiques accoururent. Nous nous agenouillâmes autour du lit ; Alphonse fit les déchirantes prières, auxquelles nous répliquions avec des sanglots. Tous les secours que la religion réserve pour cette heure solennelle, l'absolution, les indulgences, furent encore une fois appliqués. Le souvenir d'une vie immaculée, les bonnes œuvres qui, trop multipliées et trop fatigantes, en avaient hâté le terme, trois fils conservés dans la foi au milieu d'une époque si orageuse, et réunis là par une coïncidence presque providentielle : et puis enfin les espérances déjà prochaines de l'heureuse immortalité ; toutes ces circonstances semblaient rassemblées pour adoucir l'horreur, pour éclairer les ténèbres du trépas. Point de convulsions ni d'agonie, mais un sommeil qui laissait sa figure presque souriante, un souffle léger qui allait s'affaiblissant : un instant vint où il s'éteignit, nous nous relevâmes orphelins. Comment vous dire alors la désolation et les larmes qui éclatèrent au dehors, et cependant l'inexprimable, l'inexplicable paix intérieure dont nous jouissions, et comment le sentiment d'une béatitude nouvelle s'empara malgré nous non-seulement de notre cœur, mais aussi des personnes les plus chères de la famille : puis cet immense concours aux obsèques, et ces pleurs des pauvres, ces prières faites de toutes parts spontanément, sans attendre nos sollicitations, et enfin, pour revenir à vous, ces charitables empressements de l'amitié, qui s'étonnait sans doute de nous trouver si tranquilles dans notre douleur.

Heureux l'homme à qui Dieu donne une sainte mère !

Cette chère mémoire ne nous abandonnera point. Jusque dans ma solitude actuelle, au milieu du marasme qui souvent ravage mon âme, la pensée de cette auguste scène me revient pour me soutenir, pour me relever ; considérant combien courte est la vie, combien peu éloignée sera sans doute la réunion de ceux que sépare la mort, je sens s'évanouir les tentations de l'amour-propre et les mauvais instincts de la chair ; tous mes désirs se confondent en un seul : mourir comme ma mère !

Et vous, mon cher ami, vous deviez partager avec moi ce précieux souvenir, comme vous en partagez déjà tant d'autres ; et si ma plume a eu quelque peine à retoucher des traits qui sont pour moi autant de cicatrices intérieures, d'un autre côté vos affectueuses sympathies sur lesquelles je compte par avance, deviendront comme un baume nouveau pour les guérir, ou du moins les purifier.

Que j'éprouve bien maintenant la vérité de vos paroles, et que je suis heureux de n'avoir pas déserté ce lit de douleur et de bénédiction pour courir après les douteuses promesses d'un avancement universitaire ! Quand, au prix de ce léger sacrifice, je n'aurais acheté que la faveur de passer auprès de ma mère quelques mois de plus, de me trouver à cette dernière nuit, j'en serais déjà trop payé. J'ai tant regretté de n'avoir pu fermer les yeux de mon pauvre malheureux père. Puissent-ils maintenant se trouver rassemblés dans un même bonheur, comme ils le furent ici-bas dans les mêmes travaux et les mêmes afflictions ! Puissé-je continuer avec eux par la pensée, par la foi, par la vertu, cet entretien que rien ne saurait interrompre, et puisse-t-il n'y avoir rien de changé dans la famille que deux saints de plus! Priez donc *pour nous*, mon excellent ami, pour nous tous : pour moi surtout qui aimais tant cette existence abritée du toit paternel, qui au milieu de mes frères, au milieu de mes nombreux condisciples, ne puis m'accoutumer à ne plus voir ceux de la génération précédente, et qui me trouve si seul !

Le travail vient un peu à mon aide : les soins de mon cours de droit commercial prennent la plus grande partie de mon temps. J'ai ouvert le 16 décembre seulement. Le discours a réussi : on l'imprime et vous en aurez dans quelque temps un exemplaire (1). Les deux leçons suivantes ont été un peu compromises par cette hésitation de parole dont je ne puis me défaire; néanmoins on n'est pas mécontent, et la salle qui contient deux cent cinquante personnes ne suffit point. Les rangs sans doute s'éclairciront bientôt.

Il se peut que j'obtienne la chaire de Quinet : elle sera vacante à Pâques. Enfin, l'abbé Lacordaire sera de retour dans quelques mois, et alors, si d'anciennes velléités se changent en vocation réelle, j'essayerai d'y correspondre. Ma perplexité est très-grande, de tous côtés déjà on me parle de mariage. Je ne me connais point encore assez pour me résoudre. Donnez-moi vos conseils : vous savez les

(1) *Discours prononcé à l'ouverture d'un Cours de droit commercial.* Œuvres complètes d'Ozanam, t. VIII, p. 405.

charges et les consolations de l'état; vous savez mon caractère et les antécédents du consultant; dites-lui, je vous prie, votre opinion avec la même franchise dont il usa jadis à votre égard. Ne craignez pas la responsabilité : je ne vous promets point que votre avis soit décisif.

Vous m'aviez donné pour Noël un rendez-vous où je n'ai point manqué. J'ai prié ce Dieu miséricordieux, qui me visitait au milieu des ruines de ma pauvre famille, de visiter aussi le jeune foyer où se forme la vôtre, d'être avec vous comme il fut avec Joseph et Marie, de bénir le premier espoir de votre union. J'ai formé là, dans la sincérité de la prière, les vœux que beaucoup vous adresseront dans le langage du monde, d'ici à quelques jours.

Recevez mes souhaits d'heureuse année; veuillez les présenter à madame L..., comme ceux d'un des amis les plus dévoués que puisse avoir son mari. Mon frère aîné vous embrasse, et j'en fais autant.

Adieu, répondez-moi et n'oubliez point votre vieux camarade.

LXII

M. COUSIN A FRÉDÉRIC OZANAM.

6 Juillet 1839.

Mon cher Ozanam,

Je ne vous ai pas répondu, tant que je n'avais rien de net à vous dire. Aujourd'hui je viens vous annoncer que dans le conseil d'hier il a été arrêté que vous seriez nommé à la chaire de Droit commercial.

J'aurais bien mieux aimé vous voir dans mon régiment; mais je n'en désespère pas, et en tout cas je suis sûr qu'avec moi ou sans moi vous aimerez et servirez toujours la vraie philosophie.

Ne m'oubliez pas trop; car vous êtes sûr de trouver toujours en moi

Un ami.

8 Janvier 1840.

Mon cher Ozanam,

J'ai reçu quelques jours après votre *Dante* le triste billet où vous m'annoncez la mort de madame votre mère. Cette nouvelle m'a été vraiment douloureuse, par toute la peine qu'elle a dû vous causer, et que j'ai pu mesurer par les sacrifices de plus d'un genre que je vous ai vus faire à cette grande affection, à ce grand devoir. Vous voilà plus libre; quand vous pourrez me revenir, vous me retrouverez.

Dites-moi ce que vous faites, vos travaux, vos affaires, et l'état de la bonne cause philosophique à Lyon.

     Mille amitiés de cœur.

LXIII

FRÉDÉRIC OZANAM A M. HENRI PESSONNEAUX.

Lyon, 15 janvier 1840.

Mon cher ami,

Il est bien tard pour une visite de bonne année, mais l'étiquette parisienne, si je ne trompe, accorde le mois tout entier, et tu me permettras de m'en prévaloir. Cependant sois persuadé que je n'aurais point fait attendre si longtemps une réponse à ton aimable lettre, si mes débuts professoraux n'avaient jusqu'ici exigé tous mes soins, me laissant à peine assez de loisir pour les devoirs officiels qu'il faut remplir à l'époque du nouvel an. Excuse-moi donc, et... embrassons-nous.

Quant à moi, je marche au jour le jour par les chemins que la Providence m'indique sans m'en laisser apercevoir le terme. Le cours de droit commercial semble réussir. Une foule immense assistait au discours d'ouverture : on a brisé portes et vitres; et ton cher cousin Louis, pour le dire en passant, est un de ceux qui ont commis le méfait. Depuis lors, la salle n'a pas cessé d'être remplie ; elle contient pourtant plus de deux cent cinquante personnes. Cependant je me suis permis toutes les digressions philosophiques, historiques, que les matières pouvaient comporter. Je n'ai même pas reculé devant des vérités sévères ; mais je ne refuse pas non plus l'occasion d'appeler un sourire sur les lèvres des auditeurs ; et, comme dit de Maistre, l'aiguille fait passer le fil. Le recteur, enchanté du succès, pousse fortement à ma nomination pour la place de Quinet ; mais Fortoul me fait une d'autant plus redoutable concurrence, qu'il y a maintenant un commencement d'hostilités entre l'archevêché et la faculté des lettres. L'éclat est venu du professeur de ***, qui a pris une position fort inconvenante ; heureusement il n'a pas le don du prosélytisme, et sa parole, sourde comme le verre, est incolore et froide comme lui.

Le mariage de M... est un fait accompli. Il a passé la ligne, « ce grand jeune homme qui ferait un si bon mari, » selon ton heureuse expression. Du reste les fêtes ont été magnifiques. Cette joie solennelle et douce qui préside à l'union de deux familles chrétiennes a quelque chose de singulièrement touchant. Pas de danses ; des vers, de la musique, des conversations animées ; des larmes d'émotion dans les yeux des deux papas, et les héros de la cérémonie parfaitement convenables. Seulement la nouvelle mariée a l'air d'être un peu savante, et, qui pis est, de le savoir : l'expression de son visage est celle d'une volonté quelque peu virile, mais elle trouvera à qui parler, n'en soyons point en peine. — La veille de ces noces si brillantes, nous avions vu mourir le pauvre Alfred Rieussec. Quels contrastes et quelles réflexions sur la vanité des prévisions humaines !

Et toi, mon cher ami, que fais-tu? Les jours nouveaux qui se lèvent te seront-ils meilleurs? Tes projets paraissent-ils se réaliser, et la nouvelle connaissance d'Ampère continue-t-elle de t'être utile ? Écris-moi, écris-moi longuement : c'est une consolation qui va m'être plus nécessaire que jamais. Mon frère, que son mal de larynx n'a pas encore quitté, part après-demain pour l'Italie, où la sentence des médecins l'exile pour trois mois. Beaucoup envieraient la faveur d'un pareil bannissement ; pour lui il s'attriste de me laisser seul. Mais je ne le serai pas : l'affection de tant de jeunes hommes excellents a formé autour de moi comme une famille nouvelle. L'absence même n'en rompt pas les liens, elle ne fait que rendre plus doux le souvenir des moments passés ensemble. Il en est ainsi pour moi de ces vacances où nous nous sommes vus moins encore que je ne l'aurais désiré ! Puisse un rapprochement nouveau s'opérer sous de meilleurs auspices !

Adieu, en attendant, mon cher ami, et souviens-toi dans ton cœur et dans tes prières de ton pauvre cousin qui t'aime bien fraternellement.

Le cours de droit commercial que venait de commencer Ozanam et dont il parle dans cette lettre ne dura que l'année scolaire, il eut le plus grand succès. Les notes qui en sont restées ont été publiées par les soins de M. Foisset, conseiller à la cour d'appel de Dijon. Voici comment ce jurisconsulte éminent juge les notes d'Ozanam et ses travaux sur le droit :

« On ne connaîtrait pas Ozanam tout entier si on ne le connaissait comme juriste. En effet, sa première pensée de jeune homme avait été de consacrer sa vie au barreau d'abord, puis à l'enseignement de la science des Lois. Il donna donc à l'étude du Droit une part notable, j'ai presque dit les meilleures années de sa jeunesse.

« Mais le Droit, pour lui, ce n'était pas seulement ce qui fait au palais le praticien, ce n'était pas seulement l'application des textes juridiques aux affaires de chaque jour. Le droit, c'était, avant tout, une branche de la philosophie ; c'était une portion de l'histoire ; c'était même un côté de la littérature...

« Lorsqu'en 1839 une chaire municipale de droit commercial fut créée en faveur d'Ozanam dans sa ville natale, il monta dans cette chaire, à vingt-six ans, armé de toutes pièces sur la philosophie comme sur l'histoire et sur la théorie positive de la portion de la science qu'il était chargé d'enseigner.

« Profondément pénétré de la vraie mission de professeur, il ne s'était point efforcé d'accumuler dans son cours des problèmes juridiques. Il ne s'y perdit point en d'intarissables discussions d'espèces controversées. Il aimait mieux enseigner des principes que des doutes, inculquer les règles du Droit et en faire comme toucher du doigt la sagesse que d'initier ses auditeurs, ce sont ses termes, « au double « scandale de l'obscurité des lois et de la contrariété des ju-« gements. »

« Mais il était prêt sur la jurisprudence des arrêts comme sur tout le reste. On peut en juger par les notes qu'il avait préparées pour la première moitié de ce cours trop tôt interrompu.

« Nous les publions avec confiance. Ce ne sont que des notes, sauf de courts et rares fragments, qui s'en détachent, a dit si bien M. Ampère, comme des figures terminées avant le reste dans l'esquisse d'un maître. Ce ne sont que des notes, et pourtant quelle étendue ! quelle élévation ! quelle lumière ! Il n'y a là que les grandes lignes du sujet ; mais elles y sont toutes. Et plus elles sont nues, mieux elles découvrent l'ensemble et les principales divisions du vaste horizon qu'elles embrassent. Ainsi dégagées de tout accessoire, elles en dessinent, elles en font ressortir les contours avec une pureté de trait pleine de relief et de vigueur.

« Quel dommage qu'un travail semblable eût été perdu ! Certes, parmi les notes extraites des papiers de Klimrath, on en a publié (et je ne m'en plains pas) qui sont bien au-dessous de la valeur de celles-ci ; j'ose dire qu'on y retrouvera tout Ozanam, son érudition si sûre, son esprit si largement ouvert et si pénétrant, son cœur si droit, et même quelques éclairs de son éloquence. Tout y est, comme le fruit est dans la fleur. » (Foisset, Préface aux *Notes d'un Cours de droit commercial.* Œuvres complètes d'Ozanam, t. VIII, p. 299.)

LXIV

A M. L...

Lyon, 15 février 1840.

Mon cher ami,

Que devenez-vous? Et d'abord ne doit-on pas vous saluer sérieusement de ce titre de père, qui vous fut jadis dévolu comme un joyeux surnom? Dieu vous a-t-il accordé l'ineffable consolation de voir votre jeunesse renaître sous les traits de l'enfance en la personne d'un fils? Heureux le premier-né d'un mariage précoce! Il jouira de ses parents dans leur verte saison, il ne les verra blanchir qu'au temps où lui-même aura mûri, et l'adieu de la tombe sera pour un plus prochain rendez-vous! Et vous aussi vous aurez le loisir de contempler votre ouvrage accompli. Après l'éducation de l'adolescence vous accompagnerez votre enfant aux laborieuses initiations de l'âge viril; et dans la carrière sociale où il entrera avant que vous en soyez sorti, il trouvera récente et reconnaissable encore la trace que vous aurez laissée. Si la responsabilité des obligations paternelles vous effraye, le moment est loin encore où elles pourront devenir difficiles, et jusque-là, ce n'est point un fardeau que Dieu vous donne, c'est un petit ange dont la présence sanctifie votre maison, vous rend la vertu plus aimable, et la vie plus légère.

Car la vie avec ses nécessités positives, avec ses bienséances de convention, avec le frottement impur des hommes et des choses, doit souvent être accablante pour vous, surtout vos fonctions vous mettent constamment sous les yeux les côtés les moins attrayants de l'humanité. Vous cumulez probablement l'odieux du correctionnel et le fastidieux du civil ; et, si je ne me trompe, vous alternez entre la vertueuse indignation du ministère public, et l'inébranlable impartialité du juge.

De notre côté, nous tâchons d'entretenir ce feu sacré de la fraternité chrétienne que jadis vous allumâtes avec nous. La petite Société de Saint-Vincent de Paul subsiste et se développe ; les besoins extraordinaires de cet hiver ont ranimé l'activité de nos aumônes. Nous faisons des progrès dans l'art de dévaliser les riches au profit des pauvres. Beaucoup d'entre les nôtres ont offert leurs services pour le patronage des jeunes libérés, et l'excellent la Perrière s'occupe de fonder un patronage préventif. Mais que tout cela est peu, mon ami, en présence d'une population de soixante mille ouvriers, démoralisée par l'indigence et par la propagation de mauvaises doctrines ! La franc-maçonnerie et le républicanisme exploitent les douleurs et les colères de cette multitude souffrante, et Dieu sait quel avenir nous attend si la charité catholique ne s'interpose pas à temps pour arrêter la guerre d'esclaves qui est à nos portes !

Malheureusement, plus d'un vide s'est fait dans nos rangs : plusieurs départs, une mort. Cette mort, vous la connaissez sans doute, et vous vous êtes associé à notre deuil, c'est celle d'Alfred Rieussec. Son talent, rapidement développé dans les luttes du barreau, lui promettait les honneurs d'une grande illustration oratoire ; en même temps que sa fortune lui frayait l'accès probable des hautes fonctions politiques. Au milieu de si flatteuses espérances, et parmi les séductions d'un monde qui courtise toujours les grandeurs naissantes, il avait conservé sa simplicité, sa bonté un peu froide, sa foi et ses habitudes de régularité religieuse. Il était des nôtres, par une assistance encore fréquente, par la générosité de ses offrandes, et par la franchise de ses affections. Une maladie qui a semblé disparaître un moment avant de frapper le dernier coup, est venue nous le ravir ainsi dans sa fleur ; et les larmes qui l'ont accompagné à sa dernière demeure ont assez dit combien dure nous était cette perte. Priez pour lui !

Pendant que ce pauvre ami prenait le chemin de l'éternité, un autre se rattachait à la terre en y jetant l'ancre dorée d'un beau et riche mariage. Vous comprenez qu'il s'agit de Chaurand. Dieu l'a récompensé de beaucoup de vertus en réunissant pour lui tout ce qui fait ici-bas le bonheur. Ces noces, célébrées entre deux familles respectables et vraiment chrétiennes, ont été fort touchantes. Rien de la tumultueuse joie d'une fête mondaine, mais une douce émotion et comme un souvenir d'Isaac et de Tobie, comme une image de Cana. Moi-même, au milieu de mes tristesses, je me suis trouvé si fortement impressionné, qu'il m'est devenu possible de traduire en vers une idée qui depuis longtemps m'était venue au mariage de mes amis, et que tour à tour j'aurais voulu pouvoir exprimer pour Dufieux, pour Arthaud et pour vous. C'est un symbole commun à toutes les unions pieuses, c'est votre histoire comme la leur, et c'est pourquoi je ne puis résister au désir de vous envoyer la pièce ci-incluse. Et puis, ces vers sont les derniers venus de ma défunte verve poétique, et j'ai pour eux quelque chose de cette faiblesse qui accompagne la paternité des vieillards, Si incorrecte que soit la forme, la pensée me plaît ; et ne voulant pas la profaner par une publicité que d'ailleurs elle ne supporterait point, je la réserve pour les communications de la plus restreinte intimité !

Par le même courrier, vous recevrez le discours d'ouverture de mon cours. Comme vous le verrez, c'est moins une œuvre d'art qu'une affaire. Du reste, le prospectus n'a pas mal réussi, à en juger par le résultat. Maintenant que le flot des amateurs et des curieux s'est retiré, il me laisse un auditoire sérieux d'environ cent soixante personnes, qui remplit parfaitement la salle du cours, et encombre assez les couloirs d'entrée, pour donner un semblant d'affluence. Vous me voyez de là-bas, affublé du costume ordinaire des professeurs de droit (ainsi l'a voulu l'Académie), pérorant avec un aplomb qui m'étonne, et me prenant à croire que je rêve, quand je me souviens d'avoir été hier encore sur les bancs. Je m'efforce de vivifier l'enseignement de la lettre des Codes, par leur esprit, par des considérations historiques et économiques ; j'empiète même sur l'Économie sociale, votre ancien domaine, je m'efforce d'inspirer à mes auditeurs l'amour et le respect de leur profession et par conséquent l'observance des devoirs qu'elle impose : je leur dis des vérités sévères, et leur bienveillance m'en donne volontiers le droit. Beaucoup prennent des notes, on m'adresse des lettres, il y a du zèle et du travail. Ainsi, Dieu, qui « à la brebis tondue mesure le vent » semble ouvrir à mon avenir temporel une meilleure perspective. Pourquoi faut-il que ceux dont la sollicitude l'a préparé n'en puissent plus jouir!

Ne vous sera-t-il pas possible de trouver un soir de loisir, et de m'écrire quatre ou cinq de vos bonnes pages? Vous me feriez là une d'autant plus grande amabilité que les visites des amis ne sont pas de trop maintenant. Tandis que mon petit frère demeure encore cette année dans sa pension, d'où il ne sort que deux fois en dix mois; mon frère aîné, sans doute au jour où je vous écris, est à Naples. Je commence à connaître cette maladie que vous avez trop éprouvée, l'ennui. Demandez pour moi au Souverain Gardien des âmes qu'il me sauve des dangers de l'isolement, qu'il me donne lumière pour connaître ses desseins sur moi, énergie pour les accomplir. Que sa volonté se fasse sur la terre comme au ciel, c'est-à-dire avec foi, avec amour !

Adieu, mon cher ami, comptez toujours sur ma vive et fraternelle affection, et conservez-moi la vôtre, afin que l'heure où nous nous sommes connus ne soit point une heure perdue parmi celles de notre vie, et qu'elle compte au nombre de celles dont on se souvient jusqu'à la mort.

LES DEUX ANGES GARDIENS.

C'était fête. Le ciel resplendissait de gloire.
A genoux et voilés de leurs ailes d'ivoire,
Deux anges gardiens se tenaient devant Dieu,
Et leur voix s'éleva seule dans le saint lieu.

« Seigneur, vous le savez, dans la foule des anges
« Qui chantent devant vous l'hymne de vos louanges,
« Une sainte amitié nous rapprocha d'abord.
« Vous aimiez de nos voix l'indivisible accord.

« Toujours nous partagions les mêmes ministères,
« Et longtemps sous vos yeux nous vécûmes en frères.
« Puis, lorsque tous les deux sur terre descendus,
« Nous y dûmes guider deux d'entre vos élus,
« Vous promîtes, Seigneur, qu'un jour leurs destinées
« Viendraient se réunir en nos mains fortunées.

« Ce qui s'est fait depuis, vous ne l'ignorez pas :
« Il fallut séparer notre sort et nos pas.
« L'un de nous s'arrêta près d'une jeune fille ;
« Fleur qu'abrita toujours l'ombre de la famille,
« Qui, s'épanouissant loin des sentiers battus,
« Se parfuma bientôt de grâce et de vertus.
« A l'autre fut donnée une tâche plus rude :
« Il suivit un chrétien aux luttes de l'étude,
« Aux écoles du siècle, où souvent la raison,
« Au vin de la science a mêlé le poison ;
« Où souvent, enivrés de voluptés amères,
« Les fils à leur retour ont fait pleurer leurs mères ;
« Lui, de graves pensers il nourrissait son cœur :
« Il crut, et défiant tous les vents de l'erreur,
« Ardente et toujours pure il rapporta son âme,
« Lampe dont la tempête a respecté la flamme.

« Et maintenant, Seigneur, si votre volonté
« Tous deux nous ramena dans la même cité,
« C'est qu'il est temps de voir vos promesses remplies,
« Il est temps de confondre en une ces deux vies,
« D'associer nos soins et d'unir sans retour
« Ces justes pour lesquels a veillé notre amour.
« Nous étendrons sur eux nos ailes fraternelles :
« Ensemble ils s'essaieront à des vertus nouvelles,
« La paix et le bonheur joncheront leurs chemins.
« Les pauvres connaîtront l'aumône de leurs mains :
« Et leurs enfants pieux et beaux comme nous sommes
« Iront multipliant le bien parmi les hommes ! »

Ils se turent, et Dieu parla : « Je vous bénis,
« Mes bien-aimés, dit-il ; allez, soyez unis !... »

LXV

A M. HENRI PESSONNEAUX.

Lyon, 13 avril 1840.

Mon cher ami,

Pardonne si ta dernière lettre est restée trois semaines sans réponse. En revoyant ton frère, en prolongeant avec lui d'amicales causeries, je me retrouvais en quelque sorte en ta compagnie, j'oubliais les ennuis de la séparation et les privations de l'absence, je n'éprouvais plus aussi vivement que par le passé le besoin de ces épanchements incomplets qui fatiguent la plume, sans pouvoir suffire à la surabondance du cœur. Et puis, l'extrême bonté de mes parents et de mes connaissances, qui ont cherché à distraire ma solitude en me conviant à leurs fêtes de famille, a jeté un peu de désordre dans l'emploi de mes journées. Les repas et les soirées enlèvent bien des heures au travail et ne permettent pas même à l'esprit de se recueillir aussi sérieusement que de coutume, quand on est rentré dans le silence du cabinet. Quoique le cercle de ces plaisirs, un peu mondains, se soit borné, pour moi, à un petit nombre de sociétés intimes, les seules qu'il me convînt de fréquenter, néanmoins je ne suis point fâché de le voir se refermer et faire place aux sévères habitudes du carême. Mes devoirs en sont mieux remplis, et mieux remplis mes loisirs. A mes camarades éloignés, je consacrerai un peu de ce temps que je perdrais avec les amis présents. Ce n'est pas une jouissance profane que celle d'écrire, et notre correspondance pourra se ranimer pendant la pieuse quarantaine, sans en enfreindre les prescriptions.

Et d'abord, je m'empresse de satisfaire à un désir que je présume bien vif, en te disant combien j'ai trouvé Marc semblable à lui-même, c'est-à-dire semblable à toi, c'est-à-dire encore chrétien sérieux, ami excellent, artiste par ses goûts, mûri néanmoins par le chagrin, qui ne l'a pas abattu. Sa conversation me plaît beaucoup et je me propose de me procurer souvent ce plaisir et de resserrer nos liens, si du moins les circonstances le permettent; car, tu ne dois pas l'ignorer, l'avenir est pour lui rempli d'incertitude, et nous ne savons encore de quel côté le poussera ce souffle de Dieu, qu'on appelle vocation. S'il pouvait se fixer ici, ce serait peut-être une raison de plus pour t'y ramener de temps en temps. Nous y trouverions doublement notre compte. — *Nous*, car j'ai l'habitude bien douce de m'identifier avec mes amis, de m'en faire une seconde famille, de m'entourer d'eux pour fermer les vides que le malheur a faits devant moi. A mesure que la génération qui nous précédait, et nous couvrait pour ainsi dire, vient à tomber et nous laisse face à face avec l'ennemi, hommes nouveaux, nous avons besoin de serrer nos rangs, et nous voyant fortement appuyés les uns par les autres, nous attaquerons de front avec plus de courage les obstacles et les périls de la vie. Et cela est si vivement senti, dans les jours difficiles où nous sommes, que les engagements ordinaires du mariage et de la paternité ne suffisent plus aux âmes un peu généreuses, et qu'en dehors du sanctuaire domestique où elles se recueillent pour jouir et pour prier, elles continuent de chercher dans des associations d'une autre nature la force pour combattre. Ainsi voyons-nous avec bonheur Arthaud, Chaurand, et d'autres encore, persévérer dans leurs anciennes affections : ils ne sont perdus ni pour nous, ni pour les pauvres, ni pour le grand œuvre de la régénération de la société française.

Quant à moi, j'observe sans arrière-pensée, résolu que je suis à ne pas m'occuper de la question *d'état* avant la fin des prochaines vacances. Je dois bien à la mémoire de ma pauvre mère une année de deuil. Ainsi j'aurai le temps de voir revenir de Rome l'abbé Lacordaire, et de mieux m'assurer si la divine Providence ne voudrait pas m'ouvrir les portes de l'ordre de Saint-Dominique.

D'ici là je voudrais par une conduite plus religieuse, par des habitudes plus austères, acquérir quelques droits aux lumières d'en haut, quelque empire sur les passions d'en bas, par cela même quelque certitude d'agir sous une inspiration légitime. Je convie mes amis à m'aider de leurs prières en ces graves et décisives circonstances. Tu me permettras de compter principalement sur toi. Tu m'as assez prouvé que nulle charge ne paraissait trop lourde à ton amitié.

En même temps je commence à préparer le concours d'agrégation dont les longues et difficiles matières me découragent souvent. Quoi qu'il en soit, je suis bien aise d'être contraint de résumer une bonne fois mes études littéraires et de faire rentrer dans un cadre complet des connaissances jusqu'ici glanées au hasard. C'est un peu pour moi la fable du laboureur et ses enfants, si les forces me manquent, et que je ne puisse me présenter au concours ou que j'y échoue complétement, du moins l'étude me restera : le trésor ne se trouvera point, mais le champ sera remué. Il est fâcheux que le temps donné soit si court. Sans cela quel plaisir de revoir l'un après l'autre tous ces beaux et bons génies depuis Homère et Platon jusqu'à Dante et Tasse, Calderon et Shakespeare, Racine et Schiller ! Malheureusement il faut se hâter, et toutes ces grandes figures passent si rapidement devant moi, qu'elles y font l'effet d'une ronde de fantômes, et qu'il me semble toujours entendre, en l'appliquant à ces illustres trépassés, le refrain de la ballade allemande : Les morts vont vite, les morts vont vite !

Le livre de l'abbé Maret m'est parvenu depuis peu de jours ; je l'ai lu avec une vive satisfaction. Cet ouvrage a le rare mérite de traiter un sujet qui est à la fois actuel et éternel, de saisir le point vivace de la polémique religieuse, celui par où elle intéresse les esprits contemporains, en même temps qu'elle touche à toutes les aberrations de l'humanité. Le panthéisme est la tentation intellectuelle de tous les âges et de toutes les civilisations ; c'est lui qui, sous des formes idolâtriques, rallie à l'Orient trois cent millions de Bouddhistes, résiste depuis trois siècles à tous les efforts du prosélytisme chrétien, et noie dans leur sang les missions du Tonquin et de la Cochinchine, comme il étouffa jadis dans les flammes d'un immense bûcher les Églises naissantes du Japon. C'est lui aussi qui, prenant le masque de la philosophie, menace l'Europe de la ramener, au nom du progrès, aux doctrines d'Alexandrie ou d'Élée.

Une érudition qui n'est jamais pédantesque, une dialectique qui n'est jamais insolente, un style doucement animé, nullement prétentieux, rendent l'œuvre de M. Maret accessible et acceptable à toutes les intelligences qui ont quelque souci des grands problèmes d'où dépendent le salut de l'homme et l'avenir des nations. On pourrait désirer plus d'énergie, et un peu de cette puissance oratoire qui fit, il y a vingt ans, le succès prodigieux de l'*Essai sur l'Indifférence*. Mille remercîments de ma part à l'auteur, et protestation de mes efforts pour propager son excellent écrit (1).

Nous avons ici Mgr Dupuch, évêque d'Alger ; il se rendra ce soir à une assemblée de la Société de Saint-Vincent de Paul. Sans doute il y fera entendre quelques-unes de ces paroles ardentes de charité qui savent embraser les âmes, même des mécréants. Hier, dans une courte audience dont il nous honora, la Perrière et moi, il nous parla beaucoup de Clavé qu'il aime infiniment. Donne-moi des nouvelles de ce cher voyageur, et fais-moi savoir quand je puis lui offrir le lit et la table de l'hospitalité.

Adieu donc, mon bon Henri ; voici une semaine que je suis un peu souffrant. Ne t'étonne donc point si plus d'un passage de cette lettre trahit l'absence du sens commun. Néanmoins, je continue mon cours, qui, à ma grande consolation, continue de réunir un fort convenable auditoire.

Mille choses à tous les nôtres : à toi surtout, l'inviolable affection de ton cousin.

(1) L'écrit dont parle ici Ozanam est l'*Essai sur le panthéisme dans les sociétés modernes.*

LXVI

A M. LE COMTE DE MONTALEMBERT.

Lyon, 27 août 1839, et mai 1840.

Monsieur le comte,

Mon départ précipité de Paris m'a laissé le regret de ne pouvoir selon mon désir vous revoir encore, et vous exprimer combien m'a profondément touché votre accueil. Il n'est donné qu'à notre divine cause de rapprocher ainsi les plus inégales destinées, et d'effacer entre elles toutes les distances pour ne former qu'une seule famille où la foi et la charité tiennent lieu de rang. C'est surtout lorsque le doux entourage que la nature nous avait donné vient à tomber, brèche par brèche, sous les coups de la mort, c'est alors, qu'on se sent heureux de pouvoir se réfugier dans cette seconde enceinte que prépare pour nous l'amitié chrétienne. Aussi n'en avais-je jamais plus vivement apprécié les consolations que durant ce passage trop court au milieu des nôtres : j'en sors délassé, retrempé, ranimé, comprenant mieux qu'autrefois cette parole du Sauveur qui s'accomplit quelquefois par le ministère de ses vrais disciples : *Ego reficiam vos*. Selon l'énergie de cette expression vulgaire, je me crois vraiment refait, et pour longtemps affranchi des hésitations de mon caractère, et des influences décourageantes de la vie provinciale....

......Je suivrai des yeux le mouvement scientifique dont le terme déjà proche doit être la restauration complète du catholicisme dans les convictions, tandis que des tendances morales, chaque jour plus puissantes, ramèneront son influence dans les mœurs. Ainsi, quand une plume, qui nous est connue, fera revivre saint Bernard, quand une voix aimée rappellera, parmi nous, les jours de saint Dominique, je serai des premiers pour entendre et pour bénir Dieu d'avoir réservé à notre âge si souvent décrié tant d'honneur et tant de joie. Au reste, la réconciliation du passé et de l'avenir, la séparation du principe religieux d'avec les idées politiques au milieu desquelles il était engagé, l'œuvre enfin à laquelle vous avez consacré de si généreux efforts, commence à s'accomplir jusque dans notre ville, où elle rencontrait plus que nulle part ailleurs une opiniâtre résistance......

Je suis heureux d'avoir cette occasion de vous exprimer mon attachement profond pour votre personne, et les espérances que mes jeunes amis catholiques mettent, comme moi, dans l'élévation d'un caractère couronné de si rares talents.

LXVII

A M. L...

Lyon, dimanche 21 juin 1840.

Mon cher ami,

Les bonnes fêtes, en même temps qu'elles nous font songer plus sérieusement à Dieu, nous font aussi souvenir plus efficacement des hommes. En approchant du saint autel il est naturel de mettre à profit cette heure privilégiée pour soi et ceux qu'on aime. A l'ami dont on a fait mémoire dans ses prières du matin d'une façon spéciale, on ne se tient pas de lui écrire le soir. Aussi, encore qu'il soit fort tard, n'irai-je pas me coucher sans avoir tracé quelques lignes qui iront vous dire qu'on ne vous oublie pas, et vous en demander autant en retour. Car cette bienheureuse entrevue de Sens et de Paris est déjà pour moi comme un rêve : votre charmante hospitalité de vingt-quatre heures, dont j'aurais bien voulu faire vingt-quatre jours à votre préjudice, votre aimable visite venue si à propos avant mon départ, tout cela n'est plus qu'une histoire déjà vieille à mon gré. Le temps me dure infiniment de savoir ce qu'il est advenu de votre personne depuis ces deux mois d'où date notre dernière séparation. Puisque malheureusement la Providence ne nous permet pas de marcher dans le même chemin, au moins, à la distance où nous sommes, suivons-nous de l'œil et mettons-nous au pas.

Pour moi, je manquerais à ce devoir, si je ne vous communiquais un heureux événement qui ne sera pas sans influence sur ma position sociale, ni par conséquent sans intérêt pour votre amitié. — Un moment! ne croyez pas qu'il s'agisse de noces; à cet égard, je jouis encore de la plus entière liberté, liberté quelquefois incommode, en ce sens qu'on est exposé aux spéculations matrimoniales d'autrui, et qu'on se trouve compromis sans le savoir par les plus embarrassantes avances. Telle n'est donc pas la question : toutefois on peut dire qu'il s'agit d'un point qui n'y est pas étranger, et un point subsidiaire; car c'est affaire de subsides. La chambre de commerce de Lyon, sur la demande de M. le recteur, vient en effet de me voter un supplément d'honoraires : je reçois quatre mille francs en tout, traitement de professeur de faculté. Cette décision, intéressante au point de vue du pot-au-feu, ne laisse pas d'avoir son prix au point de vue de la considération publique, dans une ville où le mérite des fonctions et des hommes se mesure surtout au profit pécuniaire. Le cours de droit commercial y trouve une sorte de sanction solennelle, non sans besoin au milieu d'une désertion assez considérable d'auditeurs qui m'afflige depuis quelques semaines, et que j'ai la modestie d'attribuer aux chaleurs extrêmes, aux campagnes, aux voyages, etc. — Au reste, voulant assurer double planche sous mes pieds, et d'ailleurs pour me conformer aux nouvelles instances de M. Cousin, dont j'ai reçu une lettre ici, je continue de me préparer pour le concours de littérature, avec la perspective de cumuler (le mot ne vous scandalise-t-il déjà point?) de cumuler, dis-je, deux chaires, si la poitrine et la tête y peuvent tenir. De graves personnages m'y poussent, et je dévore une quantité notable de grec et de latin, sans préjudicier aux rations habituelles de code de commerce et de commentateurs. C'est assez vous dire combien mes heures sont disputées, et combien je cours risque de perdre le sens commun, si Dieu ne vient à mon aide. En même temps, il n'a pas fallu négliger la *Propagation de la foi*, et dans le numéro de juillet prochain des *Annales*, vous trouverez un long travail, souvent détestable par la forme, mais important au fond, que j'ai dû faire pour établir autant qu'il était possible, d'après des renseignements sûrs, une *Statistique générale des Missions*. Je vous le signale comme document.

Et puisque nous voici revenus aux matières religieuses, vous saurez que Lyon est tout en odeur de sainteté ces jours-ci. Nous venons de faire nos processions, qui ont été magnifiques et surtout très-bien accueillies du peuple. Nous recommencerons à huitaine. Dans l'intervalle, arrivera notre nouvel archevêque M. de Bonald. Il est temps : car on ne saurait dire avec quelle impatience il est attendu. On espère beaucoup de lui pour les institutions nouvelles, et nous en particulier pour la Société de Saint-Vincent de Paul. Jusque-là nous continuons obscurément nos œuvres à travers bien des obstacles. La propagation des bons livres parmi les militaires et le patronage préventif des jeunes apprentis prospèrent tout à fait.

Du reste, à l'exception de Rieussec et de Frenet que Dieu a appelés à lui, le noyau de la Société se compose de ceux qui vous sont connus : vous n'avez pas cessé de leur être cher. J'ai eu peine à suffire aux questions de la Perrière, d'Arthaud, de Chaurand, tous eussent bien voulu être du voyage. On s'amuse beaucoup de votre fils, on se le représente déjà tout revêtu de la gravité paternelle, on vous en fait compliment par mon organe.

Veuillez joindre mes vœux de bonheur à tous ceux dont je suis chargé pour vous, et en excusant la brusquerie de la finale que presse l'heure déjà avancée de la nuit, présenter mes respects à madame L..., et recevoir, une fois de plus, l'assurance d'une amitié dont vous ne doutez pas.

LXVIII

A M. VELAY.

Lyon, 12 juillet 1840.

Mon cher ami,

Voici une pauvre lettre qui vient timide et honteuse te demander encore une fois excuse pour son paresseux auteur. Si tu l'écoutes jusqu'au bout, peut-être trouveras-tu réponse à quelques-uns de tes justes reproches : elle t'apprendra du moins plusieurs choses dont le résultat a été de ruiner singulièrement mes loisirs pour le présent et mes projets pour l'avenir.

La bienheureuse arrivée des vacances de Pâques avait interrompu mon cours et rendu à mes facultés locomotives leur entière liberté, lorsque le besoin de régler quelques affaires de librairie, peut-être aussi de respirer l'atmosphère intellectuelle de Paris, me fit essayer un petit voyage incognito de ce côté; affaire de trois semaines, distractions dont la santé devait se bien trouver, dépense bien placée, puisqu'il s'agissait surtout de terminer la vente de mon livre. Tout en effet s'est réalisé comme j'avais voulu, et de plus la jouissance inespérée de rencontrer chemin faisant le plus grand nombre de mes anciens amis : Lallier à Sens, où nous avons passé ensemble vingt-quatre heures ; à Paris, M. Bailly, Cazalès et toute la *Revue européenne*, Saint-Chéron et l'*Univers*, Bonnetty et l'*Université catholique*, Montalembert enfin. Tout ce monde content et dispos, beaucoup d'activité dans la presse religieuse, de nouveaux écrivains comme Veuillot, enlevés à l'ennemi et recrutés à la bonne cause, partout et en grand nombre les convertis de M. le curé Desgenettes ; la chaire sacrée occupée par M. Cœur, qui règne aujourd'hui, M. Bautain, le Père de Ravignan, et un abbé Marcelin bien capable, à en juger par le début, de leur tenir tête à tous un jour.

Ainsi, la foi reste seule entière, au milieu du fractionnement des partis et des écoles. On comptait déjà plus de trois nuances différentes dans l'opinion légitimiste, plus de six catégories distinctes parmi les dynastiques. Voilà que se trahissent maintenant les divisions haineuses de l'opposition républicaine. D'un autre côté, les jours sont bien loin, où le *Globe* ralliait au rationalisme l'élite de la jeune presse, où le triumvirat Cousin, Guizot et Villemain remplissait à la Sorbonne une tribune non moins puissante que celle du Palais-Bourbon. Mainnant nul recueil, nul cours public assez hardi pour formuler une doctrine ; plus de milieu pour la littérature hétérodoxe entre une critique stérile et un dévergondage impudique. En cet état, le terrain serait à nous, si nous avions assez d'hommes, si ces hommes s'unissaient pour distribuer leurs forces, s'ils étaient soutenus par les sympathies du dehors. Mais précisément tel est, si je ne me trompe, ce qui se prépare pour un temps déjà prochain. Les humbles efforts des petits et des plus obscurs auront peut-être contribué à frayer la route aux grandes choses et aux grands hommes. Il est évident que le mouvement qui se produisit sous des formes diverses, tour à tour faible ou violent, pusillanime ou indiscret, philosophique ou littéraire, le mouvement qui a amené le *Correspondant*, la *Revue européenne*, *l'Avenir*, *l'Université*, les *Annales de philosophie chrétienne*, *l'Univers*, les Conférences de Notre-Dame, les Bénédictins de Solesme, les Dominicains de l'abbé Lacordaire, et jusqu'à la petite Société de Saint-Vincent de Paul, faits assurément très-inégaux d'importance et de mérite : il est évident, dis-je, que ce mouvement corrigé, modifié par les circonstances, commence à entraîner les destinées du siècle. Justifié d'abord par le prosélytisme qu'il a exercé sur les croyants, par l'affermissement de la foi dans beaucoup d'âmes, qui sans lui peut-être l'auraient perdue, fortifié par l'adhésion successive des membres les plus distingués du sacerdoce, le voici encouragé par le patronage du nouvel épiscopat ; et la triple nomination de

Mgrs Affre, Gousset et de Bonald, sur les trois premiers siéges de France, lève nécessairement pour le clergé la longue quarantaine que nos idées, un peu suspectes, avaient dû subir.

D'un autre côté la Propagande orthodoxe d'Angleterre et d'Amérique, la résistance catholique en Irlande, en Espagne et en Allemagne, s'accordent avec nous par leurs tendances, par leur polémique, par leurs manifestations, et l'union la plus cordiale règne sur tous les points, entre tous ceux dont l'influence conduit les événements ou dirige les opinions. Le *Cattolico* de Madrid, la *Revue de Dublin*, le *Journal des sciences religieuses* de Rome, le *Catholic Miscellany* de Charleston, le *Courrier de Franconie*, nous tendent la main. Et les derniers actes publics du Saint-Siége : les allocutions contre la Prusse et la Russie, les bulles pour la suppression de la Traite, les encouragements donnés à toutes les nouvelles fondations dans l'Église, à toutes les réformes dans l'art religieux, cela, dis-je, achève d'éclairer la position, et de signaler, au moment où nous sommes, une transition remarquable.

L'époque qui finit, c'est celle de la Renaissance, celle du Protestantisme pour le dogme, de l'Absolutisme pour la politique, du Paganisme pour les lettres et les sciences. Chez nous, c'est l'école de Louis XIV, celle du dix-huitième siècle, celle de la Gironde, celle de l'Empire et de la Restauration, qui assurément diverses et incompatibles dans leurs intentions et leurs moyens, eurent cependant ce vice originel commun, de prétendre remonter brusquement à l'antiquité et de renier le moyen âge.

Nous entrons dans une période dont nul ne peut prévoir les vicissitudes, mais dont il est impossible de méconnaître l'avénement. Néanmoins, il est d'heureux augure pour elle, qu'elle ait commencé par une justice rendue au passé. La piété filiale porte bonheur. En se rattachant par le lien traditionnel aux éternelles vérités de la religion, aux laborieuses conquêtes de l'expérience humaine, on suivra désormais avec moins de péril l'instinct progressif qui doit enrichir et non pas répudier ce glorieux héritage. Les sciences marcheront d'un pas plus rapide, quand on ne leur contestera pas le terrain des premiers principes, et le talent ne se dissipera plus à remettre en question au dix-neuvième siècle de notre ère, les problèmes dont le christianisme avait donné la solution définitive, après qu'ils avaient épuisé vainement toutes les forces du génie, pendant quatre mille ans d'ignorance et de doute.

J'ai parlé de *l'Univers*, et je tromperais probablement ton attente, si je ne te disais pas ce que des rapports plus intimes m'ont donné à penser de la valeur et de la destinée de ce journal. Tous les rédacteurs m'en sont connus, et ils m'ont initié, pendant mon voyage, à la situation et aux ressources de leur œuvre, œuvre et non pas entreprise ; car longtemps le journal ne s'est soutenu que par les sacrifices de quelques hommes généreux, qui y voyaient le seul organe acceptable de nos doctrines. Sans contredit, il y a encore beaucoup à désirer, et un peu à regretter dans le fond et dans la forme de cette feuille; mais du moins elle me paraît offrir l'ensemble général le plus satisfaisant possible, pour l'état actuel des esprits.

La Société de Saint-Vincent de Paul n'a pas été non plus un des moindres sujets de joie et d'espérance que j'ai trouvés dans mon dernier séjour à Paris. L'époque de l'une de ses solennités, le deuxième dimanche de Pâques, m'a permis de la voir réunie, et dans toute l'étendue de son rapide accroissement. J'ai vu réunis dans l'amphithéâtre de ses séances, plus de six cents membres qui ne forment pas la totalité de son personnel à Paris. La masse composée de pauvres étudiants, mais relevée en quelque sorte par l'accession des plus hautes positions sociales. J'y ai coudoyé un pair de France, un député, un conseiller d'État, plusieurs généraux, des écrivains distingués. J'y ai compté vingt-cinq élèves de l'école normale (sur soixante-quinze qu'elle contient), dix de l'École polytechnique, un ou deux de l'École d'État-Major. Le matin, près de cent cinquante associés s'étaient approchés ensemble de la sainte table, au pied de la châsse du saint patron.

On avait reçu des lettres de plus de quinze villes de France qui ont déjà des conférences florissantes ; un nombre à peu près égal s'est organisé cette année. Nous voici près de deux mille jeunes gens engagés dans cette paisible croisade de la charité catholique.

Il faut espérer que la force d'association, si malheureusement puissante pour ruiner les croyances de nos pères, saura faire quelque chose pour les relever parmi nous et nos enfants. Et puis dans cet âge orageux où nous sommes, il est heureux de voir se former en dehors de tous les systèmes politiques et philosophiques, un groupe compacte d'hommes déterminés à user de tous leurs droits de citoyens, de toute leur influence de gens instruits, de toutes leurs études professionnelles, pour honorer le catholicisme en temps de paix et le défendre en cas de lutte.

Enfin, lorsque le paupérisme envahissant se trouve furieux et désespéré en face d'une aristocratie financière dont les entrailles sont endurcies, il est bon qu'il y ait des médiateurs, qui puissent prévenir une collision dont on ne saurait imaginer les horribles désastres, qui se fassent écouter dans les deux camps, qui aillent porter, dans l'une des paroles de résignation, dans l'autre des conseils de miséricorde, partout le mot d'ordre : *réconciliation et amour*.

Voilà ce que nous devrions faire si nous en

étions dignes. Mais que nous sommes loin d'une si belle vocation ! que de lâches habitudes à vaincre ! quelles idées mesquines à abdiquer ! quelle élévation et quelle pureté de caractère à acquérir pour mériter de devenir les instruments de la Providence, dans l'exécution de ses plus admirables desseins !

Mais j'oubliais la nouvelle annoncée au début de ma lettre, celle qui devait pourtant me servir d'excuse auprès de toi. Arrivé dans la capitale, — style de provincial, — je ne pouvais manquer de rendre mes devoirs à mon très-honoré patron M. le Ministre de l'instruction publique. Je reçus de lui le plus affable et le plus cordial accueil. Après m'avoir fait déjeuner à sa table ministérielle, il voulut bien s'informer de ma position et de mes vues; et il m'exprima l'intention de me faire suppléer Quinet l'an prochain. Mais il a mis cette faveur à un prix dont il était naturellement le maître. Il a demandé que je vinsse concourir à Paris au mois de septembre pour l'agrégation de littérature, institution nouvelle au succès de laquelle il tient avec une affection d'auteur. Il m'a fait répéter son invitation par plusieurs amis, puis par le recteur, puis enfin par une lettre formelle, en sorte qu'il est impossible de m'y soustraire. Et cependant la difficulté du programme hérissé des plus épineux textes grecs a déjà failli plusieurs fois me désespérer, et avec les occupations que me donne mon cours, j'ai des peines infinies à trouver le temps rigoureusement indispensable pour la plus superficielle préparation.

De là, désarroi complet dans mes correspondances, mes relations et jusque dans mes affaires; de là encore, plus d'espérance de pouvoir réaliser ce joli voyage projeté pour cet automne, et dont l'un des plus agréables épisodes devait être ta rencontre au bord du lac de Genève. Au lieu de partir joyeusement le bâton à la main, le sac sur le dos, le pied léger, la tête au vent, de courir par ces jolis chemins de Suisse, à travers les beaux vallons verts, que couronnent à des hauteurs prodigieuses, les sommets des glaciers; au lieu d'aller saluer Fribourg, Berne, Thun, Schtwitz, Einsiedlen, Constance, d'aller visiter ces merveilles de l'art catholique renaissant, qui font l'honneur de Munich, et de redescendre ensuite par les pittoresques passages du Tyrol, à Venise, à Padoue, à Vérone, à Milan, de réaliser enfin le féerique pèlerinage rêvé depuis six mois, il faut faire une excursion d'une autre nature à travers les aspérités de la littérature grecque, parmi les innombrables créations des lettres latines, françaises, étrangères, voyage intellectuel qui ne serait pas sans charme, s'il se pouvait faire à loisir, stationnant aux plus beaux points de vue, s'arrêtant aux buissons fleuris de la route, assez pour détacher le frais bouton sans se déchirer aux épines. Mais point : il faut passer en courant par toutes ces admirables choses, il faut cueillir d'une main hâtive, au risque de les flétrir et de les déshonorer, tant de beautés poétiques ; il faut en faire, au lieu d'une couronne, un lourd paquet, et puis les soumettre aux profanes élaborations de la chimie littéraire, les infuser, les analyser, les pulvériser au gré d'une critique pédantesque, s'ingurgiter comme un breuvage la plus grande quantité possible de réminiscences, et arriver tout saturé de grec, de latin, d'allemand, devant la docte Université, à l'effet d'y faire preuve d'un savoir quasi universel.

Si à ces études urgentes et précipitées, tu joins les préparatifs de mes leçons de droit commercial, si tu y ajoutes les petites, mais nombreuses exigences des affaires et de la vie sociale, à laquelle néanmoins je suis contraint de me soustraire autant qu'il est possible, tu comprendras à peu près, mon cher ami, la gêne, et, si je puis le dire, la détresse de temps où je me trouve.

Il ne faut rien moins que cela, pour appeler ton indulgence non-seulement sur le long délai, mais aussi sur l'incroyable désordre de cette lettre écrite en partie au temps ordinaire du sommeil. Je vois que j'omettais de te dire que mon frère est revenu de Rome, m'apportant, avec une foule de nouvelles intéressantes, une lettre de l'abbé Lacordaire. Après avoir terminé son noviciat, il le fait faire à huit jeunes gens, tous d'une grande distinction, qui lui sont venus de France. Mais surtout je m'aperçois que je touche à la dernière page sans t'avoir rien dit de nos amis de Lyon, sans t'avoir parlé de toi-même. Rien de remarquable n'est survenu dans le petit cercle de nos anciens camarades ; et l'exemple matrimonial de *** reste encore sans imitateurs. Tu sais probablement que le grand tableau de Janmot a réussi et lui a valu une assez flatteuse commande du gouvernement. Il est chargé d'un essai de peinture sur lave pour la décoration extérieure des façades d'église ; et ses premières tentatives lui font espérer un succès satisfaisant.

Ce que tu me dis des mœurs franc-comtoises ne m'étonne point. Les habitants de cette province furent toujours recommandés par leur moralité et leur religion. Quant à l'instruction, il serait difficile qu'il ne s'en trouvât pas autant qu'ici.

Si la pensée des amis absents qui te gardent fidélité, si l'union de cœur avec ceux qui, rapprochés par l'âge, le passé, les sentiments, les croyances, ne sont éloignés de toi que par la seule distance des lieux ; si ces douces images d'une fraternelle et chrétienne affection peuvent animer et distraire quelquefois ton isolement, livre-toi sans hésiter à ces bonnes pensées, elles ne seront point des illusions, car il est bien vrai que dans nos souvenirs, dans nos entretiens, nous sommes souvent avec toi, nous te demandons la même place dans ta mémoire et aussi dans tes prières.

LXIX

A M. L...

Paris, samedi matin, 3 octobre 1840.

Mon cher ami,

Je ne veux pas vous laisser apprendre par le journal le bon succès qui vient de m'arriver. Après les longues épreuves auxquelles votre amitié s'est intéressée pour moi, j'ai été nommé le premier de l'agrégation. En conséquence, on m'offre entrée immédiate à la Sorbonne avec suppléance de M. Fauriel.

Ces événements qui dépassent toutes mes espérances ne laissent pas de m'embarrasser un peu, car je suis dans l'alternative ou de manquer un avenir providentiellement ouvert, ou de briser avec des habitudes et des affections bien profondes. Je prie Dieu qu'il m'éclaire; joignez-vous à moi, et soyez sûr que, de mon côté, en communiant demain, je n'oublierai pas dans mes faibles prières de remplir vos amicales intentions.

J'use assez à votre égard du sans-façon amical

pour vous annoncer que le mardi de l'autre semaine, j'irai profiter encore vingt-quatre heures de votre hospitalité, pour causer cœur à cœur comme j'en ai besoin. Alors, mieux qu'à présent, je pourrai vous dire combien me touchent les sollicitudes que vous me témoignez ; et en pensant à nos amis, à nos communes espérances, et à nos devoirs, nous reprendrons un peu de courage pour les choses sévères que la situation présente de la patrie et de l'Église impose aux plus faibles de leurs enfants.....

Il sera intéressant pour le lecteur de trouver ici un extrait du rapport adressé au ministre de l'instruction publique par M. Victor le Clerc, doyen de la Faculté des lettres et président du concours d'agrégation :

« 3 octobre 1840.

« Monsieur le ministre,

. . . .

« Trois concurrents ont paru prendre dès l'abord, dans ces diverses épreuves, une supériorité qui leur a été quelquefois disputée vivement, mais qu'ils ont cependant presque toujours conservée.

« M. Ozanam, déjà connu, comme ses deux rivaux dont les noms suivent, par les plus honorables épreuves devant notre Faculté, a semblé aux juges mériter le premier rang, moins par ses connaissances classiques, fort étendues sans doute, mais égales peut-être chez d'autres, que par sa manière large et ferme de concevoir un auteur ou un sujet, par la grandeur de ses commentaires et de ses plans, par ses vues hardies et justes, et par un langage qui, alliant l'originalité à la raison, et l'imagination à la gravité, paraît éminemment convenir au professorat public. Seul des candidats, il a fait preuve d'une étude grammaticale et littéraire des quatre langues étrangères indiquées au programme, l'italien, l'espagnol, l'allemand et l'anglais.

« M. Egger, qu'un prix remporté à l'Académie des inscriptions et belles-lettres, et des services distingués dans les colléges de Paris avaient signalé de plus près à notre attention, est, avant tout, un philologue très-savant et très-habile ; mais la rapidité de sa pensée, la vivacité de sa parole, et l'immense avantage qu'il a obtenu dans la composition française, qui a fait partie de ce concours, prouvent qu'il est appelé à joindre au mérite de savoir beaucoup, le talent d'être écouté.

« M. Berger, esprit plus calme et plus froid, aussi incapable de commettre une faute de goût que de se tromper dans l'interprétation d'un texte difficile, porte à un degré singulier la netteté et la précision du langage : on ne peut appliquer aux lettres avec plus d'art et d'élégance la rigueur des études philosophiques.

« C'est ainsi que le concours qui vient de commencer sous vos auspices une ère nouvelle pour les facultés, ne sera peut-être pas surpassé de longtemps. »

. . . .

LXX

A M. L...

Paris, 10 octobre 1840.

Mon cher ami,

Je suis obligé de me refuser un plaisir qui devait être aussi doux que désiré, celui de vous voir au passage. Chargé de suppléer M. Fauriel, et de faire un cours de littérature allemande au moyen âge, à commencer par les *Nibelungen* et le *Livre des Héros*, j'ai cru nécessaire pour mes besoins d'imagination et pour la satisfaction de ma conscience, de voir au moins en courant les bords du Rhin, théâtre de toute cette poésie barbare, germanique, franque, à l'étude de laquelle je vais me livrer.

Je rentrerai à Lyon par Strasbourg; et après cinq semaines d'affaires et de travail je reviendrai à Paris pour m'y fixer et devenir votre voisin. Dans les premiers jours de décembre, je m'arrêterai chez vous en passant : alors je pourrai vous dire, mieux qu'en ce moment de hâte, combien votre petite lettre m'a été bonne et utile, combien votre suffrage d'ami a raffermi mes résolutions, que l'avis de ma famille est venu ratifier ensuite.

Voici une circonstance bien grave et bien solennelle pour moi : l'entrée dans une nouvelle et périlleuse carrière ; une vie à recommencer, une vocation enfin !

Quoique je n'aie pas à faire de sacrifice de la nature de celui que vous sembliez soupçonner, il y en a d'autres pourtant : il y a des séparations douloureuses, et jusqu'à des difficultés d'affaires et d'intérêts. Il y a des dangers de toute sorte qui m'attendent au lendemain de mon installation : en un mot il y en a plus qu'il en faut pour effrayer un esprit de médiocre énergie. Heureux si ce sentiment de faiblesse fait lever les yeux vers Celui qui donne la force : jusqu'ici je lui ai demandé la lumière pour connaître sa volonté, maintenant qu'il semble me l'avoir manifestée par des signes raisonnablement reconnaissables, il reste à m'accorder le courage de l'accomplir.....

LXXI

A M. L...

Mayence, mardi 14 octobre 1840.

Mon cher ami,

Le voyage que j'accomplis n'est pas une partie de plaisir, pas même une affaire de santé, c'est un cas de conscience littéraire. Mais après avoir fait l'effort qu'exigeait le devoir, et m'être jeté en voiture pour Bruxelles, la nature a repris le dessus, et pendant plus de vingt-quatre heures, je me suis laissé aller à un accès de tristesse noire en pensant aux deux grandes jouissances que je sacrifiais, celle de voir mes frères une semaine plus tôt, et celle de passer une journée avec vous. Le cœur y était sans doute pour beaucoup ; mais peut-être aussi y entrait-il un peu de cet instinct loquace dont je suis doué, et que dans mes moments de charité envers moi-même, j'appelle « besoin d'épanchement. » Quoi qu'il en soit, je me promis alors de remplacer ma course à Sens par une longue lettre, et de remplir ainsi quelqu'une de ces grandes soirées que la saison déjà trop avancée fait subir aux voyageurs. L'outrecuidance a été jusqu'à penser que vous ne m'en voudriez pas de mon indiscrétion, que vous recevriez volontiers la primeur des sensations d'un touriste novice aux bords du Rhin, et que peut-être aussi votre amitié était un peu impatiente d'avoir des nouvelles de ce concours dont le résultat me semble encore un rêve.

Le sixième jour à peine s'achève depuis mon départ, et me voici déjà plus qu'à moitié chemin. Ce genre d'excursion à vol d'oiseau a ses inconvénients sans doute, mais peut-être aussi ses avantages. Si l'on n'aperçoit aucun détail, on est plus frappé des masses ; si l'on voit de moins près, on voit de plus haut ; l'instruction est moins réelle, l'impression plus forte. Et pourvu qu'on n'aille pas ensuite faire de ses impressions un livre comme vous savez qu'il s'en fait ; pourvu qu'après avoir passé le pont de Kehl, on ne rentre pas avec deux volumes superbement intitulés : « *Au delà du Rhin*, » la chose a son prix, et l'on obtient à un degré quelconque ce rajeunissement de l'imagination et de la mémoire, ce rafraîchissement de l'esprit, cette fécondation de l'âme que produit toujours la première vue d'un monde nouveau.

Ainsi, rien ne m'a semblé plus curieux, plus intéressant, que ce petit royaume de Belgique, rencontré le premier sur ma route. En quatre jours, on le traverse en tous sens, avec le temps nécessaire pour visiter raisonnablement Bruxelles, Anvers, Ostende, Gand et Liége. On se croirait transporté dans l'Empire de Lilliput. Et puis cette miniature de nation n'est elle-même que le portrait réduit de trois autres nations : une triple contrefaçon de la France, de l'Angleterre et de l'Allemagne. Contrefaçon partout, dans les mœurs, dans le costume, dans l'architecture, jusque dans la langue. Le peuple parle Wallon et Flamand, c'est-à-dire un patois d'origine Romane et un autre d'origine Germanique, mais tous deux détestables. Le français officiel du gouvernement et des journaux ne vaut guère davantage. Les productions littéraires du cru se distinguent par un goût de terroir ; en toutes choses règne une certaine gaucherie qui accompagne toujours l'imitation, quand elle n'est pas sûre d'elle-même. On tremble à chaque instant que ce pauvre *Lion Belge* ne montre le bout de l'oreille.

Cependant, après un premier mouvement de bonne humeur bien pardonnable en présence de tant de prétentions et de contrastes risibles, il faut faire place à des réflexions sérieuses. Et d'abord, prenez garde que cette brièveté des distances, ce rapprochement des frontières, dont nous plaisantions tout à l'heure, n'était qu'une admirable illusion, un miracle du travail. Si le royaume se traverse en une demi-journée, c'est qu'en une demi-journée le char que la vapeur emporte, mesure

cinquante lieues. Le fer et le feu tracent sur ce sol
fécond un sillon perpétuel. Le commerce y atteint
par la rapidité des transports une prospérité dont
nous n'avons pas même l'idée, nous, admirateurs
naïfs du chemin de fer de Paris à Versailles. Vendredi, en trois quarts d'heure, je me trouvais transporté de Bruxelles à Louvain. Là, dans une longue
conversation avec M. Mœlher, professeur à l'Université catholique, après une visite détaillée de ce
bel établissement, j'ai commencé à comprendre ce
qu'il y a d'excellent dans les institutions et le caractère belges.

Déjà, au milieu des églises de la capitale, à
Sainte-Gudule, à Saint-Jacques de Caudemberg, à
Saint-Nicolas, la prodigalité du luxe religieux, le
nombre et la piété des fidèles m'avaient appris que
je foulais un sol plein de foi. Malines et ses tours
archiépiscopales apparaissant à travers un nuage
de vapeur, ses ateliers de charité, ses écoles chrétiennes de commerce fondées par le cardinal actuel,
me témoignaient de la parfaite alliance qui unit ici
l'industrie et la religion. Mais Louvain, la Sorbonne des Pays-Bas, où deux fois, sous Joseph II et
sous Guillaume, une tentative schismatique de la
part du pouvoir a suffi pour soulever le peuple,
Louvain, remis par les évêques nationaux en possession de son antique gloire, doté de quarante
chaires, d'une bibliothèque de cent trente mille
volumes, de trois colléges, où les étudiants trou-

vent un asile pour leurs mœurs en même temps que d'inappréciables secours pour leur instruction, Louvain m'a fait voir comment l'Église, quand elle est maîtresse d'elle-même, sait s'emparer du patriotisme et de la science pour s'en faire d'honorables appuis. Nulle part, je n'ai vu aimer si franchement ces trois choses : l'Orthodoxie, la Liberté et les Lumières.

Si donc cette contrée, qui pourtant compte quatre millions d'habitants, n'est pas appelée à de grandes destinées dans l'ordre matériel des affaires d'ici-bas, ne pourrait-elle pas y occuper encore une belle position morale ? Placée entre la France, l'Allemagne et l'Angleterre, si elle semble par un triple plagiat leur emprunter leurs éléments politiques, scientifiques, industriels, elle sait les rapprocher et les vivifier par une inspiration plus sainte. Elle donne aux étrangers qui la parcourent un spectacle capable de déconcerter bien des systèmes, d'éclairer bien des préventions. Elle est là, comme une leçon, comme un exemple ; c'est bien aussi le moyen d'être une *puissance*.

Après un rapide trajet et une station trop courte à Aix-la-Chapelle, au tombeau de Charlemagne, grande pierre noire avec ses seuls mots d'une simplicité sublime : « *Carolo Magno*, » je suis arrivé samedi soir à Cologne, où j'ai passé le dimanche. J'étais donc sur cette terre classique du Catholicisme allemand, terre de merveilleuses légendes, dont l'exubérance même prouve l'insatiable ferveur du peuple, qui les acceptait et souvent se les faisait ; terre d'illustres souvenirs et de vertus héroïques, entre lesquelles il s'en est encore trouvé une pour honorer la misérable histoire de nos jours !...

J'ai vu le Trône archiépiscopal vide, mais l'église était remplie ; c'était une multitude serrée, pressée en quelques endroits au point de ne pouvoir trouver place où se mettre à genoux : des hommes surtout, des jeunes gens, des militaires. Figurez-vous l'auditoire de Notre-Dame, mais supposez-le croyant et priant. Toutefois, il faut convenir que cette piété germanique nous étonnerait un peu par le calme de ses attitudes : toujours debout, de grands yeux bleus levés vers la voûte, ou errants vers les vitraux, l'oreille évidemment tendue vers l'orgue, les mains pendantes, ou froissant un livre dont les feuillets ne se tournent pas ; de temps à autre un signe de croix long et régulier, puis la génuflexion finale et l'*Ite missa est* pris au pied de la lettre. Il y a pire ; et les magasins presque universellement ouverts le dimanche, la foule sortant du salut pour se porter aux fêtes baladoires, attestent une inconséquence de caractère, ou une insuffisance d'instruction, qui fait déplorer plus vivement l'absence du Pasteur. On annonce pourtant sa délivrance et son retour, et la seule cause du délai paraît être l'énergique insistance de Mgr de

Droste de Wischering à réclamer la restitution de sommes considérables, affectées par différents princes et de riches particuliers à l'édification de la cathédrale de Cologne, et retenues jusqu'ici dans les coffres de Sa Majesté Très-Prussienne.

Le chœur, la moitié d'une tour, et le tiers en hauteur des murs et piliers, sont les seules parties existantes de ce plan dont l'exécution donnerait à la chrétienté un édifice sans rival. Les travaux sont pourtant continués, et si leur activité présente se soutient, dans sept ou huit cents ans on en pourra finir. Hélas! la pauvre cathédrale est déjà bien vieille pour se promettre un si heureux sort! Elle a passé l'âge de l'espérance, et elle n'a pas même la consolation du souvenir. Il lui manque le prestige d'avoir été. L'avenir et le passé lui font défaut à la fois; ce n'est plus une pierre d'attente, ce n'est point une ruine. Mais cette chose sans nom est si belle, que je l'admets sans peine pour le chef-d'œuvre du genre gothique : les voûtes sont d'une ouverture si majestueuse et si élégante; les galeries et les pinacles si élancés, les sculptures si fines et si riches! En la voyant avec ses roses et ses trèfles, avec ses ogives toutes radieuses au milieu des décombres, elle me semblait, cette église veuve, comme Andromaque d'Homère, souriante à travers ses larmes. Et la comparaison n'a rien de trop heurté et de trop bizarre en présence de tant de grâce et de tristesse.

Alors, je me suis demandé quel secret dessein
de Dieu, quel démérite des hommes, quel péché
peut-être du Génie, a fait que cette Babel Sainte
attendît en vain son achèvement. Ou bien encore,
reprenant le plan primitif qu'on a fidèlement conservé, je comparais l'idéal avec la réalité. Je voyais
les trésors des rois, le labeur des siècles, les procédés d'une civilisation avancée, tenus en échec par
la pensée d'un seul homme, incapables de traduire
l'idée qu'un pauvre tailleur de pierres avait conçue,
et de reproduire cette révélation du beau qui s'était
faite un jour dans son intelligence. Dans cette tou-
te-puissance de l'art quand il conçoit, c'est-à-dire
quand il reçoit, et dans son impuissance à produire,
c'est-à-dire à agir par lui-même, je retrouvais l'opposition de la grâce et de la nature, le double caractère de grandeur et de bassesse imprimé au fond de
l'humanité déchue. La foi seule, par un des miracles de logique qui lui sont familiers, m'expli-
quait l'impossibilité du monument commencé
pour elle.

Au reste, si la mémoire pouvait oublier l'image
douloureuse de la basilique inachevée, il n'y aurait
pas lieu d'éprouver un regret, on ne s'apercevrait
pas de l'absence d'une cathédrale, on serait plutôt
embarrassé de choisir pour ce titre entre les magnifiques églises dont les tours et les clochers couronnent la ville. Des trois cent soixante-cinq sanctuaires
que Cologne possédait au temps de l'Électorat,

quand elle était surnommée la Rome du Rhin, il ne lui en reste qu'une quarantaine, vingt-trois paroisses et plusieurs couvents. Mes souvenirs d'Italie sont encore récents, et ma partialité bien sincère pour ce cher et malheureux pays, néanmoins, nulle part, Rome exceptée, je ne trouve rien de comparable à la variété, à la multiplicité, à l'antiquité des édifices religieux parmi lesquels j'ai erré avec tant de bonheur pendant tout un jour. Presque tous sont d'architecture romane, mais déjà relevée par un commencement de style ogival, et réunissant une légèreté toute gothique à la richesse quelquefois un peu pesante de l'ornementation byzantine.

Il y a Sainte-Marie du Capitole, fondée par la mère de Charles Martel, et demeurée dans un remarquable état de conservation, malgré quelques appendices récents : cloître intérieur, forme elliptique des bras de la croix, colonnes tout autour, coupole polygone, puis des chapelles privées, des tribunes réservées avec des balustres fleuronnés en marbre, des escaliers d'une construction charmante, des bas-reliefs de marbre, de bronze, de bois; des statues peintes, de vieux tableaux à fond d'or, enfin des choses belles et curieuses à ne plus finir, tant la dévotion de ces anciens âges était expansive, tant elle ne pouvait se détacher de ces murs sacrés à l'ombre desquels elle s'était complu. Elle devenait peut-être bien quelquefois indiscrète;

et prolongeant son séjour au saint lieu, elle y prenait des aises et des libertés ; elle y faisait entrer ses caprices d'imagination, ses jeux grotesques d'autrefois, ses préoccupations profanes, ses passions politiques, ses rancunes civiles ; mais si la dignité était compromise, la foi était sauvée ; le temple était profané trop souvent, mais au moins il n'était jamais désert.

Il y a aussi Saint-Géréon, la plus belle église de Cologne jusqu'à présent ; deux admirables tours romanes couronnant une abside dont la courbe harmonieuse repose parfaitement la vue ; puis, sur le devant, un dôme immense à dix faces et à plusieurs étages ; au dedans, tout est lumière, peintures et or. — Il y a Sainte-Ursule, où l'on n'a plus envie de rire des onze mille vierges à la vue des ossements sacrés qui remplissent autour de la nef un immense reliquaire ; les compte qui en aura le courage !... Pour moi, je vois le fait historique de la vierge martyre, je m'agenouille à son tombeau ; puis je m'inquiète peu du nombre de ses compagnes ; je sais seulement qu'elle en a certainement plus trouvé au ciel qu'elle n'en avait sur la terre ; j'aime cependant à suivre dans les fresques tracées sur les murs par un vieux et naïf pinceau la tradition populaire, qui certainement figurerait au premier rang dans tous les recueils scientifiques, si au lieu d'une Sainte il s'agissait d'une Walkyrie, et de Velléda au lieu de sainte Ursule.

Il y a enfin Saint-Cunibert, les Saints-Apôtres, Saint-Martin, Saint-Séverin, et d'autres encore que je ne voudrais pas n'avoir pas vus, mais que surtout je voudrais revoir. Car, et vous vous en apercevez à ces interminables descriptions, moi aussi, elles m'ont captivé, retenu, et venant à bout de la froideur qui trop souvent me gagne au pied des autels, elles m'ont charmé tout le jour. En sorte que je pouvais dire alors comme David, quoique en un sens moins parfait : « *Quam dilecta tabernacula tua, Domine virtutum!* »

Non, mon ami, ce n'est pas sans raison que nos pères l'avaient voulu; la maison de Dieu devait être aimée des hommes; le lieu qui devait être saint, il fallait aussi qu'il fût beau. L'admiration est un sentiment éminemment moral; il élève, épure et prépare. Le vandalisme et le jansénisme nous ont fait un culte pauvre et nu, une piété morose. Ils ont effacé, comme des scandales, les images où s'arrêtaient les regards de l'enfance, étouffé la musique puissante qui enlevait l'esprit des jeunes gens, détruit ce demi-jour qui était doux à la paupière des vieillards. Sous prétexte d'insalubrité publique, ils ont banni les morts de l'enceinte sacrée; par mesure d'ordre, ils ont placé aux portes des mercenaires qui rudoient les pauvres; ils ont anéanti ces solennités populaires, ces représentations pieuses, ces processions triomphales où la foule accourait joyeuse. En prétendant chasser les vendeurs du temple, on en a expulsé les petits qui criaient : Hosanna! Et au milieu de ces murs blanchis et dépouillés, ils ont installé une divinité nouvelle, puissante pour produire autour d'elle le silence et le vide : elle se nomme l'*Ennui*.

A Dieu ne plaise que ce nom soit une raison pour déserter nous-mêmes et fermer les portes! Mais c'en est une pour estimer et seconder tous les efforts tendant à la restauration de l'art chrétien. Que le besoin s'en fait cruellement sentir! Là même, et dans cette ville dont je viens de vous dire les merveilles architecturales, que d'inintelligentes réparations! que d'injurieux embellissements! quel badigeon et quelles ignobles couleurs jetés depuis vingt-cinq ans sur ces beaux édifices par la truelle officielle des ingénieurs! Et pourtant les hommes qui avaient construit tout cela étaient des Germains du huitième au onzième siècle, arrière-petits-fils des Francs de Clovis. Deux cent cinquante ans de christianisme avaient suffi pour les initier aux plus délicats comme aux plus sublimes mystères de la véritable beauté!

Sous ce point de vue, mon pèlerinage n'est pas inutile à mes études futures. Le génie allemand, son passage de la barbarie à la civilisation, ne pouvait laisser de plus glorieuses traces. Quand j'aurai vu Mayence, où j'arrive ce soir, Francfort et Worms, l'Allemagne du moyen âge aura passé sous mes yeux. Car c'était là, c'était à Cologne et à Aix-la-Chapelle que se couronnaient et se déposaient les empereurs, que se tenaient les Diètes, que s'organisaient les Croisades. Les noms de Charlemagne, des Othon, des Henri, des Frédéric reparaissent partout où s'élève une pierre historique, et il n'y a pas une pierre, pas un rocher qui n'ait son histoire, sa tradition, ou sa fable.

Aujourd'hui s'achevait pour moi ce qu'on appelle « *le tour des bords du Rhin*; » car les sites pittoresques ou mémorables sont à peu près tous enfermés dans l'espace que j'ai parcouru en deux jours, et jamais plus de grandes images ne furent renfermées dans un cadre plus riche. Ma pensée, qui souvent s'était portée de ce côté-là, n'avait rien conçu qui approchât du vrai. Une nature toute différente de la France, de la Suisse et de l'Italie. Un ciel où les nuages d'octobre laissaient encore se jouer les rayons du soleil et produire à chaque instant de nouveaux effets de lumière. Le fleuve large, profond, limpide, et cependant d'un beau vert de mer. Sur les bords, des montagnes qui ne forment point un mur continu, mais qui semblent presque toutes venir de l'intérieur, et former comme les efflorescences d'autant d'innombrables petites chaînes; tour à tour en saillie ou en retraite, et quelquefois laissant entre elles de magnifiques échappées de vue sur les contrées voisines. Partout des stratifications bizarres, des colonnades de basalte, des traces continuelles de convulsions volcaniques.

Cette charpente osseuse couverte d'un manteau de verdure où se confondaient toutes les nuances, depuis le gazon frais jusqu'aux feuilles mortes que balaye déjà l'automne. Des bois de chênes à tous moments. Une teinte plus souvent sombre, mais gaie aussi parfois; des perspectives trompeuses, des eaux chatoyantes, quelque chose de fascinant, qui vous plaît et qui vous trouble, et semble se jouer de vous.

Alors on n'est plus étonné des récits et des dénominations attachées à ces rives. Voici le rocher du Dragon, où une vierge germaine, Andromède chrétienne, un crucifix à la main, confondit le serpent infernal auquel ses idolâtres compatriotes l'avaient exposée ; en face s'élève la pierre angulaire de Roland : le héros y vint pleurer sa fiancée et mourir. Xanten, que nous avons laissée bien au-dessous de Cologne, était la patrie de Siegfried ; Chriemhild grandissait à Worms à l'ombre de ses frères. Les Nibelungen, l'épopée Carlovingienne et le Cycle du Saint-Graal sont là face à face. Des mythes plus anciens ont peuplé d'*Elfes* et de *Nains* la colline de Lurley et les cavernes de Kedrich. Mais au-dessus du mythe et de la tradition populaire dominent les graves réalités de l'histoire. Ici s'élevait le Kœnigs-Stuhl, sur les confins des trois grands Électorats ecclésiastiques et du Palatinat, rendez-vous des Électeurs de l'Empire aux jours de calamité plus menaçante ou de délibération solennelle.

Le château de Rheinstein, le plus redoutable asile de ces barons spoliateurs qui infestaient le Rhin et rançonnaient ses marchands, devenu plus tard le point commun vers lequel se dirigèrent les attaques des communes rhénanes coalisées, origine de la ligue hanséatique. Les ruines du monastère où sainte Hildegarde écrivit ses visions, les chapelles fondées par sainte Hélène, le pont de Drusus, le sol où pour la première fois fut plantée l'aigle romaine, et ceux aussi où durant quinze ans régna la nôtre, le champ de bataille de nos exploits d'hier et de demain peut-être ; et la Germanie de Tacite et de César.

Dans tout cet espace le fleuve coule sous un ciel catholique : les saints patrons des navigateurs, saint Pierre, saint Nicolas, la bienheureuse Marie, ont leurs images sur ses bords ; trois fois le jour, la cloche de l'Angélus rappelle au voyageur qu'il n'est pas seul ; la croix couronne les plus hautes crêtes des monts voisins ; et rien ne rappellerait les ravages du rationalisme moderne, sans les couvents sécularisés qu'on rencontre, et sur le frontispice desquels l'ignoble enseigne d'une auberge a remplacé le signe sacré du salut. Il est surtout un espace d'environ six lieues où les sinuosités des eaux semblent former plusieurs lacs successifs au milieu des rochers arrondis en bassin ; là, le moyen âge se retrouve tout entier et tout debout dans une série de châteaux, de chapelles, et de petites villes admirablement conservées comme autant de Pompéias féodales. Rheinfels, Saint-Goar, Oberwesel, Bacharach (Bacchi ara), l'enceinte de murs crénelés, les tours et les portes sur la rivière, le donjon sur le tertre voisin, la grande église collégiale ou paroissiale, tantôt romane, tantôt gothique ; les couvents des religieux ; les calvaires, saints-sépulcres, statues miraculeuses aux environs : tout s'y retrouve, hormis les populations ; car la plupart de ces ruines n'ont d'habitants qu'un petit nombre de vignerons, de tisserands et de pêcheurs.

Notre course rapide nous permettait à peine de saluer ces intéressantes apparitions du passé ; pourtant je leur ai promis de ne les oublier point. Ces souvenirs iront en joindre d'autres qui ne m'étaient pas moins précieux et qui déjà commencent à s'en aller : voilà pour moi un des chagrins du voyage. Il n'est pas un coin sur ma route de Florence à Fribourg, et de Bruxelles ici, où mes affections ne se soient un moment accrochées ; pas un adieu qui ne m'ait coûté. J'aurais voulu du moins emporter par la pensée ce que les regards abandonnaient, mais ma mémoire ne retient pas la figure des lieux ; l'ombre qui lui en reste y flotte encore quelque temps, et finit souvent par disparaître. Au moins pour ces spectacles du monde matériel, reste-t-il le pouvoir et par conséquent l'espérance d'en renouveler l'image en les allant chercher là où nous les savons. Pourquoi faut-il qu'il n'en soit pas de même pour d'autres souvenirs autrement plus chers, et qu'il ne soit plus possible de revenir sur ses pas dans les routes de la vie, et de retrouver ceux que nous y avons laissés?

Telles sont, mon cher ami, les méditations de cette promenade solitaire et, par conséquent, pensive. C'est la première fois que je sors de France sans mon frère, n'ayant d'ailleurs aucun compagnon de route, entouré de conversations étrangères, en anglais ou en dialectes allemands plus ou moins corrompus, par conséquent placé dans les plus favorables circonstances pour atteindre mon but, c'est-à-dire pour recueillir, en une semaine, le plus de sensations possible. Il n'y a pas de mal à cette extrême urgence qui me presse ; l'activité forcée est une bonne hygiène pour les esprits paresseux : il y a de l'inspiration dans la contrainte. Puisse-t-il en être ainsi !...

Mais à d'autres moments mon excursion me semble une folie, une témérité de feuilletoniste qui s'en va *découvrir* l'Allemagne, ou plutôt une satisfaction mesquine donnée à mes scrupules, une manière d'escobarderie, pour dire à mes auditeurs cet hiver : « Messieurs, j'ai vu ! » Absolument comme quand j'étais petit, je trempais le bout des doigts dans l'eau afin de pouvoir répondre à maman sans mentir : « Je me suis lavé. » Enfin, et pour en revenir aux grandes comparaisons, il me semble que je fais un peu comme Caligula qui alla jusqu'au

Rhin, ramassa des cailloux, et revint à Rome recevoir avec les honneurs du triomphe, le nom de Germanique !

A propos de triomphe, il faut bien vous conter quelque chose de celui que j'ai, dit-on, obtenu, il y a tantôt trois semaines, et qui me semble encore un rêve. — J'arrivais sincèrement très-effrayé, convaincu que ma candidature, en me faisant perdre le peu de considération dont je pouvais jouir dans l'esprit des professeurs, me jouerait un mauvais tour. En effet, le jour vient : on nous réunit sept dans une salle de la Sorbonne, et là, sous clef, nous avons devant nous huit heures pour une dissertation latine « *sur les causes qui arrêtèrent le développement de la tragédie chez les Romains.* » Je me trouvais savoir la question ; mais nullement habitué à composer vite, j'étais aux abois quand sonna l'heure fatale, et je dus donner un fragment de brouillon indignement rédigé. Même aventure le surlendemain pour la dissertation française « *de la valeur historique des oraisons funèbres de Bossuet.* » Les auspices n'étaient pas favorables, et sans quelques encourageantes indiscrétions d'un des juges qui me donnait à entendre que mes compositions avaient réussi, je me retirais du concours.

Venaient ensuite trois argumentations distinctes à des jours différents, et de trois heures chacune environ, sur des textes grecs, latins et français, donnés vingt-quatre heures d'avance. En grec, j'ai dû expliquer un chœur de l'*Hélène* d'Euripide et un fragment de la *Rhétorique* d'Halicarnasse : peu de philologie comme vous pensez, et beaucoup de phrases, Hélène envisagée comme caractère poétique et comme mythe religieux ; histoire de l'art oratoire à Athènes et à Rome. En latin, un fragment de Lucain et un chapitre théologique de Pline : discussion sur le rôle de César et sur les révolutions des doctrines religieuses chez les Romains. En français, *Philémon et Baucis*, de la Fontaine, et le dialogue de Sylla et d'Eucrate par Montesquieu ; ici, quelques conjectures un peu hardies sur les causes de l'abdication de Sylla, et une comparaison plus téméraire encore de Montesquieu, comme publiciste, avec saint Thomas d'Aquin. Cette saillie assez vive de catholicisme, aussi bien que deux ou trois autres que je me suis permises dans l'occasion, n'ont déplu ni à l'auditoire, ni au jury ; et quelques réminiscences de droit romain, venues à propos pour interpréter deux ou trois passages difficilement intelligibles sans elles, ont été non moins favorablement accueillies. A la suite de cette épreuve, est venue l'interrogation sur les quatre littératures étrangères. Là, j'ai bronché pour Dante dont je me croyais sûr ; l'espagnol, dont j'avais pris dix leçons, a réussi à merveille ; on s'est tiré de Shakespeare ; et comme on avait eu le bonheur de tomber sur un des plus beaux et des plus pieux passages de Klopstock, l'émotion avec laquelle on l'a traduit a fait un excellent effet.

Restaient deux leçons sur des sujets différents pour chaque concurrent, et désignés par le sort, l'un, vingt-quatre heures, l'autre une heure d'avance. Le sujet de littérature ancienne fut pour moi : « *l'histoire des Scoliastes grecs et latins*. » Ceci semblait une méchanceté du sort, et l'on savait si bien que je n'étais nullement au courant de cette spécialité philologique, que la lecture du billet fut accueillie par un rire général de malice, et peut-être un peu de vengeance par les nombreux universitaires qui composaient le public. Je me croyais perdu, et bien qu'un de mes rivaux, M. Egger, avec beaucoup de générosité, m'eût fait passer d'excellents livres, cependant, après une nuit de veille et une journée d'angoisse, j'arrivai, plus mort que vif, au moment de prendre la parole. Le désespoir de moi-même me fit faire un acte d'espérance en Dieu, tel que jamais je n'en formai de plus vif, et jamais non plus je m'en trouvai mieux. Bref, votre ami parla sur les Scoliastes pendant sept quarts d'heure avec une assurance, une liberté dont il s'étonnait lui-même; il parvint à intéresser, à émouvoir même, à captiver, non pas seulement les juges, mais l'auditoire, et se retira avec tous les honneurs de la guerre, ayant mis les rieurs de son côté.

Enfin, la dernière séance était plus facile ; j'eus à parler de la critique littéraire au siècle de Louis XIV ; je pris encore mes aises, me donnai carrière au sujet de l'influence funeste exercée par l'école janséniste sur la poésie française, et trouvai moyen de signaler les services rendus à la langue par saint François de Sales. Je craignais d'avoir brisé les vitres, mais tout fut pris au mieux : le scrutin définitif, fait d'après la moyenne des rangs obtenus dans les diverses épreuves, me fit sortir le premier ; et à mon extrême étonnement, dans ce résultat, il ne fut pas nécessaire de tenir compte des littératures étrangères. C'est-à-dire, que le résultat était un mensonge des plus bizarres, en me plaçant, pour les lettres classiques, au-dessus des cinq ou six jeunes professeurs qui se présentaient avec moi, et dont plusieurs réunissaient à des études profondes, une improvisation coulante, vive et gracieuse.

Si donc tout cela n'est pas un rêve, ou un jeu impertinent du hasard, on ne peut le justifier que d'une seule façon. Dieu m'avait fait la grâce d'apporter dans cette lutte une foi, qui même quand elle ne cherche pas à se produire au dehors, anime la pensée, maintient l'harmonie dans l'intelligence, la chaleur et la vie dans le discours. Ainsi puis-je dire : « *In hoc vici,* » et cette idée, qui peut au premier abord sembler orgueilleuse, est pourtant celle qui m'humilie et en même temps me rassure.

Un succès si merveilleusement providentiel me confond ; j'y crois voir ce que vous-même y avez vu : une indication d'un dessein de Dieu sur moi ; une vocation véritable, ce que mes prières sollicitaient depuis tant d'années. Mon frère aîné est de cet avis, et je vais marcher, d'un pas encore bien tremblant, mais pourtant plus calme, dans la carrière nouvelle ouverte devant moi par ce singulier événement.

Il y a un terme à tout, même à votre patience. Je finis donc en signalant à votre gratitude amicale la bonté constante que m'ont témoignée mes juges, et surtout MM. le Clerc, Fauriel et Ampère : vous comprenez combien m'a dû servir la présence de ce dernier.

Je ne mettrai ceci à la poste qu'à Strasbourg. Répondez-moi si vous n'êtes pas fâché de mon indiscrétion, et permettez que je vous embrasse comme votre ami dévoué.

LXXII

A M. L...

Lyon, 6 décembre 1840.

Mon cher ami,

Après six semaines de vacances passées au milieu de grands événements, il faut retourner à Paris, pour y débuter sur cette périlleuse scène de la Sorbonne. Mais on ne saurait se décider à entrer dans cette phase nouvelle et imprévue de ses destinées sans s'épancher, s'éclairer et se fortifier dans les entretiens du meilleur ami qu'on ait en ce monde. Aussi se propose-t-on, en partant lundi 14, de s'arrêter à Sens le mercredi matin 16, et d'y passer la journée auprès de vous, si vous le permettez : ce serait un heureux dédommagement pour la privation subie au mois d'octobre.

Que de choses à vous dire, et comme cette cruelle question de vocation, si longtemps incertaine, s'est tout à coup dessinée ! En même temps que la Providence me rappelle sur ce terrain glissant de la capitale, elle semble vouloir m'y donner un ange gardien pour consoler ma solitude : je pars en laissant conclue une alliance qui se terminera à mon retour.

J'aurais eu recours à vos conseils si les événements ne se fussent précipités avec une impérieuse rapidité. Je recours maintenant à vos prières. Que Dieu me conserve, pendant cet exil de six mois, celle qu'il semble m'avoir choisie, et dont le sourire est le premier rayon de bonheur qui ait lui sur ma vie depuis la perte de mon pauvre père !

Vous me trouverez bien tendrement épris : mais je ne m'en cache pas, encore que je ne puisse m'empêcher quelquefois d'en rire. Je me croyais le cœur plus bronzé......

Vous me verrez heureux : ce sera pour compenser le partage que vous fîtes si souvent de mes douleurs....

Adieu, mon excellent ami, je sens bien que les affections nouvelles ne délogeront aucune de celles qui étaient déjà dans le cœur, et qu'il s'élargira pour ne rien perdre...

Pendant les sept mois qui séparent le projet de mariage d'Ozanam et son mariage, il écrivit un grand nombre de lettres, et c'est à cette époque qu'eut lieu l'ouverture du cours de littérature qu'il professa avec tant d'éclat à Paris. Nous ne soulèverons pas davantage le voile qu'il convient de conserver à cette période intime de sa correspondance. Il a été nécessaire d'en parler pour ne pas laisser de lacune dans son histoire; mais, quand on se décide à laisser raconter par des lettres une vie à peine éteinte, il faut réserver à Dieu seul toute la part des sentiments que la publicité pourrait profaner.

LXXIII

A M. L...

Château du Vernay, près Lyon, 28 juin 1841.

Mon cher ami,

Les grandes choses auxquelles s'intéressait votre affection se sont accomplies. Mercredi dernier 23 juin, à dix heures du matin, dans l'église de Saint-Nizier, votre ami était à genoux ; à l'autel était son frère aîné élevant ses mains sacerdotales, et au pied son jeune frère répondant aux prières liturgiques. A ses côtés vous auriez vu une jeune fille, blanche et voilée, pieuse comme un ange, et déjà, elle me permet de le dire, attendrie et affectueuse comme une amie. Plus heureuse que moi, ses parents l'entouraient, et cependant tout ce que le ciel m'a laissé de famille ici s'y était donné rendez-vous ; et mes anciens camarades, mes frères de Saint-Vincent de Paul, de nombreuses connaissances, remplissaient le chœur et peuplaient la nef. C'était beau, et des étrangers que le hasard amenait s'en sont trouvés profondément émus. Quant à moi, je ne sais plus où j'étais. Je retenais à peine de grosses mais délicieuses larmes, et je sentais descendre sur moi la bénédiction divine avec les paroles consa--crées.

Ah! mon cher L..., vous le compagnon des temps laborieux, vous le consolateur des mauvais jours, que n'étiez-vous là ! Je vous aurais prié vous aussi, comme le bon Pessonneaux, de donner votre signature à l'acte commémoratif de cette grande fête; vous aussi, je vous aurais présenté à la charmante épouse qui m'était donnée ; vous aussi elle vous aurait salué de ce gracieux sourire qui enchantait tout le monde. Et depuis, depuis cinq jours que nous sommes ensemble, quel calme, quelle sérénité dans cette âme que vous connaissiez si inquiète et si ingénieuse à se faire souffrir !

Je me laisse être heureux. Je ne compte plus les moments, ni les heures. Le cours du temps n'est plus pour moi... Que m'importe l'avenir ? le bonheur dans le présent, c'est l'éternité... Je comprends le ciel.

Aidez-moi à être bon et reconnaissant. Chaque jour, en me découvrant de nouveaux mérites dans celle que je possède, augmente ma dette envers la Providence... Quelle différence d'avec ces jours où vous me vîtes si triste à Paris!

On m'a pardonné à demi de vous avoir montré alors une certaine lettre ; on me pardonnera tout à fait quand on aura le plaisir de vous connaître. Vous êtes invité pour pendre la crémaillère au mois de novembre.

Adieu, mes respects à madame L...; à vous un embrassement fraternel.

LXXIV

A M. AMPÈRE.

Château de Vernay, près Lyon, 29 juin 1841.

Monsieur et cher ami,

Permettez-moi de vous donner ce titre d'affectueuse familiarité que vous prîtes tant de fois en partageant mes joies et mes peines : longtemps une sorte de retenue respectueuse me faisait hésiter encore; mais aujourd'hui il faut que je prenne toutes les libertés qu'aime le cœur ; et dans mon doux orgueil de nouvel époux, je me sens plus hardi. C'est donc avec une simplicité toute fraternelle que je viens vous faire part de mon bonheur. Il est bien grand, il dépasse toutes les espérances et tous les rêves, et depuis mercredi dernier, jour auquel la bénédiction de Dieu est descendue sur ma tête, je suis dans un enchantement calme, serein, délicieux, dont rien ne m'avait donné l'idée. L'ange qui est venu à moi avec tant de grâces et de vertus est comme une révélation nouvelle de la Providence dans mon obscure et laborieuse destinée. Je suis tout illuminé de plaisir intérieur.

Mais cette lumière qui me remplit l'âme n'y saurait laisser dans l'ombre les souvenirs du passé, et surtout ceux qu'accompagne la reconnaissance. Votre pensée a eu sa place au milieu des amis présents dont la foule se pressait au pied de l'autel. Et ensuite dans ces charmantes conversations où ma nouvelle famille se plaît à me faire parler des années écoulées, à chaque instant votre nom, et celui de votre père vénéré, revient pour être accueilli par la gratitude la plus sincère. Incapable de la témoigner jamais comme j'aurais voulu, je me sens, souffrez que je le dise, presque quitte envers vous quand j'entends votre éloge sur ces lèvres si chères, dont un seul mot me fait tressaillir.

On me charge de vous dire qu'on sera bien heureuse de vous connaître à Paris; et que dans ce moment même, où la présence des tiers est ordinairement une importunité, on aimerait que le pèlerinage de la Grèce eût une station auprès de nous.

Adieu, monsieur et cher ami, laissez-moi vous embrasser avec toute l'effusion du jour de mon départ, et croyez au dévouement de toute ma vie : elle sera en partie votre ouvrage, et si ma position actuelle est une espérance de plus dans ce bel avenir, vous savez quelle part vous y avez prise.

LXXV.

A M. LE COMTE DE MONTALEMBERT.

Lyon, 25 juillet 1841.

Monsieur le comte,

Souvent, dans ces épanchements affectueux dont votre amitié m'honore, vous avez bien voulu m'exprimer votre admiration et votre zèle pour l'œuvre de la *Propagation de la Foi*. L'intérêt que vous avez pris à la récente affaire de Mgr le Patriarche grec d'Antioche m'a laissé surtout un reconnaissant souvenir. Aujourd'hui je suis heureux d'être chargé encore, par le conseil de l'œuvre, de solliciter pour une circonstance moins difficile, mais non moins grave, l'intervention de votre charité.

Le plus beau caractère de la *Propagation de la Foi*, c'est l'universalité, qui l'affranchit des préoccupations nationales, lui ôte les couleurs odieuses de la politique, et lui donne la fidèle empreinte de l'Église dont elle est l'actif instrument. Aussi a-t-elle bientôt rattaché tous les peuples catholiques, en ne laissant à la France que l'honneur de l'initiative. L'adhésion de l'Espagne a été la dernière. Au milieu des ruines morales et financières qui couvraient la face désolée du pays, deux hommes de cœur se sont trouvés ; et comme de nobles et pieux citoyens n'avaient pas désespéré de la religion parmi nous en 1830, de même M. Olombell et M. Ximena ont cru à la vieille fidélité de l'Espagne. Par leur dévouement l'Œuvre s'est établie et développée avec un succès inattendu.

Vous n'ignorez pas, monsieur le comte, les schismatiques décrets de la Régence. La propagande protestante, de concert avec le jansénisme, devait se hâter de faire proscrire une association dont le premier effet était de resserrer les liens des peuples avec le Saint-Siége. Une politique hostile s'y mêlait aussi, et l'acte du gouvernement par lequel la *Propagation de la Foi* fut interdite, la déclarait surtout coupable « de faire passer par des mains françaises les deniers de la bienfaisance espagnole. »

En même temps M. Olombell et M. Ximena furent mis en état d'arrestation, l'un à Cadix, l'autre à Madrid. Or, M. Olombell est sujet français, et l'intervention énergique du consul avait d'abord obtenu sa délivrance. Elle a été de courte durée. La note et les lettres ci-jointes font connaître les persécutions incessantes et la nouvelle captivité dont il est victime. Il en résulte que l'ambassade seule peut désormais lui porter un secours efficace, et par d'actives démarches mettre un terme à sa détention.

Dans cette situation il a paru au conseil de l'Œuvre à Lyon, qu'une recommandation du ministère des affaires étrangères à l'ambassadeur serait le moyen le plus décisif et aussi le plus facile. L'honneur national est assez engagé pour appeler l'attention de M. le ministre; et l'on a espéré que l'intérêt religieux était assez pressant pour motiver l'emploi de votre haute influence. Quelques lignes de vous contribueraient peut-être à ouvrir la prison d'un compatriote, qui est aussi un compagnon d'armes dans la défense de la cause divine.

Après m'être acquitté des devoirs que j'avais à remplir comme interprète, permettez-moi quelques mots encore en mon nom personnel. Un dessein auquel s'étaient associées vos sympathies, s'est accompli pour moi. L'alliance déjà conclue cet hiver, a été célébrée il y a peu de jours. Dieu qui m'avait retiré ma pauvre mère, n'a pas voulu me laisser plus longtemps sans un ange gardien. Mon bonheur est grand, et tandis que j'en jouis dans sa douceur première, je me rappelle que vous me l'aviez annoncé d'avance. Je me rappelle qu'en vous quittant à notre dernière entrevue, vous me pressiez la main avec bonté, et vous me disiez que des joies infinies couronnent ici-bas les unions chrétiennes.

Dès à présent je réclame dans vos souvenirs devant Dieu la place que vous m'y promîtes comme époux chrétien. Sainte Élisabeth nous a révélé les chastes joies de la piété conjugale : l'amitié de son historien peut nous aider à la reproduire.

LXXVI

A M. L'ABBÉ ET M.-CHARLES OZANAM.

Naples, 3 octobre 1841.

Mes chers frères,

Voici dix jours écoulés depuis notre arrivée à Naples. Demain le bateau à vapeur nous emporte à Palerme. Le court espace de temps pour visiter tant de merveilles expliquera, justifiera peut-être notre silence. Après avoir passé la journée entière à parcourir ces beaux lieux, à interroger leurs souvenirs, nous rentrons le soir enchantés, mais morts de faim et de fatigue. Le dîner se fait à la hâte, et c'est à peine s'il reste le temps de mettre en ordre quelques notes, de dresser le plan de l'excursion du lendemain, de régler les comptes; onze heures sonnent souvent avant que nous puissions prendre un peu de sommeil. Au moment même de prendre la plume aujourd'hui, je suis assailli de si violentes tentations de dormir, que je ne sais plus si je parle ou si je rêve; et je ne serais pas étonné de vous écrire dans le style le plus fantastique du monde.

Et quoi de plus fantastique, en effet, que cette longue suite de tableaux qui se sont succédé devant nous, remuant avec eux tant de pensées et de souvenirs? D'abord une nature admirable et qui dépasse toutes les conjectures de l'imagination. Ce golfe de Naples et les deux autres de Gaëte et de Salerne, tous trois si bien dessinés, tous trois déployant avec majesté les harmonieux contours de leurs rivages, de leurs promontoires et de leurs îles. Partout une végétation ardente, tropicale ; les arbres verts et les plantes grasses, se mêlant aux ombrages épais et à la fraîche culture des pays du Nord. Les vignes suspendues en festons innombrables aux peupliers, pour laisser place au-dessous à des récoltes plus modestes, de millet et de maïs. Des bois d'orangers avec des buissons de myrtes et d'aloès. Puis un ciel si pur, une lumière si transparente que les formes des objets s'y découpent avec une netteté parfaite, et semblent plus voisines à l'œil trompé. Sur cette voûte toujours bleue un seul nuage blanc flotte du côté du Midi : c'est la fumée du Vésuve dont la masse imposante occupe le premier plan, tandis qu'à perte de vue l'horizon est formé par la chaîne orgueilleuse de l'Apennin.

Sur cette scène si richement décorée apparaissent tour à tour les civilisations successives qui l'animèrent, l'embellirent, et quelquefois aussi la désolèrent. Voilà aux confins de la Calabre l'antique Pestum. Ses temples, que nous ne nous lassions pas de regarder, annoncent par leurs proportions gigantesques, par la simplicité grandiose de leur architecture sans ornements, la première époque des colonies grecques : c'est encore la grossièreté des Étrusques, et c'est déjà l'art sévère des Doriens. Surtout, c'est l'ouvrage d'un peuple encore pénétré des sentiments religieux, tout corrompu qu'il est, et qui fait plus pour ses dieux que pour ses magistrats ou ses histrions. Plus tard il n'en sera pas de même, et voici Pompéi où les temples, réduits aux plus mesquines dimensions, s'effacent devant la grandeur et l'opulence des habitations particulières. Cette prodigieuse quantité de marbres, de mosaïques, de peintures ; cette variété infinie d'instruments, d'ustensiles, de meubles, d'ornements ciselés, sculptés avec la plus extrême délicatesse, tout cela montre à la fois les raffinements d'un art avancé et d'un égoïsme insatiable de jouissances.

Le théâtre d'Herculanum, si merveilleusement conservé dans sa sépulture de lave, m'a extrêmement intéressé en me faisant comprendre ce que je ne m'étais jamais bien figuré, la mise en scène des tragédies anciennes. La beauté de cet édifice, et de l'amphithéâtre de Pouzzoles ; les immenses ruines des villas, des thermes, des piscines, des aqueducs, sur la côte de Baïa, montrent bien le caractère dominant de l'architecture romaine qui ne fut jamais grande que pour les lieux de plaisir ou les travaux d'utilité matérielle. L'un et l'autre se trouvent réunis au plus haut degré dans le palais de Tibère à Capri, d'où l'œil du tyran pouvait planer en même temps sur les plus délicieux paysages du monde et sur toutes les tentatives de ses ennemis. Mais ces vastes constructions dont tant de restes subsistent encore, et dont les pierres arrachées ont suffi à bâtir la grande église du Gesù, par quels moyens mécaniques ont-elles pu s'exécuter à cette hauteur presque inaccessible? ou plutôt combien de milliers d'esclaves ont versé leurs sueurs pour faire cet asile aux turpitudes impériales? Telle était la destinée humaine à ce moment où la rédemption se préparait. Et en effet quelques années encore, et l'apôtre touchera au port de Pouzzoles. Ces lieux auront leur page dans le Livre sacré : à la suite du premier évêque, plusieurs iront mourir l'un après l'autre dans les arènes, où des trappes encore ouvertes laissent voir les cages des bêtes féroces. Nous avons baisé le sol où coula le sang de saint Janvier et de ses compagnons; quelques jours auparavant nous étions descendus aux catacombes où furent recueillis leurs ossements. Comme on se sent le cœur serré dans ces galeries sépulcrales, comme on y reconnaît avec une respectueuse joie les rendez-vous sacrés des premiers fidèles, l'emplacement de l'autel et du baptistère, et le lieu d'où la voix du prêtre se faisait entendre au peuple !

L'Église ne restera pas longtemps ensevelie dans ces ténèbres funéraires. A la premièee aurore de liberté qui luit pour elle, elle se pare, elle se couronne, elle se donne de riches sanctuaires. C'est ainsi qu'à Saint-Janvier, on voit, dans la chapelle de Sainte-Restitute, les restes de l'ancienne cathédrale érigée sur les colonnes du temple d'Apollon et des débris de mosaïques du septième siècle. Plus tard, sous les princes normands, s'élève la basilique actuelle, avec sa façade gothique et sa nef en ogives. Mais surtout j'y ai examiné avec le plus grand intérêt un oratoire situé derrière le chevet de l'édifice, et fondé par la famille des Minutoli. Là, au pied d'un autel, couronné d'un dais richement sculpté, se trouvent les tombeaux de ces vieux patriciens, depuis l'an 1200 jusqu'à 1500 environ. Eux-mêmes sont peints sur le mur du pourtour, agenouillés, les uns avec les insignes de l'épiscopat, les autres sous leurs armures de chevalier, tous les mains jointes et la figure pieuse. Au-dessus, et comme pour consoler ces images de la mort, un des vieux maîtres de l'école napolitaine a peint la passion du Sauveur. Le mérite artistique et historique de ce monument a été reconnu par le goût éclairé du cardinal archevêque qui en fait poursuivre activement la restauration.

Que cette Italie renaissante du neuvième au treizième siècle était belle ! Quel énergique élan de foi, de courage, de génie ! En même temps que Naples secouait l'odieuse dépendance des empereurs grecs, toutes les petites cités éparses sur la côte imitaient cet exemple et rivalisaient de bravoure et d'activité. Alors de nombreux vaisseaux apportaient les richesses de l'Orient aux habitants d'Amalfi, république puissante qui comptait parmi ses plus chères conquêtes le corps de l'apôtre saint André. Aujourd'hui nous l'avons vue solitaire et dépeuplée, suspendue à ses rochers pittoresques. Du haut du couvent des capucins, sous la voûte d'une grotte immense, nous regardions à la lueur de la lune les flots jeter leur blanche écume sur le rivage où jadis ils portaient tant de gloire et de trésors. A Salerne aussi, nous avons vénéré la tombe de Grégoire VII, qui vint y trouver un dernier abri, lorsque seul, il combattait pour la liberté du christianisme et l'affranchissement de la patrie italienne.

Malheureusement ces temps furent courts, et à dater de cette époque commencent les traces des invasions et des dominations étrangères qui se disputèrent les Deux-Siciles. C'est à Capri le château de l'empereur Frédéric Barberousse rivalisant avec celui de Tibère ; c'est auprès de la place du marché, dans l'église Sainte-Croix, le billot sur lequel le dernier descendant de la dynastie allemande, Conradin, périt à seize ans, par les ordres de Charles d'Anjou, frère de saint Louis. Ce prince et ses successeurs ont élevé le château Neuf dont les vieilles tours féodales dominent le port. Le palais de la reine Jeanne rappelle cette femme sanguinaire, qui, meurtrière de son époux, perdit par ses crimes l'empire de la France en Italie. Alors commence l'ascendant de l'Espagne : d'opulentes fondations dans les monastères, des palais plus somptueux qu'élégants, les noms même de Médine et de Tolède, etc., donnés aux rues de la ville, rappellent la dynastie castillane. Elle devait pourtant finir un jour et faire place à nos fleurs de lis qu'on retrouve avec la famille des Bourbons sur le trône napolitain. Ces dernières vicissitudes de l'histoire, ce sceptre tour à tour balancé entre des peuples rivaux, ce déchirement du pays par les armes de l'étranger, sont autant de mystères qui ne s'expliquent pas encore. Mais ceux des époques antérieures se sont si complétement dénoués, la Providence a si bien montré son doigt dans les destinées anciennes de cette contrée, qu'on peut être sûr de la reconnaître tôt ou tard dans ses révolutions modernes.

Je m'oublie à des récits sans intérêt pour vous. Alphonse vient de voir lui-même toutes ces choses ; lui-même peut de vive voix les décrire à Charles, mieux qu'on ne saurait le faire par écrit. Cependant je sais par expérience qu'on aime à entendre parler de ce qu'on a vu, surtout lorsque les circonstances ne sont pas les mêmes. Et maintenant la beauté de la saison prête à ce pays un charme qui sans doute n'y était pas alors; puis le mieux n'est-il pas de vous écrire simplement mes impressions? Et comme Amélie vient de raconter les détails de notre voyage, il ne m'est resté que la partie des généralités. J'aimerais bien mieux vous entretenir de nos affaires, mais comment le faire sans nouvelles?· Cette privation gâte un peu le plaisir de notre voyage ; en songeant aux soucis de l'un, à la solitude de l'autre, je me reproche de ne pas partager avec vous ces mois de repos.

LXXVII

A M. ET Mme SOULACROIX.

Naples, 3 novembre 1841.

Chers parents,

Cette date bien tardive vous dira nos contrariétés. Vos conseils nous avaient décidés, malgré beaucoup d'hésitation, à attendre à Naples les réponses des ministres. A l'ambassade de France on avait reçu de M. Guizot les recommandations les plus bienveillantes ; mais rien de M. Villemain. Ces cinq jours de retard, sans avoir été inutiles, nous ont pourtant coûté un peu cher. Il a fallu commencer notre tour par Messine au lieu de Palerme, où nous aurions trouvé plus de muletiers et plus de concurrence.

Néanmoins nous devons à la Providence, et par conséquent aux bonnes prières de tous ceux qui nous aiment, de bien sincères actions de grâces. Ce qu'on disait il y a vingt ans des brigands de la Sicile, après avoir cessé d'être vrai, grâce à une sage organisation, a recommencé cette année. Partout sur notre passage c'étaient des récits de vols et d'assassinats qui effrayaient très-sérieusement nos guides. Défense aux aubergistes de laisser partir les voyageurs avant le jour. De loin en loin des rassemblements de troupes pour intimider les bandits, et pourtant sans cesse de nouveaux crimes. Nous avons eu le bonheur d'échapper à tous ces périls que nous croirions imaginaires, si les magistrats les plus graves ne nous en avaient assuré la réalité. La litière, véhicule souverainement incommode, les auberges où il pleuvait par le plancher, une nourriture détestable, tout ce qui pouvait nuire, ne nous a causé qu'une très-passagère fatigue, dont cinq jours de repos nous ont parfaitement remis. Enfin, depuis quelque temps des ouragans terribles règnent dans ces parages. Des navires ont péri vendredi dernier dans le golfe même de Naples, et nous venons d'avoir la plus heureuse traversée.

Les inconvénients nombreux que je viens de résumer font qu'un voyage de Sicile ne saurait être une affaire d'agrément. Nous le savions d'avance, et s'il ne se fût agi que de santé et de plaisir, assurément nous ne l'aurions jamais entrepris. Mais il en est autrement si l'on se propose pour but l'étude d'abord, puis ensuite les hautes jouissances qui l'accompagnent. L'Italie déflorée par les récits des innombrables touristes, défigurée et souvent corrompue par le contact trop fréquent des étrangers, dépouillée de beaucoup de ses monuments par les guerres dont elle a été le théâtre, et par le mauvais goût dont elle a été l'école, l'Italie ne saurait être étudiée complétement que dans cette île où se sont réfugiées ses vieilles mœurs, ses vieilles traditions, sa vieille langue. Là, les temples grecs sont debout, et couronnés de leurs beaux portiques, mieux qu'à Athènes et à Thèbes. Le génie des Doriens règne encore sur Agrigente, et quand on s'assied au milieu des ruines de Syracuse, on sent remuer autour de soi toute l'histoire. Rome a marqué son empreinte aussi puissamment dans l'amphithéâtre de Catane qu'au Colisée. Le palais moresque de la Ziza éternise, comme Grenade et Cordoue, la gloire passagère des Arabes. C'est à Montréal, parmi les splendeurs de son admirable basilique, c'est là seulement, qu'on peut concevoir l'éclat chevaleresque et la foi religieuse des Normands qui reconquirent ces contrées. Puis tout l'art du moyen âge, la peinture préludant par de gigantesques mosaïques à ses futures merveilles; l'architecture réunissant les deux styles byzantin et gothique, pour des créations dont aucun autre lieu n'offre l'exemple. Partout de vieux tableaux sur bois à fond d'or conservés avec un respect ailleurs inconnu. Enfin une nature admirable dans sa sauvage et virginale beauté. Le phare de Messine et le golfe de Palerme éclipseront toujours dans mes souvenirs les tableaux si vantés de Baïa et de Castellamare.

C'est assez vous dire, chers parents, combien ce voyage a été intéressant et profitable. Je ne saurais vous exprimer combien il a été charmant et doux par le courage avec lequel ma compagne en a supporté les désagréments, par l'absence de tout malaise sérieux, par la gaieté, l'enjouement qui ne l'ont jamais quittée. Ses forces y ont gagné, et les miennes n'y ont rien perdu. Mon gosier un peu souffrant dans la litière s'est remis aussitôt ; j'espère pouvoir faire mon cours.

Je profite de ce court repos à Naples pour écrire selon votre avis; la nécessité de lire, de prendre des notes et de faire des démarches ne me permet malheureusement pas d'être plus long et de vous dire, comme je le voudrais, combien vous aime votre fils.

LXXVIII

A M. ET Mme SOULACROIX.

Rome, 15 novembre 1841.

Mes chers parents,

La lettre d'Amélie ne partira pas sans que je m'associe aux sentiments qu'elle vous exprime. Regrets d'abord pour les inquiétudes que vous a dû causer notre involontaire silence; et malgré que nous eussions longuement écrit de Messine, la lenteur et l'irrégularité des courriers vous ont laissé dans l'ignorance de notre course aventureuse. Relégués pendant trois semaines à l'une des extrémités de l'Europe, loin de toute communication régulière avec le monde civilisé, nous avons bien eu, nous aussi, nos anxiétés et nos peines; l'une des plus vives était de ne pouvoir écrire, et nous avons su quelle terrible chose c'est que d'habiter une île. Depuis qu'on a dû repêcher le roi et la reine de Naples dans le golfe, nous jurons bien comme le bon Sancho de ne plus visiter que des îles de terre ferme.

Le voyage de Sicile nous a coûté plus de fatigues et de temps que nous n'avions calculé ; et cependant nous ne saurions regretter ni le temps, ni les fatigues, ni les dépenses : ces choses nous ont été bien payées en émotions, en études, en souvenirs.

Nous avons vu de près cette nature africaine si différente de la nôtre et qui à Naples encore, ne se montre que de loin. Toute la végétation tropicale : les figuiers de Barbarie et les aloès gigantesques, renfermant d'une muraille infranchissable des jardins où viennent le cotonnier, le caroubier, le papyrus et la canne à sucre ; de véritables paradis terrestres où toutes les variétés du cédrat, du citron et de l'orange, se pressaient avec leurs fruits dorés ; les bords de la mer couverts de palmettes, le myrte et le laurier rose en fleurs le long des chemins ; enfin, de temps à autre, le grand palmier élancé dans les airs avec sa couronne de feuilles, et les grappes de dattes suspendues au-dessous. Tout cela encadré dans le détroit de Messine ; au pied de l'Etna dont le front est couvert de neiges ; au fond de l'admirable golfe de Palerme, dont les beautés sauvages effacent pour moi les beautés si chantées de Naples.

Mais c'est surtout l'antiquité, l'antiquité grecque bien moins connue que l'antiquité romaine, c'est là ce que j'allais chercher en Sicile, et mon attente n'a pas été trompée. Partout, des restes nombreux :

de vieilles colonnades soutiennent les voûtes des églises modernes; les débris d'un tombeau s'élèvent tristes et désolés au bord du chemin ; ou bien un grand pilastre solitaire est resté debout sur le rivage et résiste depuis deux mille ans à l'effort destructeur des vagues et des siècles.

Notre premier jour de voyage nous a conduits au pied de l'ancienne Taormine. A une hauteur qui semble inaccessible se montrent de vieux murs, des sépultures, des vestiges de gymnase et de bains ; et par-dessus tout un magnifique théâtre. La roche même creusée en demi-cercle formait les gradins, qu'on avait ensuite recouverts de marbre. Un double portique était construit au-dessus. En face des gradins était la scène, c'est-à-dire une estrade portée par des soubassements de marbre, et fermée par un mur qui formait le fond et pour ainsi dire la décoration immobile du spectacle. Ce mur orné de corniches et de sculptures avait des niches pour les statues des dieux, des colonnes, et trois grandes portes par où entraient les acteurs. Trente mille personnes pouvaient trouver place dans l'enceinte, bâtie néanmoins avec un art si habile que la voix se fait entendre jusqu'aux derniers rangs. En même temps que l'oreille pouvait ainsi s'enivrer de toutes les harmonies de la poésie et de la musique, on n'avait pas oublié le plaisir des yeux : l'horizon embrassait une perspective immense. D'un côté les rivages sinueux et les promontoires de la Sicile, le détroit et les dernières côtes d'Italie; de l'autre côté, le volcan, son large cône et ses deux pentes chargées de verdure, que des courants de lave traversent en tous sens, puis une mer étincelante et azurée, qui fuit dans le lointain, et va baigner les côtes de la Grèce ; en sorte que chacun des flots qui venait expirer ici semblait apporter aux colons un souvenir de la mère-patrie, et le théâtre de Taormine paraissait n'être que l'écho des théâtres d'Olympie et d'Athènes.

Quelques jours après nous étions à Syracuse. Nous visitions le temple de Minerve devenu aujourd'hui cathédrale chrétienne, mais conservant encore ses colonnes, antérieures de cinq cents ans à notre ère. Nous admirions des remparts construits en pierres immenses superposées sans ciment ; les souterrains qui recélaient les vivres, les munitions, les chevaux; la citadelle encore debout, le seul monument grec de ce genre et de cette importance qui existe encore. Nous sommes descendus dans les carrières d'où ces masses énormes avaient été détachées, et où les traces encore visibles du ciseau font connaître les procédés hardis et laborieux des anciens ouvriers. Là aussi, des milliers d'esclaves, des prisonniers de guerre, des chrétiens, avaient été jetés pour mourir. On y visite une grotte acoustique célèbre sous le nom d'*Oreille de Denys*, qu'on suppose faite pour porter au tyran les paroles et les gémissements de ses captifs. Je la crois plutôt destinée aux mystères de quelque oracle, et à tromper par un jeu surprenant la crédulité des peuples.

Mais notre plus profonde, notre plus solennelle impression, c'était la vaste étendue de terrain occupée par la base d'édifices détruits et par des tombes, c'était la fatalité exterminatrice qui passa sur cette ville, autrefois composée de cinq parties, dont une seule est habitée aujourd'hui. Ennemie, longtemps heureuse, d'Athènes et de Rome, rivale de Tyr et de Carthage, elle est aujourd'hui assise dans le silence et la solitude, comme ces cités coupables, maudites par Isaïe et pleurées par Jérémie. Ses deux vastes ports ne sont plus sillonnés que par les barques des pêcheurs, et à terre aussi loin que la vue peut s'étendre, on ne découvre que le rocher calcaire, mal caché par le gazon, creusé, taillé en tous sens, pour servir de fondations aux demeures, et d'asile aux dépouilles d'un peuple de quinze cent mille âmes. Si affligeant que soit ce tableau, il captive pourtant, en même temps qu'il accable; il est grandiose, il est instructif; et l'on voudrait avoir assez de loisir et assez de larmes, pour y méditer les éternelles illusions de l'orgueil humain.

Je ne vous parlerai pas des rencontres et des incidents de la route, bien qu'elle nous ait conduits par Lentini autrefois *Leontium*, patrie de plusieurs hommes illustres, et remarquable encore par des vestiges bien conservés de sa grandeur déchue. Mais toutes mes espérances, tous mes rêves, se sont réalisés à Agrigente. Il est impossible que nulle part le génie grec se révèle avec plus de pureté et de splendeur.

Figurez-vous sur le penchant de la montagne, un vaste plan incliné vers la mer, et terminé de trois côtés par une chute brusque : ces rochers taillés à pic, par la main des hommes, sont devenus une muraille gigantesque. Au-dessus et dans toute sa longueur étaient rangés au poste d'honneur et comme un second rempart, les sépultures des grands citoyens et les temples des divinités. De ces derniers, huit existent encore ; l'un consacré peut-être au culte secret de Cérès, est demeuré intact, aussi complet dans toutes ses parties que pouvaient l'exiger les observances liturgiques, aussi correct et aussi pur que pourrait le souhaiter l'art le plus sévère. Les lignes de sa façade se dessinent avec précision, la lumière se joue merveilleusement sous ses péristyles, et la seule chose que le temps y a faite, c'est la couleur chaude et dorée de la pierre qui achève de l'embellir.

Auprès, un autre édifice consacré à Junon conserve trente colonnes encore droites sur un large et majestueux soubassement ; puis, c'est le temple d'Hercule dont le plan est à peine reconnaissable au milieu d'un monceau de ruines. A côté, le temple de Jupiter Olympien, le plus grand que l'archi-lecture grecque eût jamais construit : il jonche le sol de ses colonnes et de ses pilastres abattus ; les pâtres s'abritent dans la cavité des canelures ; et un géant de pierre qui semble avoir servi de cariatide, couvre un espace de trente pieds. Ensuite vient le temple de Léda, et celui de Castor et Pollux, dont trois colonnes et une partie du fronton se maintiennent avec toute la fraîcheur d'un ouvrage d'hier, et avec une perfection de détails que les anciens connurent seuls. Enfin, ceux de Minerve et de Proserpine sur les hauteurs occupées par la citadelle ; ceux de Vulcain et d'Esculape du côté de la plaine ; et une tour carrée du style le plus élégant bâtie pour immortaliser un cheval vainqueur aux jeux du cirque.

Ainsi toutes les grandes inspirations du génie et en même temps toutes ses folies : tous les progrès de l'art depuis l'austère nudité des premiers monuments, jusqu'à la parure quelquefois trop riche des derniers. Et, quand l'admiration s'est épuisée devant ces prodiges, on apprend que le sol qui les porte, que le rocher où fut fondée Agrigente, où s'agitait une population de huit cent mille habitants, est entièrement vidé à l'intérieur par des excavations qui se croisent en tous sens, travail colossal et dont le but est encore ignoré, ville souterraine et ténébreuse, encore plus étonnante que celle qui se déployait si opulente à la face du soleil.

Sur ces lieux, dont j'avais grand'peine à me détâcher au bout de vingt-quatre heures, j'ai pris beaucoup de notes, et, rapprochées des souvenirs de Pestum, elles donnent des idées exactes du système architectural des Grecs, si étroitement lié avec le caractère de leur religion et de leur poésie. Les ruines de Sélinunte et de Ségeste ont achevé pour moi ces études. A Sélinunte on peut voir les corps de trois grands temples, étendus avec tous leurs membres brisés, sur une colline solitaire : on y a trouvé une série de bas-reliefs qui, passant de la grossièreté la plus barbare jusqu'au mérite le plus achevé, présentent l'histoire entière de la sculpture. A Ségeste ce sont encore un dernier temple dans un état de complète conservation, et un théâtre d'où règne la plus enchanteresse perspective.

On ne finirait pas, si l'on se laissait aller à ses souvenirs ; et pourtant je ne vous ai rien dit du point de vue le plus intéressant de ce voyage : de la Sicile chrétienne. Son histoire commence aux catacombes de Syracuse, grandes comme celles de Rome et de Naples, où une église creusée dans le roc conserve encore la sépulture de saint Martin, premier évêque de l'île. Ensuite de tous côtés, ce sont d'antiques vierges peintes sur bois à fond d'or avec des lettres grecques. Ce sont des couvents de l'ordre de Saint-Basile, où la liturgie de Constantinople est encore suivie ; en un mot de nombreux vestiges de l'Église d'Orient lorsque, unie encore à la communion romaine, elle ne rivalisait que de science et de vertu. Viennent alors les Sarrasins, et leur tyrannie de deux siècles a laissé des monuments embellis de tout le luxe de l'architecture moresque. Mais un jour, au retour des croisades, une bande de chevaliers normands renverse l'empire des infidèles et fonde une nouvelle monarchie qu'affermissent d'incroyables exploits. Les trophées de leurs victoires sont les basiliques élevées par leurs rois : épargnées par les ravages du temps, elles ont gardé toute l'originalité et toute la grandeur de leur caractère. La cathédrale de Montréal et à Palerme la chapelle du Palais, toutes deux resplendissantes de mosaïques, alliant la légèreté des ogives gothiques à la gravité des formes byzantines, sont les types d'un art qui ne se retrouve plus hors de là.

Là aussi, un culte filial conserve, sans oser les altérer, ces legs précieux d'un autre âge. La vieille foi et les vieilles mœurs n'ont pas non plus abandonné les peuples : rien n'est plus célèbre que l'enthousiasme avec lequel sont honorées sainte Agathe, sainte Lucie, sainte Rosalie. Un soir, dans une jolie bourgade des bords de la mer, après que l'Angélus avait sonné la clôture des églises, nous avons vu les habitants aller en procession, aux portes fermées de chacune d'elles, saluer le Saint-Sacrement d'un dernier hommage. D'autres fois nous avons rencontré à la table de quelque vénérable propriétaire une hospitalité toute patriarcale;

ou bien à notre passage dans un hameau, descendus de la litière, on nous entourait, on nous entraînait dans de pauvres maisons, on nous mettait de petits enfants sur nos genoux, pour avoir une bonne parole et des caresses. Enfin dans les monastères nous avons vu des hommes éminents et excellents : quelquefois une instruction qui me confondait, toujours une politesse qui enchantait Amélie. Longtemps elle reparlera des capucins de Syracuse et des bénédictins de Catane. Au reste il paraît qu'elle a surtout le don de charmer les bons religieux de Saint-François : car dans notre voyage de Naples à Rome elle n'a pas cessé d'être l'objet des aimables attentions du vieux Procureur général des Observantins, qui depuis nous aborde en souriant de son plus gracieux sourire dans sa longue barbe blanche ; enfin hier à San Pietro in Montorio, un capucin à qui nous demandions notre route lui a offert un bouquet de roses. En un mot ce serait de quoi trembler si la vertu ici n'égalait la courtoisie.

Les dix jours que nous venons de passer à Rome n'auront été qu'un rêve. Ce que nous avons vu et fait en si peu de temps semble incroyable, et cependant nous nous en allons avec la conviction qu'il eût fallu dix jours de plus pour utiliser notre présence dans l'intérêt de mes études. Depuis avant-hier seulement il m'a été possible de voir quelques-uns de ceux avec lesquels il m'importait d'établir des relations, et déjà nous sommes accablés de bontés, de prévenances. Si le devoir d'être à mon poste nous empêche de répondre à tant d'avances aussi douces que respectables, au moins emportons-nous des souvenirs qui nous consolent, et suffiraient à eux seuls pour honorer et charmer la vie. Nous n'oublierons jamais l'heure solennelle où le souverain Pontife, après nous avoir fait asseoir et longuement causé avec Amélie et moi, étendit ses mains vénérées et bénit avec nous notre famille absente. Nous nous rappellerons aussi le patriarcal accueil du cardinal Pacca dont le front octogénaire a essuyé sans jamais fléchir toutes les tempêtes politiques et religieuses des derniers temps. Nous avons vu et entendu le cardinal Mezzofante dont les anciens auraient fait un Dieu, et dont Dieu fera sans doute un saint. Mais surtout ce n'est pas impunément qu'on s'agenouille aux tombeaux des Saints-Apôtres, et qu'on prie à deux devant la simple dalle qui couvre les restes de saint Pierre : ce n'est pas en vain qu'on descend aux catacombes et qu'on descend pour ainsi dire dans les entrailles de Rome catholique. Ce que le voyage de Sicile était pour l'antiquité, le séjour de Rome l'est encore davantage pour l'intelligence du christianisme. Je sens une nouvelle vie circuler dans ma pensée, et mes idées, un peu épuisées par un épanchement précoce, se ranimer et s'étendre...

LXXIX

A M. L...

Paris, 2 janvier 1842.

Mon cher ami,

Il faut que je vienne vous souhaiter la bonne année. Après une si longue absence, il est temps de donner signe de vie et de renouer une correspondance qui est un de mes plus chers plaisirs. D'ailleurs on dit que vous vous plaignez de mon silence prolongé, et je veux le rompre, ne fût-ce que pour un petit nombre de lignes; elles suffiront à vous prouver qu'on ne vous oublie pas.

Depuis ma dernière lettre, j'ai passé par bien des vicissitudes; on m'a envoyé aux eaux minérales d'Allevard dans l'Isère, où nous sommes demeurés un peu plus d'un mois. C'est un pays magnifique, sur les premières rampes des Alpes, au milieu de toutes les grandeurs d'une nature gigantesque. La beauté du séjour, la salubrité de l'exercice et la douceur infinie des soins que je recevais m'ont fait un grand bien; après, nous avons été chercher un autre soleil et d'autres cieux.

De là, ce voyage d'Italie dont vous avez sans doute ouï parler. Nous avons revu Rome, et elle a été pour moi si bonne et si hospitalière, que j'en suis tout pénétré de reconnaissance. Toutes les facilités m'ont été données pour voir les hommes et les choses. Nous avons obtenu une audience du souverain Pontife qui a reçu madame Ozanam le plus gracieusement du monde, et s'est entretenu longuement avec nous. Il nous a paru simple et affectueux comme tous les voyageurs le disent, et savant, éclairé, animé dans sa conversation, beaucoup plus qu'on ne le dit. Quelle majesté sous cette triple couronne de sacerdoce, de vieillesse et de vertu!

Le plus aimable accueil nous attendait aussi chez le vénérable cardinal Pacca, et chez les cardinaux Maï et Mezzofante, ces deux lumières de la science et de la foi. J'ai vu le père Ventura, l'un des plus hardis philosophes de l'Italie moderne. Il y avait là aussi M. l'abbé Gerbet, et M. de Cazalès qui vient de prendre les quatre ordres mineurs, et qui, instruit aux meilleures écoles de la théologie catholique, permet d'espérer en France un savant écrivain ecclésiastique de plus.

Du reste, notre passage à Rome était surtout un pèlerinage pour nous : d'abord nous avons accompli la visite des sept basiliques à laquelle sont attachées les grandes indulgences, et nous avons eu le bonheur de communier au tombeau de saint Pierre. Il nous a été permis de parcourir les Catacombes, non-seulement dans les parties qui sont ouvertes aux curieux, mais dans celles où l'on fouille. Là, des chapelles du troisième siècle conservent encore tous les souvenirs de la persécution : l'autel clandestin, le siége sur lequel plus d'une fois fut massacré le prêtre au milieu des mystères, les peintures symboliques de Daniel dans la fosse, des trois enfants dans la fournaise, de la colombe de l'arche, du bon pasteur, qui consolaient l'espérance défaillante des proscrits.

En même temps que nous allions étudier le christianisme dans son douloureux berceau, nous le contemplions aussi dans sa splendeur et dans sa gloire. C'est ainsi que j'ai exploré le Vatican, non comme une agrégation fortuite d'édifices dissemblables, mais comme un monument superbe où un seul esprit règne et domine au milieu de la variété de ses créations. Les musées précieux qu'il renferme, ce peuple de statues païennes rassemblées dans ses salles, c'est le cortége de captifs qui accompagne le triomphe. Les peintures qui revêtent ses murailles sont les titres ineffaçables de la victoire, ce sont des séries de fresques historiques, rattachant à l'unité de l'Église tous les temps, et toutes les choses humaines. La coupole de Saint-Pierre enfin, c'est le diadème de la papauté suspendu entre la terre et le ciel. Des mers qui baignent la côte d'Italie, on aperçoit en passant ce dôme colossal. D'autres fois, du haut des collines voisines on voit le soleil se coucher derrière lui : emblème admirable de cette institution que nous voyons toujours debout et immobile, tandis que nous passons sur les flots du temps, et sur laquelle se couchera encore le dernier soleil de l'humanité.

Comme dans un voyage il faut toujours un peu de désappointement, c'est à Naples que j'ai eu le mien. Sans doute j'y ai trouvé un ciel admirable, une végétation réunissant la fraîcheur du Nord avec la vigueur du Midi; j'ai connu ces extases auxquelles nul voyageur n'échappe en face de la baie, d'une mer étincelante, qu'étreignent entre leurs bras des rivages pittoresques; des îles semées comme à dessein pour le plaisir des yeux terminent la perspective, tandis que d'un côté s'élèvent la forme pyramidale du Vésuve couronnée d'un nuage d'éternelle fumée. Sans doute j'ai visité des lieux consacrés par les plus grandes scènes de l'histoire : ceux où débarqua saint Paul, où expira Tibère, où périt Agrippine, où repose Virgile, où saint Thomas d'Aquin enseigna, où tomba la tête de Conradin. Mais ces souvenirs ne sont pas environnés d'un culte pieux. Le musée Bourbon, l'un des plus riches du monde, est tenu comme une boutique de curiosités sous la garde de mercenaires inintelligents. Les ruines de Pompéi qui, par la petitesse de leurs proportions, trompent déjà l'attente, désolent encore par leur abandon, par l'avarice qui retarde les fouilles, et par la rapacité qui en détourne les plus beaux produits.

Avec cela des mœurs corrompues ; un peuple criard, servile et voleur; de hautes classes généralement voltairiennes, et un gouvernement de despotisme absolu.

Mais d'autres jouissances nous étaient réservées à Amalfi, la plus ancienne des républiques maritimes d'Italie ; au monastère de la Cava, où, sous la crosse tutélaire de saint Benoît, se conserve un dépôt de trente mille diplômes ; à Pestum enfin, où l'antiquité grecque se montre tout à coup dans sa majesté première, représentée par trois temples parfaitement intacts ; mais je l'ai retrouvée encore plus imposante en Sicile.

Je voudrais avoir le temps et le talent nécessaire pour écrire quelque part un peu des impressions que m'ont fait éprouver des antiquités d'un autre genre, celles du christianisme dans cette île célèbre. Là, à Syracuse, au milieu de cette inexprimable dévastation qui n'a pas laissé pierre sur pierre, s'ouvrent des catacombes où vint s'abriter aussi la foi naissante. On y trouve les pierres tumulaires des confesseurs et des martyrs, et au bout des longs et sombres corridors une basilique tout entière, probablement du second siècle, en forme de croix, l'autel, les images sacrées, la chaire où s'assit saint Martin, premier évêque ordonné par saint Pierre, la colonne où on l'attacha pour mourir, et le tombeau qui reçut ses dépouilles.

Je ne finirais pas de vous conter. Si vous voulez

de longs récits, venez-nous voir, vous aurez la preuve que la gorge de votre ami est rétablie. Ou plutôt je céderai la parole à madame Ozanam, et vous verrez que j'étais heureux d'avoir une si aimable compagne. Venez, on désire beaucoup vous connaître ; en attendant, veuillez présenter mes respects à madame L..., et déposer de ma part un baiser paternel sur le front de votre enfant. Donnez-moi à votre tour de longues nouvelles, et rendez-moi causerie pour causerie.

Adieu, mon cher ami, je vous embrasse de tout mon cœur.

FIN DU TOME PREMIER.

TABLE DES MATIÈRES

DU PREMIER VOLUME

I. — A M. Fortoul. Lyon, 15 janvier 1831. 1

    Vocation d'Ozanam. — A dix-sept ans il écrit : « Mon parti est « pris, ma tâche est tracée pour la vie. » — Il va publier les *Réflexions sur la doctrine de Saint-Simon*.

II. — A M. Fortoul. Lyon, 24 février 1831. 12

    Il est beau d'assister à une époque aussi solonnelle. — Mission d'un jeune homme dans la société. — Il se réjouit d'être né à une époque où il aura peut-être à faire beaucoup de bien.

III. — A M. Ernest Falconnet. Lyon, 4 septembre 1831. . 17

    Plan d'un grand ouvrage commencé depuis l'âge de quinze ans, intitulé : *Démonstration de la religion par l'antiquité des croyances*.

IV. — M. de Lamartine a Frédéric Ozanam. 25

V. — Frédéric Ozanam a sa Mère. Paris, 7 novembre 1831. 27

    Arrivée à Paris. — Tristesse et isolement.

VI. — A M. Ernest Falconnet. Paris, 20 novembre 1831. 31

    Amitié. — Désir de réunir des jeunes gens. — Il espère parvenir à fonder la réunion dont il a déjà parlé.

VII. — A son Père. Paris, 12 novembre et 7 décembre 1831. 36

    Hospitalité de André-Marie Ampère. — Sa bonté paternelle pour Ozanam. — Bonheur de vivre dans son intimité.

VIII. — ANDRÉ-MARIE AMPÈRE A FRÉDÉRIC OZANAM. 41

IX. — A M. ERNEST FALCONNET. Paris, 18 décembre 1831. . 42

> Bons conseils à un ami. — Paris lui déplaît. — La science et le catholicisme, voilà ses seules consolations. — Désir de s'entourer de jeunes hommes sentant et pensant comme lui : difficile est la tâche de celui qui veut réunir des défenseurs autour d'un drapeau.

X. — A SA MÈRE. Paris, 23 décembre 1831. 49

> Bontés de M. Ampère. — Souvenirs des fêtes de famille.

XI. — A M. ERNEST FALCONNET. Paris, 10 février 1832. . . 52

> Il faut montrer à la jeunesse étudiante qu'on peut être catholique et avoir le sens commun; qu'on peut aimer la religion et la liberté. — Conférence de M. l'abbé Gerbet.

XII. — A M. ERNEST FALCONNET. Paris, 25 mars 1832. . . 55

> Cours de M. Jouffroy. — Protestation des étudiants catholiques. Réponse de M. Jouffroy. — Première pétition à l'archevêque de Paris pour demander les conférences de Notre-Dame.

XIII. — A M. ERNEST FALCONNET. Paris, 5 janvier 1833. . . 61

> « Nous avons besoin de quelque chose qui nous possède et nous transporte. Nous avons besoin de poésie. » — Précieuse influence des réunions de M. de Montalembert.

XIV. — A M. ERNEST FALCONNET. Paris, 19 mars 1833. . . 68

> Conférence d'histoire. — « Tu sais quel était avant mon départ de Lyon l'objet de tous mes vœux. » — Origine de la Société de Saint-Vincent de Paul.

XV. — A SA MÈRE. Paris, 19 juin 1833. 81

> Procession de la Fête-Dieu à Nanterre. — Joyeuse promenade d'étudiants.

XVI. — A M. ERNEST FALCONNET. Paris, 7 janvier 1834. . . 87

> On veut faire de lui une sorte de chef de la jeunesse catholique.

XVII. — PÉTITION ADRESSÉE A MGR DE QUÉLEN au nom des étudiants catholiques pour demander les conférences de Notre-Dame. 94

XVIII. — A M. ERNEST FALCONNET. Paris, 11 avril 1834. . 98

> L'incertitude des choses humaines ne doit point briser nos courages; elle doit au contraire nous attacher plus fort au devoir du présent.

TABLE DES MATIÈRES.

XIX. — A M. H... Paris, 7 mai 1834. 105
>Adresse des étudiants catholiques de Paris, aux étudiants de l'Université catholique de Louvain.

XX. — A sa Mère. Paris, 16 mai 1834. 110
>Épanchements avec sa mère. — Le passé et l'avenir. — Au mois d'avril il sera avocat ; « après tout, avocat n'est pas grand chose. »

XXI. — A M. Ernest Falconnet. Paris, 21 juillet 1834. . . 118
>Doctrines politiques. — Désir de voir les jeunes gens de tête et de cœur s'unir en une vaste association pour le soulagement des classes pauvres.

XXII. — A M. L... Lyon, 15 octobre 1834. 123
>Retour à Lyon. — Visite à M. de Lamartine au château de Saint-Point.

XXIII. — A M. X... Lyon, 4 novembre 1834. 132
>Quel est le but de la Société de Saint-Vincent de Paul.

XXIV. — A M. Velay. Paris, 5 février 1835. 138
>L'abbé Lacordaire. — M. de Lamartine.

XXV. — A M. X... Paris, 25 février 1835. 142
>Différence de la philanthropie et de la charité. — Ne sommes-nous pas comme les chrétiens des premiers temps jetés au milieu d'une civilisation corrompue et d'une société croulante ?

XXVI. — A M. Dufieux. Paris, 2 mars 1835. 148
>Humbles sentiments de lui-même.

XXVII. — A M. Velay. Paris, 2 mai 1835. 154
>Examen de la licence ès lettres. — Les conférences de l'abbé Lacordaire.

XXVIII. — A M. X... Paris, 16 mai 1835. 157
>Aux jours où nous sommes, il faudrait de grandes vertus et des hommes forts.

XXIX. — André-Marie Ampère a Frédéric Ozanam. Vanteuil, près la Ferté-sous-Jouarre, 19 septembre 1835. . . 161

XXX. — A M. L... Villefranche, près Lyon, 23 septembre 1835. 163
>Fête de sa mère. — Voyage à pied à la Grande-Chartreuse.

XXXI. — A M. Henri Pessonneaux. Lyon, 24 septembre 1835. 170
    La Grande-Chartreuse.

XXXII. — A M. X... Lyon, 29 octobre 1835. 176
    Mariage d'un ami. — Il sent se faire en lui un grand vide ; qui le comblera? sera-ce Dieu ? sera-ce une créature ?

XXXIII. — A M. L... Lyon, 10 novembre 1835. 181
    Que les actions valent donc mieux que les paroles!

XXXIV. — A M. L... Lyon, 23 novembre 1835. 184
    La famille et les amis. — Le mystère de la communion des Saints ne nous permet pas de nous croire seuls ici-bas. — Il publie *les Deux Chanceliers d'Angleterre*.

XXXV. — A M. de la Noue. Lyon, 24 novembre 1835. . . 190
    La puissance d'association est une puissance d'amour. — L'orthodoxie est le nerf et la force de la religion, et sans cette condition vitale toute association catholique est impuissante. — Programme d'une université catholique.

XXXVI. — A M. Dufieux. Paris, 8 février 1836. 197
    Mission de la poésie dans le temps présent.

XXXVII. — A M. de la Noue. Paris, 11 juin 1836. 204
    Le silence de l'histoire est la liberté de la poésie.

XXXVIII. — A M. L... Lyon, 5 novembre 1836. 206
    Bienfait de naître dans une de ces positions sur la limite de la gêne et de l'aisance. — La question qui agite le monde n'est ni une question de personnes, ni une question de formes politiques, mais une question sociale.

XXXIX. — A M. Janmot. Lyon, 13 novembre 1836. 214
    L'Ombrie. — Saint François. — Une lutte terrible se prépare. — Entre les deux armées ennemies il faut nous précipiter, au moins pour amortir le choc. — Mission sociale des conférences de Saint-Vincent de Paul. — Formation d'un conseil général.

XL. — A M. Ampère. Lyon, 16 février 1837. 225
    Souvenirs du passé.

XLI. — A M. X. . Lyon, 9 mars 1837. 228
    Ce qui divise les hommes, ce ne sont plus les opinions, mais les in-

térêts ; ici le camp des riches, là le camp des pauvres ; entre eux deux les menaces d'une guerre qui sera une guerre d'extermination. — Un seul moyen de salut reste.

XLII. — A M. Paul de La Perrière. Lyon, 10 mars 1837. . 233
Ses débuts au barreau de Lyon.

XLIII. — A M. X... Lyon, 1ᵉʳ juin 1837. 237
Son père.

XLIV. — A M. Ampère. Lyon, 2 juin 1837. 244
Mort de son père.

XLV. — A M. Henri Pessonneaux. Paris, 19 juin 1837. . . 247
Tristesse.

XLVI. — A M. Letaillandier. Lyon, 21 août 1837. . . . 249
Il le félicite de toucher au terme de ces agitations qui tourmentent un si grand nombre, inquiets de leur destinée en ce monde.

XLVII. — A M. L.. Pierre-Bénite, 5 octobre 1837. . . . 253
Gaudete in Domino semper.

XLVIII. — A M. L... Lyon, 7 février 1838. 268
La Société de Saint-Vincent de Paul, placée aux portes des écoles pourrait donner une impulsion heureuse à notre pauvre société française, et par la France au monde entier.

XLIX. — A M. L... Lyon, 9 avril 1838. 273
La vie d'avocat. — Il ne s'acclimate pas dans l'atmosphère de la chicane. — Nous sommes des serviteurs inutiles, il ne nous est pas permis d'être des serviteurs oisifs.

L. — A. M. L... Lyon, 17 mai 1838. 282
Souvenirs de la vie d'étudiant. — La vie de province. — A Paris, l'esprit se polit mieux, mais c'est à la condition de s'user. — Il finit sa thèse sur Dante. — Il commence une histoire politique du protestantisme. — Règlement des conférences Saint-Vincent de Paul.

LI. — A M. L... Lyon, 11 août 1838. 298
La Société de Saint-Vincent de Paul.

LII. — A M. Henri Pessonneaux. Lyon, 21 août 1858. . . 304
Le moyen âge est un peu comme les îles enchantées dont parlent les poëtes.

TABLE DES MATIÈRES.

LIII. — A M. Dufieux. Paris, 18 novembre 1838 510

Comment il faut voyager en Italie.

LIV. — A M. X... Lyon, 21 février 1839. 515

Il est nommé professeur de droit commercial à Lyon. — Projet d'une philosophie et d'une histoire du droit. — Il complète son livre sur Dante. — Il dissuade avec vivacité son ami de se marier.

LV. — L'abbé Lacordaire a Frédéric Ozanam. La Quercia, 26 avril 1839. 523

Son arrivée à Rome. — Récit de son entrée dans l'ordre de Saint-Dominique. — Le couvent de la Quercia.

LVI. — Frédéric Ozanam a l'abbé Lacordaire. Lyon, 26 août 1839 526

Mouvement des esprits à Paris. — Il demande des conseils. — Incertitude de sa vocation.

LVII. — L'abbé Lacordaire a Frédéric Ozanam. La Quercia, 2 octobre 1839. 532

Encouragements et explications des règles de l'ordre de Saint-Dominique.

LVIII. — A M. L... Lyon, 12 octobre 1839. 537

Maladie de sa mère.

LIX. — Silvio Pellico a Frédéric Ozanam. Turin, 5 novembre 1839. 541

Jugement de Silvio sur son livre de *Dante*.

LX. — Frédéric Ozanam a M. Reverdy. Lyon, 10 novembre 1839. 543

Mort de sa mère.

LXI. — A M. L... Lyon, Noël, 1839. 548

Mort de sa mère. — Incertitude sur sa vocation.

LXII. — M. Cousin a Frédéric Ozanam. Paris, 8 janvier 1840. 554

M. Cousin voudrait le faire entrer dans son régiment.

LXIII. — Frédéric Ozanam a M. Henri Pessonneaux. Lyon, 15 janvier 1840. 556

Ouverture du cours de droit commercial.

TABLE DES MATIÈRES. 465

LXIV. — A M. L... Lyon, 15 février 1840. 561

Il félicite son ami d'être père. — Cours de droit commercial. — Les deux Anges gardiens.

LXV. — A M. Henri Pessonneaux. Lyon, 15 avril 1840. . . 568

Incertitude de sa vocation. — Ses études pour le concours d'agrégation.

LXVI. — A M. le comte de Montalembert. Lyon, 9 mai 1840. 374

Malgré la vie de province, il suit le mouvement de la restauration du catholicisme.

LXVII. — A M. L... Lyon, 21 juin 1840. 376

Il se prépare au concours de l'agrégation des lettres.

LXVIII. — A M. Velay. Lyon, 12 juillet 1840. 380

Situation des catholiques en France en 1840.

LXIX. — A M. L... Paris, 5 octobre 1840. 391

Il est nommé le premier au concours d'agrégation.

LXX. — A M. L... Paris, 10 octobre 1840. 394

Il est nommé suppléant de M. Fauriel à la Sorbonne.

LXXI. — A M. L... Mayence, 14 octobre 1840. 396

Voyage de Belgique et des bords du Rhin. — Épreuves du concours.

LXXII. — A M. L... Lyon, 6 décembre 1840. 418

Projet de mariage.

LXXIII. — A M. L... Au Vernay, 28 juin 1841. 421

Son mariage.

LXXIV. — A M. Ampère. Au Vernay, 29 juin 1841. . . . 424

Il est heureux.

LXXV. — A M. le comte de Montalembert. Lyon, 25 juillet 1841. 426

La *Propagation de la Foi* en Espagne.

LXXVI. — A M. l'abbé et M. Charles Ozanam. Naples, 3 octobre 1841. 430
    Voyage de Naples.

LXXVII. — A M. et Mme Soulacroix. Naples, 3 novembre 1841. 438
    Voyage de Sicile.

LXXVIII. — A M. et Mme Soulacroix. Rome, 15 novembre 1841. 442
    Voyage de Sicile.

LXXIX. — A M. L... Paris, 2 janvier 1842. 453
    Voyage d'Italie.

FIN DE LA TABLE DU TOME PREMIER.